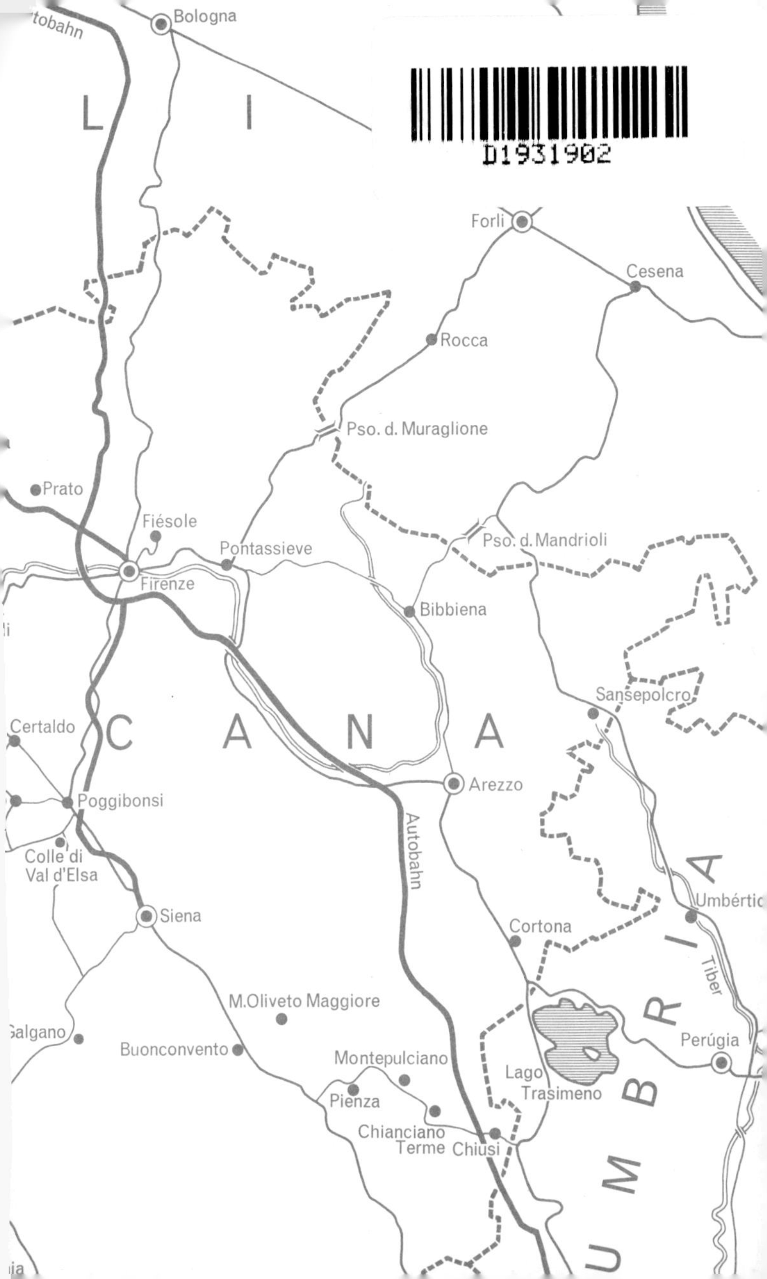

tobahn
Bologna
L
I
D1931902
Forlì
Cesena
Rocca
Pso. d. Muraglione
Prato
Fiésole
Pontassieve
Firenze
Pso. d. Mandrioli
Bibbiena
Sansepolcro
Certaldo
C
A
N
A
Arezzo
Poggibonsi
Colle di
Val d'Elsa
Autobahn
Siena
Umbértic
Cortona
Tiber
M. Oliveto Maggiore
Galgano
Buonconvento
Montepulciano
Perúgia
Lago
Trasimeno
Pienza
Chianciano
Terme
Chiusi
U
M
B
R
I
A

STREIT

FLORENZ · TOSKANA · UMBRIEN

WALTER-REISEFÜHRER

CONRAD STREIT

FLORENZ · TOSKANA UMBRIEN

LAND DER ETRUSKER

WALTER-VERLAG
OLTEN UND FREIBURG IM BREISGAU

TEXT: CONRAD STREIT

PHOTOS: PEPI MERISIO, FRANZ EBNER U.A.

KARTEN: EMIL JOLLER

7. Auflage 1980

Gesamtherstellung in den grafischen Betrieben
des Walter-Verlags
Printed in Switzerland
ISBN 3-530-85804-8

INHALT

EINLEITUNG

Wiege der Renaissance,
Heimat der großen Maler

Der geographisch-geschichtliche Raum – Umbrien und Toskana als Durchgangsgebiet – Auf italienischen Straßen – Standquartiere – Lob der Improvisation – Hinfahrt und Rückweg

Umbrien und Toskana sind ein Dorado für entdeckungsfreudige Reisende, die gern improvisieren und eine unvergleichliche Kulturlandschaft kennenlernen möchten. Sie betreten eine Welt, getränkt vom Blut und durchwebt von der Poesie uralter Völker, deren Schaffen und Kämpfen, Leiden und Unterliegen, deren Mythos und Erdnähe, Geistigkeit und Genußfreude jedermann in ihren Bann ziehen, und die zu Beginn der Neuzeit gleichfalls in Mittelitalien auf wunderbare Weise wiedergeboren wurden. Florenz hat der mittelalterlichen Menschheit, die oft dem Rückfall in die Barbarei nahestand und ihre geistigen und seelischen Kräfte nach innen wandte, das Tor zur Welt, zur fröhlichen Wissenschaft, zu freiem Schöpfertum, antikischem Lebensgefühl, klassischem Denken und Schönheitssinn geöffnet. Wir verdanken der toskanischen Erde nicht unsterbliche Werke der Dichtung und Kunst allein, sondern als vielleicht kostbarstes Urgut irdischen Daseins den Weg zu sich selbst, die Kenntnis der Seele, das Sichentfalten des einzelnen zum *uomo universale* – in

10/11 *Herbe Poesie toskanischer Landschaft: zypressengekrönte Hügel, Burgen und Villen*

jenem Erwachen und Erblühen der Geschichte, das mit dem perikleischen Athen verglichen wurde: des Rinascimento, der Wiedergeburt des klassischen Altertums.

Doch nicht der Wiege der Renaissance allein, sondern ebenso tief verpflichtet bleibt die Toskana – wie Teile Umbriens und das nördliche Latium, das hier einbezogen wird – dem Erbe der Etrusker, jenem geheimnisvollen, mythisch-allzuirdischen Volk, dessen Schriftzeichen wir zu lesen vermögen, ohne ihre Sprache zu verstehen. Damit nicht genug, begegnet der Reisende in Umbrien und Toskana dem hohen Glauben, der strengen Form des Mittelalters in Kirchen und Klöstern, auf Fresken und Bildwerken, in den Gassen, auf dem Markt verwunschener Flecken und wehrhafter Städte auf trutziger Höhe; überglänzt und verklärt von dem innigen Wirken, dem erleuchteten Gebet San Francescos, des Poverello di Dio, dem machtvollen Wort einer heiligen Katharina oder der Gewalt dantesker Dichtung, dem alldurchdringenden Genius eines Leonardo da Vinci.

Immer wieder wird im Reisenden auf der Fahrt durch die Toskana und durch Umbriens Hügelwelt die Frage aufsteigen: Wie vermochte solche Größe auf dem verhältnismäßig engen Raum, dem kargen Boden eines rauhen, eingeschlossenen Landes zwischen Meer und Gebirge zu wachsen? Wie strahlt von einem Punkt der Erde aus ein Universum des Wissens, der Schönheit, der Urbanität? Ich werde versuchen, in den folgenden Abschnitten dem Geheimnis des *génie latin* auf die Spur zu kommen, ohne mich zu vermessen, das Rätsel der Etrusker, das Wunder der Renaissance zu entschleiern; ich möchte toskanisches Wesen, die umbrische Seele aus ihrer Umwelt, im Angesicht ihrer Abteien, Kirchen und Paläste, auf den buntbelebten Straßen und Plätzen, in den unvergänglichen Meisterwerken ihrer Bildner und Maler zum Leben erwecken. Es wird nicht möglich sein, jede Sehenswürdigkeit zu beschreiben, jedes Museum zu erwähnen, alle Feste und Veranstaltungen lückenlos aufzuzählen. Wer einmal dieses Kern- und Herzland Italiens in seiner Vielfalt und Eigenart als Ganzes, als Einheit, als Geschenk von Schatten und Licht erlebt, erfahren und erkundet hat, wird auf bienenfleißige Vollständigkeit eines katalogisierenden, systematischen Zusammentragens leidiger facta mit Fug verzichten. Das vorliegende Werk ist als breites al fresco-Gemälde einer Landschaft, ihrer Städte, ihrer Kultur angelegt. Diese unbeschwert zu genießen ergibt sich auf der Reise ganz von selbst, falls man die Augen offenhält und fünf gerade sein läßt.

Der geographisch-geschichtliche Raum

Alle Wege führen nach Rom – aus dem Norden über Toskana und Umbrien. Selbst in der Luftfahrt spielt die Toskana eine Rolle; denn Pisa besitzt den einzigen Flughafen zwischen Mailand und der italienischen Hauptstadt, wo größere Düsenmaschinen landen. Auf dem Seeweg wird wohl niemand toskanische Häfen anlaufen, um das Kernland der Apenninenhalbinsel vom sichern Port aus zu bereisen. Aber in Livorno legt die Fähre nach Korsika an, in Piombino schifft man sich mit oder ohne eigenen Wagen nach Portoferraio auf der Insel Elba ein; Civitavecchia im Süden der Maremmen ist nicht nur seit zweitausend Jahren der Hafen von Rom, sondern auch Ausgangspunkt der Fährboote, die das Festland mit Sardinien – Golfo degli Aranci/Costa Smeralda, Olbia, Cagliari – verbinden. Umbrien bildet die einzige Provinz der eigentlichen Halbinsel, nicht des italienischen Staatsgebietes, deren Grenze nirgends ans Meer stößt, was sich im verinnerlichten Wesen dieses alten Kulturlandes heute noch spiegelt. Wie die Ligurer, Sabiner, Osker und Messapier zählen die Umbrer zu den italischen Urvölkern, deren Herkunft, Sitten und Gebräuche sich im dämmerigen Frühlicht vorgeschichtlicher Zeiten unserer wissenschaftlichen, pseudogelehrten oder auch bloß touristischen Neugier entziehen. Als Indogermanen sind die Umbrer jedenfalls in grauer Vorzeit aus dem Norden eingewandert. Wie die 1444 in Gubbio gefundenen, berühmt gewordenen Iguvinischen Tafeln zeigen, ist das altitalische Bergvolk mitbeteiligt an der Geburt der oskisch-umbrischen Sprache, woraus sich später im Verein mit andern Einflüssen das Lateinische entwickeln sollte.

Ein Blick auf die Karte zeigt, wie Toskana und Umbrien von einem mächtigen Halbkreis des Apennins, mit den Apuanischen Alpen bei La Spezia beginnend, liebevoll umschlossen und gegen Nord- und Ostwinde wirksam geschützt werden. Nach Süden verwischt sich die natürliche Grenze der beiden im Rücken klar umrissenen Landschaften so sehr, daß dieser Reiseführer die amtlichen Gemarken des Latiums überschreiten wird, um erst vor den Toren der Ewigen Stadt haltzumachen; deren Schlüssel bleiben wohlverwahrt in den Händen Hans von Hülsens und Joseph Rasts, die im gleichen Verlag den erfolgreichen Walter-Reiseführer «Rom» herausgegeben haben. Der Italienreisende aus dem Norden besucht die etruskischen Fundstätten von Cerveteri, Tarquinia, Veio [Veji], die Kraterseen von Bracciano, Vico und Bolsena sowie die alten Städte Viterbo, Tuscania, Montefiascone eher auf der großen Fahrt gen Süden, nach Rom und Sizilien oder Apulien denn auf Tagesausflügen von der Stadt der Imperatoren und Päpste, obgleich solche Streifzüge zum Beglückendsten gehören, was ein Aufenthalt am Tiberstrand zu bieten hat. Die Schlußabschnitte dieses Führers durch das Land der Etrusker und Umbrer ergänzen jenen bewährten Stadtreiseführer für die nördliche Umgebung der Ewigen Stadt. Ostia, Tivoli-Tibur, Tusculum und die Albanerberge samt deren Kraterseen werden im Band «Rom» behandelt; die bedeutenden Etruskersiedlungen Palestrina-Praeneste, Velletri, Conca in Latium und die einstige Hauptstadt Campaniens, Capua-Volturnum, bleiben einem Walter-Reiseführer über Unteritalien vorbehalten.

Umbrien und Toskana als Durchgangsgebiet

Sieht man von der zeitsparenden Möglichkeit ab, das Land der Etrusker von Rom aus mit dem Zug oder im Mietwagen zu besuchen – der interkontinentale Flughafen Leonardo da Vinci in Fiumicino wird von den meisten europäischen Großstädten aus angeflogen –, dann bleibt dem von Norden nach Mittelitalien strebenden Kunst- und Naturfreund die Wahl zwischen Eisenbahn und Straße. Beide bieten verlockende, ja in Europa einzig dastehende Errungenschaften und Annehmlichkeiten. In Florenz hält jeder Städteexpreß, selbst der siebenschöne Elettrotreno Super-Rapido, «il Settebello», der schon vor den mitteleuropäischen Trans Europ Expreß-Kursen zwischen Mailand und Rom verkehrte und immer noch als eine der erstaunlichsten Zugskompositionen der Welt gilt. Er erreicht Spitzengeschwindigkeiten von 160 Kilometern in der Stunde; fast ebenso schnell fahren die Pullman-Züge der italienischen Staatsbahn. Sie bestehen nur aus Erstklaßwagen, wo Mahlzeiten auf Wunsch an bequemen Klapptischchen serviert werden, ohne daß der Fahrgast seinen Platz zu wechseln braucht. Auch diese «Rápidi» pflegen nur in Bologna und Florenz zu halten, während der Saison teilweise auch in Fidenza und Chiusi, um von dort aus die nahegelegenen Thermalkurorte Salsomaggiore in der Nordwestecke der Emilia und Chianciano Terme in der südlichen Toskana zu bedienen. Der Rapido ist so bequem und schnell, die Strecke zwischen Orvieto und Florenz von solcher Schönheit, daß es sich lohnt, von Nordeuropa aus nach Rom zu fliegen und von dort auf dem Schienenweg in die Toskana zurückzufahren. Die Kathedralstadt Prato liegt an der Bahnlinie Bologna–Firenze; jeder Schnellzug, «Direttissimo» genannt, hält in Prato, Florenz, Arezzo, Chiusi, Orvieto, allenfalls auch in Cortona-Camucia; Orvieto besitzt eine Drahtseilbahn von der Station zur hochgelegenen Altstadt. Für alle andern Hügelstädte Umbriens und der Toskana ist der Bahnreisende auf Taxis oder auf den öffentlichen Autobus angewiesen, um samt Gepäck ans Ziel zu gelangen. Dies ist, ungeachtet des dichten Schienennetzes, der Grund, weshalb die abgelegenen Kunststätten der Toskana und vor allem Umbriens erst durch den motorisierten Straßenverkehr touristisch erschlossen wurden. Sie haben dadurch mehr Eigenart bewahrt als Norditalien, Rom und Neapel oder die Riviera.

Über Genua oder Florenz ist die Riviera di Levante und damit die gesamte toskanische Mittelmeerküste einschließlich Pisa, Livorno, Grosseto und Orbetello verhältnismäßig bequem auf dem Schienenweg zu erreichen; aber da der Schnellzug in jedem bekannteren Seebad hält, erfordert das viel Geduld. Unmittelbar an der Strecke von Florenz nach Pisa liegen das bereits erwähnte Prato, Pistoia, Montecatini Terme und Lucca. Über Empoli führt eine Bahnlinie nach dem mittelalterlichen Städtchen Certaldo, während der Besuch des toskanischen Kleinods San Gimignano eine längere Fahrt im Autobus von Poggibonsi aus erfordern würde, einer Station der Strecke Firenze–Empoli–Siena. Volterra kann mit der Kleinbahn von Cécina aus besucht werden. Der nicht motorisierte Tourist dürfte indessen für solche Ziele eher den in Italien gut organisierten Autokursen den Vorzug geben: selbst mittelgroße Städte verfügen über eigentliche Autobushöfe. Ergiebiger sind freilich für den Fremden die geführten Rundfahrten im «Pullman», die während der Reisesaison von den Standquartieren Florenz und Viareggio, Montecatini und Siena, Perugia und Chianciano aus – von Rom nicht zu reden – zu den Kunststädten, Villen und Klöstern abseits der Eisenbahnlinien führen; meistens allerdings nur an bestimmten Wochentagen, die durch die örtlichen Auskunftstellen «Ente Provinciale per il Turismo», «Azienda Autónoma per il Turismo» oder «Pro Loco» zu erfahren sind. Bahnstationen besitzen auch Sansepolcro und Città di Castello, Foligno, Spoleto, Terni, Narni, Civita Castellana, Bracciano, Viterbo und Castiglione al Lago im Landesinnern; am Fuße des Hügels von Assisi halten Züge der Bahn Perugia–Spello–Foligno.

Es würde diesen Reiseführer viel zu sehr belasten und seine Handlichkeit beeinträchtigen, wollte er alle öffentlichen Verkehrsmittel und Knotenpunkte einzeln aufführen. Fahrpläne und Ausflüge im Autobus ändern ebenso häufig wie Inhaber und Köche der Herbergen und Schenken am Wege. Der vorliegende Band kann deshalb aus Raumgründen auch darin nur besonders schön gelegene und vor allem abseits stehende Hotels sowie altberühmte Gastbetriebe in Kurorten, Meerbädern und Städten erwähnen. Vollständige Einzelheiten findet der Leser in der neuesten Ausgabe des roten Michelin-Führers «Italie», der alljährlich neu erscheint und eine Gebrauchsanweisung in deutscher Sprache enthält.

Auf italienischen Straßen

Manches ist in Italien vorbildlich eingerichtet, vieles andere dürfte dort höchstwahrscheinlich nie endgültig geordnet und festgelegt werden. Anerkennen wird der Fremde immer wieder die Pioniertaten im Straßenbau und die vorbildlichen Verkehrszeichen. Die Autostrada del Sole bleibt wohl die schönste Binnenstraße der Erde. Sie führt nicht allein geradewegs in die stolze, von Mitteleuropa ziemlich abgeschlossene Toskana, sondern durchschneidet auch einen Teil der mystischen Umbria, deren Westgrenze sie über eine beträchtliche Strecke folgt. Musterhaft arbeitet der Straßenhilfsdienst, *soccorso stradale,* des italienischen Automobil Clubs ACI, obwohl die der Kriechspur entlang aufgestellten Automaten nicht immer auf den Hilferuf antworten und die Patrouille oder Straßenpolizei bei einer Panne oft lange auf sich warten läßt. Der Italiener ist mit seinem Wagen verbunden wie der Araber mit seinem Pferd, falls diese Metapher im Zeitalter des Motors noch gilt; nirgends werden Automobile mit so viel Liebe gepflegt. Für das rasche Beheben alltäglicher Schäden zeigen italienische Mechaniker angeborenes Geschick; da es dort jedoch weder Getriebeautomaten noch Lenk- oder Bremshilfen gibt und schlauchlose Reifen fast unbekannt sind, ist es ratsam, bei einer Panne an verwickelten Teilen telephonisch den heimatlichen Touring Club zu benachrichtigen, um das Fahrzeug nach Hause schaffen zu lassen, wo es durch Spezialisten instandgestellt werden kann. Um mit einem undichten tubeless tire weiterfahren zu können, empfiehlt sich die Mitnahme eines Reserveschlauches, der durch jede italienische Garage eingesetzt werden kann.

Die schätzenswerteste Annehmlichkeit für ausländische Automobilisten bilden die Treibstoffgutscheine, die dem Touristen ungefähr die gleichen Preise einräumen, wie er sie in der Bundesrepublik oder in der Schweiz bezahlt. Von Ausnahmen während der Hochsaison an der adriatischen Küste abgesehen, werden diese «Coupons» in ganz Italien anstandslos an Zahlung genommen. Mit den Benzingutscheinen kann für wenig Geld ein Ausweis erworben werden, der zum Eintritt in sämtliche staatlichen Museen Italiens berechtigt. Hervorzuheben ist schließlich die Bereitschaft der Bevölkerung, dem Fremden Auskunft zu

geben, ihm den Weg zu den gesuchten Ortschaften und Bauten zu weisen. Da sich während der ganzen Reisezeit ein großer Teil des Lebens in Italien auf der Straße, auf Plätzen, im Freien abspielt, braucht der Fremde meist niemandem nachzulaufen, um sich, am besten mit der Anrede «Scusi, per favore!» nach seinem Ziel zu erkundigen. Die Antwort lautet ohnehin fast immer: «Sempre diritto!» Wichtige Kirchen, Paläste und Altstadtviertel sind durch gelbe Wegweiser deutlich angezeigt.
So hervorragend in Italien für den Überlandverkehr gesorgt ist, so schwierig, ja hoffnungslos sieht es im Stadtinnern aus. Das schöne Land wird mit Vorliebe als ein großes Museum bezeichnet. Was uns in die Toskana, nach Umbrien zieht, das sind ihre herrlichen Kunststädte. Das Wirtschaftswunder hat sich nun in Italien vor allem auf die Motorisierung ausgewirkt. Alle Südländer betrachten sich als Fahrkünstler. Die engsten Steilgäßchen umbrischer Hügelstädtchen, die vor zehn Jahren noch in heiterer Weltabgeschiedenheit dahindösten, sind heute von brausendem Verkehr durchtost. Mit einem größern Wagen fühlt man sich unheimlich in die Enge getrieben, als Fußgänger ist man auf dem Weg vom Parkplatz in das Gassengewirr seines Lebens nicht sicher, da Trottoirs höchstens in Großstädten vorhanden sind. Wer in einem Tag viel zu sehen wünscht, bleibt ganz von dem Glücksfall eines freien Abstellplatzes für sein Fahrzeug in der Stadtmitte abhängig. Hat er diese Chance nicht gleich bei der Ankunft, dann darf er sich auf eine ausgiebige Jagd durch winklige Einbahnsträßchen gefaßt machen, deren Enge besonders bei Hitze wahre Anfälle von Klaustrophobie auslösen kann.

Standquartiere

Entscheidend bleibt ein gut gewähltes Standquartier. So verfügt etwa Florenz über ein Motel Agip an der A 1, ein Esso Motor Hotel sowie das moderne Karawanserail «Mediterraneo» am Lungarno del Tempio, alle mit Parkplatz. Florentiner Ambiance sucht man dort freilich vergebens; die findet sich nur in den gepflegten Häusern im Stadtinnern, wo jedoch Parkgaragen fehlen. Kaum vertreten sind in Umbrien und Toskana die beliebten Jolly Hotels; diese verteilen sich vorwiegend auf touristisch wenig befahrene Landesgegenden. Das in diesem Reiseführer behandelte Gebiet besitzt indessen eine ausgeprägte gastronomische Tradition, worauf an Ort und Stelle hingewiesen werden soll.

Ruhige, abseits stehende Gastbetriebe, die sich für Automobilisten besonders eignen, finden sich übrigens in dem schon erwähnten roten Führer «Michelin Italie» mit besondern Karten vollständig aufgeführt.

Für eine Kunstfahrt durch das Land der Etrusker, des heiligen Franziskus und der großen Maler kann der Wagen gar nicht klein genug sein. Was man dabei an Behagen vermißt, gewinnt man an Beweglichkeit. Auf Kunstreisen durch die zauberhaften Hügelstädte empfiehlt sich sogar das mehrfach mit Erfolg ausprobierte Rezept, sein eigenes Fahrzeug am Standquartier zurückzulassen und die Umgebung im Autobus oder Mietwägelchen italienischer Bauart zu erforschen. Als Etappe und Ausgangspunkt für Rundfahrten eignen sich besonders die bekannten Badeorte Montecatini und Chianciano Terme, Bagni di Lucca und Monsummano Terme, wie auch Bolsena und Passignano sul Trasimeno – beide am Ufer poetischer Kraterseen gelegen – nebst der unabsehbaren Perlenkette toskanischer Meerbäder von Marina di Carrara über Forte dei Marmi, Viareggio, Tirrenia, Castiglioncello bis Ansedonia; in Latium von Montalto über Santa Marinella bis nach Fregene, dem vornehmen Strand der Römer Gesellschaft. Vor- und Nachteile der Hauptreiseziele Florenz, Siena, Perugia, Assisi oder Pisa als Standquartier kommen in den entsprechenden Städtekapiteln zur Sprache.

Lob der Improvisation

Gerne möchte ich meinen Lesern raten: Setzen Sie sich in Ihren Wagen, in die Bahn, ins Flugzeug oder in den höchst bequemen Autoreisezug der Deutschen Bundesbahn nach Bologna, und bleiben Sie da, wo es Ihnen am besten gefällt. So reisten unsere Vorfahren, und ungeachtet des französischen Bonmots «Les grands-pères ont toujours tort» hatten sie entschieden das bessere Teil gewählt; denn sie nahmen sich Zeit. Wir hingegen haben Fahr- und Wohnkomfort dagegen eingehandelt: Italien ist längst ein Land mit saubern Hotels, gepflegter Tafel geworden; Privatbadezimmer sind hier schon in Gasthauskategorien selbstverständlich, die in Mitteleuropa und im Norden nur selten diese Annehmlichkeit aufzuweisen pflegen. Frisch und schmackhaft bereitet kommen auch die Gerichte in der einfachsten Trattoria, Osteria oder Garküche – tavola calda – auf den vielleicht nur mit Papier gedeckten Wirtshaustisch. Und was den Wein angeht, so zahlt der Gast dort bloß für die dem bauchigen Fiascone während der Mahlzeit entnommene Menge... Italiener sind dem Nordländer in der Lebenskunst so haushoch überlegen, daß hier gar nicht versucht wird, etwas vom Geheimnis lateinischer Hingabe an den Alltagsgenuß zu verraten: sie erlernt sich doch nicht. Aber in Italien möchte man sich ein wenig als Südländer fühlen, Ballast abwerfen, in den Tag hineinleben. Solchen Wunschträumen stehen erhebliche Hindernisse im Wege, in erster Linie der cisalpine Zeitsinn, die Tageseinteilung. Freilich gibt sich der südliche Nachbar im Zeichen des Wirtschaftswunders nicht mehr so lässig wie ehedem, und im Sommer beginnt das Leben in der Stadt eher früh; aber einen avvocato, dottore, professore, cavaliere, commendatore oder gar einen onorevole, grande ufficiale, presidente, conte, duca, marchese, príncipe vor halb elf aufsuchen zu wollen, wäre nutzlos. Und erst die geheiligte Siesta, die Nordländer sich höchstens in der Rekonvaleszenz oder im Ruhestand zu gönnen wagen: In Italien gehört sie zu den unantastbaren Gebräuchen und Gepflogenheiten. Nach zwei Uhr versinkt die Stadt in erquickenden Schlaf, um erst gegen Abend wieder, nun aber zu immer heftiger sprühendem Leben, zu erwachen. Nicht nur kleinere Museen und Paläste, selbst Kirchen und Kathedralen sind heute bis vier Uhr geschlossen. Wer auf einer Italienreise viel sehen möchte, muß auf manche geliebte Feriengewohnheit verzichten, früh aufstehen, den Vormittag fleißig nützen, ins Hotel zurückkehren – im dichten Verkehr von Florenz, Siena oder Perugia leichter gesagt als getan – und nach wohltuender Ruhe im tiefverdunkelten Zimmer am Spätnachmittag sein Programm emsig fortsetzen, um bei Einbruch der Dämmerung des heitersten Anblicks teilhaft zu werden: des abendlichen Corsos, wo während der schönen Jahreszeit ganz Pisa, Lucca und selbst San Gimignano auf den Beinen ist, um zu sehen und gesehen zu werden.

Die Antwort auf die in Reiseführern übliche Frage nach zweckmäßiger Kleidung ist im Falle Italiens heikel. Wir werden uns kaum anzupassen vermögen, weil die Kunst, sich kleidsam bis prächtig anzuziehen, im Süden seit jeher als Nationaltugend gehegt wurde. Italiener verwenden auf ihr Äußeres ebensoviel Zeit, Ehrgeiz und Geld wie der Transalpine auf sein Heim, das hierzulande nicht so wichtig genommen wird, da sich seit der

Antike das Dasein vorwiegend auf dem Forum, der Piazza, der Promenade abspielt. Das Rätsel italienischer Eleganz erklärt sich durch Maßarbeit und ererbten Geschmack. Darauf wird in einem Reiseführer durch das Land der Etrusker zurückzukommen sein. Aber auch die von der Stange gekauften, sommerlichen Gabardine- und Leinenanzüge der Männer, die einfallsreichen Boutique-Modelle werden von den Einheimischen mit angeborener Grazie nicht so sehr schlechthin getragen als kokett zur Schau gestellt, wobei keine Frau der Welt die Kunst, zugleich sexy und unantastbar auszusehen, so virtuos beherrscht wie die Italienerin.

Wir schweifen ab, leider nicht aus; denn die Toskana ist nicht mehr so sinnenfreudig wie zur Zeit der Etrusker oder im Völkerfrühling der Renaissance; Umbrien war es nie. Zur Kleiderfrage auf großer Fahrt in Mittelitalien bloß einen praktischen Rat: Wollsachen, reichlich Trikots und Strickwesten beipacken. Cortona liegt 650, Gubbio 530, Perugia 500, Montalcino 600, Siena 320 Meter über Meer; Florenz kennt, wie die Hügelstädte und Höhenzüge der ganzen Toskana, eine scharfe Tramontana – ein gefürchteter Fallwind aus den Bergen. An der See ist es selbst im Hochsommer abends kühl, im Juni oft noch kalt. Die Sonneninsel Sizilien, die fast afrikanisch verbrannte Landschaft Apulien, die heißen Küsten Kalabriens, der Basilicata, sind weit, der mildernde Einfluß des Tyrrhenischen Meeres vermag nicht tief in das Hügel- und Bergland zu dringen; die nachbarliche Emilia nördlich des Apennin, im Südosten die Abruzzen kennen die rauhesten Winter der Halbinsel!

Wer Badeferien am Strand mit Kunstfahrten ins Landesinnere verbinden möchte, sollte Juni und September als Reisezeit wählen. Oktober kann mit etwas Wetterglück ein prachtvoller Monat zum Durchstreifen der umbro-toskanischen Hügelwelt sein; Schwimmen im Meer, etwa in den geschützten Buchten der lazischen Küste, ist dann freilich nur über Mittag an wolkenlosen Herbsttagen möglich, und die früh einbrechende Abenddämmerung verkürzt das Besuchsprogramm. Im Mai mag das Tyrrhenische Meer noch kalt sein, da wird das vulkanische Mittelitalien oft von gewaltigen Gewitterregen heimgesucht, die im September wieder einsetzen können. Weil für reine Kunstfahrten und Studienreisen im «Museum Europas» Juli und August kaum in Frage kommen, ist in diesem Reiseführer dem toskanischen Litoral und seinen wunderschönen, von der Pineta beschatteten Sandstränden ein besonderer Abschnitt vorbehalten: Er enthält alle wichtigen Sehenswürdigkeiten in Küstennähe, die bequem im Tages- oder Halbtagsausflug besucht werden können. Versilia und Riviera degli Etruschi samt den Ufern der Maremma sind es ja, die Toskana, Umbrien und Latium mit ihren Kunstschätzen und Naturschönheiten so unendlich anziehend machen für Menschen, die sich an klassischen Gestaden erholen, im Lande lateinischer Lebenskunst angeregt – und meist recht lärmig – unterhalten, zwischendurch jedoch gern ein Stück hinreißender Frühgeschichte, antiker und mittelalterlicher Kultur sowie italienischer Renaissance erleben möchten. Ohne der adriatischen Küste mit ihrem Hinterland glänzender Kunststätten – Ferrara, Ravenna, San Marino, Urbino, Ascoli Piceno – zu nahe zu treten, kann sich höchstens die Provence mit der Côte d'Azur der Vielfalt, dem Reichtum Umbriens und der Toskana an die Seite stellen; denn Griechenland, Sizilien, Apulien und Lukanien besitzen weder die gastronomische Tradition noch das Straßennetz, das buntbewegte Stadt- und Strandleben dieses klassischen Reise- und Feriengebietes, wo fast jedermann etwas Englisch und Deutsch versteht und notfalls durch Mienenspiel und Gebärden auch reiseungewohnten Fremden der rechte Weg gewiesen wird.

Hinfahrt und Rückweg

Mit dem Hinweis auf die Adria und einige lockende Ziele ihres Hinterlandes ist das Stichwort für ein paar Ratschläge bezüglich der Anfahrt und Rückreise gefallen. Feste Tourenvorschläge erwarte man nicht, weil keiner von ihnen ganz ins Konzept des Lesers passen wird – erst recht für ein Land, dessen berühmteste historische Anekdote von einem Geistlichen aus dem Geschlecht der Fugger und seiner unselig-weinseligen Pilgerschaft nach der heiligen Stadt erzählt. Er erreichte sie nie, wohingegen ihm der Ruhm gebührt, den weltbekannten Rebensaft von Montefiascone getauft zu haben. Der lebenslustige Prälat hatte seinen Diener vorausgeschickt, um die Tür einer jeden Schenke am dornenvollen Bußpfad zwischen Augsburg und Rom, die er der Einkehr würdig erachtete, mit dem vereinbarten Gütezeichen «est» zu versehen: abgekürzt für «Hic vinum bonum *est*». Am Bolsener See angelangt, fast im Angesicht der Ewigen Stadt, war besagter Diener, der offensichtlich eine feine Nase besaß, von der Süße des kühlen Trunks derart überwältigt, daß er begeistert an die Wirtshaustür kleckste: «Est! Est! Est!» – was, wie sattsam bekannt, seinem geistlichen Herrn insofern zum Verhängnis wurde, als derselbige gleichen Tags tot vom Stuhle sank; er hatte dem holden Naß allzu munter zugesprochen. Der Wein von Montefiascone aber heißt seither «Est-est-est». Er teilt indessen seinen anekdotischen Ruhm mit dem ernster zu nehmenden Orvieto, einem goldenen Tropfen, womit man sich besser erst dann einläßt, wenn die Tagesetappe erreicht und der Wagen wohlbewahrt im Hofe oder Garten der umbrischen Herberge steht.

Sonst ist leider über die wildbewegte Geschichte Umbriens und der Toskana seit den Tagen der Etrusker und dem kurzen Völkerfrühling florentinischer Renaissance nicht viel Heiteres zu erzählen, wie im nächsten Abschnitt, wenn auch im Zeitrafferstil, dargetan werden soll. Als Herzland Italiens sind Umbria und Toscana dennoch vom Schicksal bevorzugt und ausgezeichnet worden; das Grauen eines *Sacco di Roma,* einer Zerstörung Mailands durch Friedrich Barbarossa, die spanische und österreichische Fremdherrschaft blieben der einstigen Terra etrusca weitgehend erspart. Daraus erklärt sich teilweise die ungebrochene Überlieferung einer echten Gastfreundschaft, einer verwurzelten Kultur, die den Fremden noch mit einem Anflug von «douceur de vivre» verwöhnt, wie sie sonst auf unserem Kontinent kaum mehr anzutreffen ist.

Wer mit offenen Augen und wachem Sinn den Apennin überschreitet und erstmals toskanische Hügel, umbrische Täler oder die Kraterseen des nördlichen Latium erblickt, spürt das sogleich. Venetien und die Lombardei, Liguria, Emilia und Romagna sind stärker bevölkert, jedes Hektar bebaut oder gewerbefleißig ausgenützt; sie wirken entsprechend einförmig, flach und nivelliert. Man durchsaust sie in wenigen Stunden auf der Autobahn oder im Expreßzug und ist gut beraten, wenn man ihre zahlreichen prächtigen Städte mit Kirchen und Palästen, Museen und Plätzen links liegenläßt, um sie ein andermal in Ruhe kennenzulernen.

Brenner und Gotthard sind in der Hauptreisesaison bis zu deren Ausbau als Autobahnen nicht zu empfehlen; dagegen ist der San-Bernardino-Paß vom Bodensee oder von Zürich über Chur und Bellinzona auch bei starkem Verkehr leicht befahrbar; von Lugano-Melide an bleibt man sodann auf der Autobahn, die Mailand umkreist, fast schnurgerade bis Bologna leitet, das ebenfalls umfahren wird, worauf der Traggetto Apenninico der A 1 den südwärts Strebenden einem Erlebnis entgegenführt, das in Europa einzig dasteht: dem Übergang vom industrialisierten Norditalien, der flachen Emilia, der nüchternen Ebene in das kunstgesättigte Land der Etrusker und Römer, der Guelfen und Ghibellinen, des heiligen Franziskus, des Humanismus und der Rináscita. Für den Rückweg oder weitere Reisen in die Toskana gibt es zahllose Varianten: Die Fahrt durch die Dolomiten in die Venezia Giulia, das Véneto, Padua–Bologna oder über Ferrara und Ravenna nach Rimini, wobei Ravenna Kostbarkeiten enthält, die es weder in der Toskana noch in Umbrien gibt: byzantinische Bauten und Mosaiken höchsten künstlerischen Ranges. Südlich der Dolomiten und des Brenner locken die Uferstraßen des Gardasees, die Kunststädte Verona, Mantova, Parma, von wo aus La Spezia und die versilianische Riviera auf der neuen Autobahn über den *Passo della Cisa* bequem erreicht wird. Wer über Mailand reist, sei auf den lohnenden Abstecher nach der Geigenbauerstadt Cremona, der Heimat Amatis, Stradivaris und Guarneris, hingewiesen; bemerkenswerte Dome stehen in Piacenza und Fidenza, von wo aus man rasch auf die Autostrade Milano–Genova und Genua–Pisa–Livorno gelangt, die durch prachtvolle Küstenlandschaft in die Versilia geleitet, wo diese dem Fremdenverkehr am vollkommensten erschlossen ist: Die Strände von Forte dei Marmi, Viareggio, Tirrenia genießen internationalen Ruf, und ins Landesinnere führt wiederum die abwechslungsreiche Autostrada Firenze–Mare mit Anschluß an die A 1.

Wer von München oder Österreich geradewegs nach Umbrien eilen möchte, sei auf die Via Tiberina verwiesen, die von Ravenna ins Tal des jungen Tibers führt und dessen gewundenem Lauf über Sansepolcro, Città di Castello und Umbértide bis Perugia und Todi folgt. Volkstümlichstes Ausflugsziel von Rimini bleibt die Republik San Marino; von Pésaro aus geht es landeinwärts nach *Urbino,* der hochragenden Geburtsstadt Raffaels, mit großartigem Palast der Herzöge von Montefeltro, in deren Musenhof der Humanist Castiglione sein berühmtes Werk

«Il Cortigiano», ein Handbuch ritterlich-vornehmer Lebensart der Renaissance, ansiedelte. Von Urbino, dessen Besuch unvergeßlich bleibt und eine Vorahnung toskanischen Adels, umbrischer Innigkeit vermittelt, leitet der mäßig hohe *Scheggia-Paß* nach Gubbio, einem der urwüchsigsten Städtchen Umbriens.

ETRUSKER UND RÖMER, GUELFEN UND GHIBELLINEN

Herodot und die Gelehrten – Der Aufstieg Roms – Von den etruskischen Lukumonien zu den Stadtrepubliken des Mittelalters

Die Welt der Antike ist das Mittelmeer – durch die syrische Wüste mit dem uralten Zweistromland, an den Säulen des Herkules mit dem Ozean verbunden.

Der Nil, dessen Geschenk Ägypten heißt, ergießt sich in sein Becken. Von dem östlichen Küstenstrich, am Fuße des Libanon, segelten die Phönizier nach dem Westen, gründeten ihre Handelshäfen im fernen Iberien, an der Rhonemündung, in Nordafrika, wo Karthago dank seiner seebeherrschenden Lage bald das Mutterland überflügelte. Mittelpunkt dieser altmediterranen Welt ist Kreta, das die Ägäis mit seiner Flotte in Schach hält. Es entfaltet einen Luxus, dessen diesseitige Züge auffallend an die Etrusker und Hethiter erinnern und ihr Gegenbild im mykenischen Kunsthandwerk finden. Ein anderes Seevolk, das wir Griechen, Hellenen, Achäer nennen, setzt sich in Unteritalien, auf Sizilien, fest und schafft dort eine Hochkultur, wovon die Städtenamen Sybaris, Syrakus, Akragas, Poseidonia, Elea als Sinnbild erlesenster Lebenskunst und hohen Gedankenflugs künden. Aus dem Massalia der Phokäer wird das Massilia der Römer, später Marseille genannt. Es ist der Umschlagplatz für das aus Britannien kommende Zinn, unentbehrliches Erz, das mit dem Kupfer der Insel Kypros-Zypern, deren Name selbst von dem unschätzbaren Metall herrührt, zur Bronze verschmilzt, wonach ein vorgeschichtliches Zeitalter benannt wird. Aus dem Norden waren in grauer Vorzeit Iberer, Italiker, Pelasger in die drei mächtigen Halbinseln des Mittelmeeres gewandert, die als Urbevölkerung angesprochen werden, obwohl es seit Zehntausenden von Jahren Menschen gibt und diese Vorindogermanen wohl nur andere, noch ältere Völker verdrängt oder sich mit solchen vermischt hatten. Die Apenninhalbinsel und ihre großen Eilande Sizilien und Sardinien standen durch ihre Mittellage stets im Brennpunkt der Begierde aller Eroberer und Seeräuber und dadurch inmitten des Geschehens.

Weder Hispanien noch Hellas, weder Persien und Mesopotamien noch Ägypten verfügen über eine Lage, die sich mit Kreta, Karthago oder Rom messen könnte – von Kleinasien nicht zu reden, das erst unter byzantinischer und türkischer Herrschaft einem Weltreich vorstehen wird.

Wer waren diese Urvölker, wer die Indogermanen? Wir kennen die Geschichte Ägyptens, die Ursprünge Babylons und Assurs, die Anfänge der Semiten durch Hieroglyphen, Keilschrift und durch das Alte Testament; aber von den Fahrten der Phönizier wissen wir fast nichts, obwohl dieses kühne und gewandte Volk der Menschheit das Alphabet geschenkt hat. Als Leute von praktischem Kaufmannssinn erfanden und benützten sie es indessen in allererster Linie für Bestandsaufnahmen und Geschäftsbriefe, die ihrem hohen Lebensstandard wichtiger erscheinen mochten als Gedichte, Epen und Geschichtsschreibung. Ähnliches gilt von der minoischen Luxuskultur – um bei diesem gebräuchlichen, höchst oberflächlichen Begriff zu bleiben –, und wenn eines Tages nach der «Linear B» und der kretischen Linienschrift A die Sprache der Etrusker enträtselt und verstanden wird, dann dürfte die Wissenschaft sich wahrscheinlich ebenso enttäuscht davon abwenden wie im Falle aber Tausender sumerisch-akkadischer Tontäfelchen, deren geheimnisumwitterte

Inschrift meist alltäglichste Sachlichkeit aufweisen – Angaben, wie sie heute gleichfalls größter Anteilnahme der Leserschaft gewiß sein können: Kochrezepte, Haushaltsrechnungen, allenfalls eine Vorschrift für Opferkult und Totenbestattung...
Les peuples heureux n'ont pas d'histoire.
Niemand hat die ägäische, die dorische, niemand die indogermanische Wanderung aufgezeichnet; wissen wir doch kaum, woher die Kelten und Germanen stammen, die zu geschichtlicher Zeit, in der Spätantike, das Römische Reich überfluteten. Ob die altitalischen Völker, ob Ligurer, Umbrer und Sabelliker schon Indogermanen waren, durch welche Gegenden sie gezogen, mit wieviel fremdem Blut sie sich vermischt und verschmolzen hatten, bleibt ungewiß. Es ist auch nicht so fesselnd, nicht entscheidend; denn Menschen packen und ergreifen uns ja erst dann, wenn sie sich niederlassen, etwas schaffen, ihre Lebensform errungen und aufgebaut haben. Die einst brennende etruskische Frage wird am klügsten so behandelt, wie dieses alte Kulturvolk selbst der Welt gegenüberstand: heiter genießend, erdverbunden, dankbar für die schönen Dinge, die sie einer staunenden Nachwelt hinterlassen haben. Die reichsten Funde erwarten den Besucher im etruskischen Museum der Villa Giulia in Rom, vor dessen Toren dieser Reiseführer haltmacht. Auf eine Kunst- und Stilgeschichte Etruriens, Umbriens, der späteren Toskana muß hier aus Raumgründen verzichtet werden: Allzu vieles wirkt in diesem gesegneten Lande auf die Sinne des Besuchers ein, das vorzustellen, zu beschreiben und zu erzählen sein wird, als daß dieser geschichtliche Überblick etwa in den Streit der Archäologen um die Herkunft der Etrusker eingreifen könnte.

Herodot und die Gelehrten

Jüngere Leser können sich schwer ausmalen, welche Leidenschaften die etruskische Frage vor wenigen Jahrzehnten in halb Europa entfacht hat. Herodot genießt nicht mehr die unumschränkte Autorität, die diesem lebensvollen Erzähler einst zugestanden wurde; aber was könnte ihn veranlaßt haben, die Geschichte eines ionisch-lydischen Volkes, das Kleinasien verließ, um «unter Fürst Tyrsenos zu den Umbriern» auszuwandern, aus der Luft zu greifen? Dabei darf man sich freilich nicht vorstellen, daß der kleinasiatische Volksstamm zu Zehn- oder Hunderttausenden auf schwanken Nachen die fährnisreiche Ägäis und das Ionische Meer samt Skylla und Charybdis mit Kind und Kegel durchquert hätte, um sich in Tuscien und sonst nirgends niederzulassen. Das frühe Altertum kennt außer im Orient keine Volksmassen im modernen Sinne – die griechische Polis, die Lukumonien der Etrusker, die Landstädte der Sabiner, Umbrer, Volsker, das keltische Oppidum mochten oft nur mehrere hundert, vielleicht ein paar tausend Seelen zählen. Ein Heer kühner Seefahrer vom Schlage der Phönizier, Karthager, Kreter, Achäer und Etrusker konnte durch geistige Überlegenheit und städtische Gewandtheit rasch eine anerkannte Oberschicht bilden – agrarisch-dumpfe Ureinwohner sanft beherrschend, deren schlummernde Gaben nur zu wecken waren, um mit ihnen vereint im Laufe allmählicher Evolution, die sich über Jahrhunderte erstrecken mochte, jene Hochkultur hervorzubringen, die uns in Grabkammern und Museen so wahlverwandt, so unheimlich vertraut anspricht. Als Beispiel dafür ste-

33 *Statuette eines etruskischen Kriegers aus der 1. Hälfte des 5. Jahrhunderts v. Chr.*

hen nicht allein die griechischen Pflanzstätten in Unteritalien, sondern auch die phönizischen Emporien rund um das Mittelländische Meer. Sprachforscher versichern, das Etruskische gleiche auffallend dem Lydischen – «das man aber auch nicht versteht», wie Friedell in seiner Kulturgeschichte dazu launig bemerkt.

Der orientalische Einfluß tritt in der etruskischen Kultur so offensichtlich zutage, daß er längst völlig unbestritten ist. Maßlos übersteigert wurde der Streit der Gelehrten durch die in den zwanziger und dreißiger Jahren gleich einer Seuche um sich greifende «Rassentheorie» Gobineaus und H. S. Chamberlains, die dem Axiom des preußischen Historikers Theodor Mommsen ungeahnten Auftrieb verlieh: Der Annahme nämlich, daß die Etrusker gleich den andern altitalischen Stämmen aus dem Norden, dem rassenreinen, sittenstrengen, ach so kraftvoll-unverbrauchten Norden, eingewandert seien. Wie vertrug sich damit die Darstellung römischer Geschichtsschreiber, die den Etruskern alle Laster nachsagten? Im Jahre 1928 fand zu Rom ein denkwürdiger Etruskologenkongreß statt, wo die Ansichten in einer Weise aufeinanderprallten, daß, hätten dabei die erhitzten Gelehrtenköpfe selbst herhalten müssen, Funken gestoben wären.

Der Hinweis auf die Diesseitigkeit des hochkultivierten Volkes, das seit dem zweiten Jahrtausend das Gebiet zwischen Arno, Apennin und Tiber besiedelte, bebaute, durch kunstvolle Kanäle entsumpfte und sich in zyklopisch befestigten, hochgelegenen Städten seines Lebens freute, möchte nicht etwa Zweifel an der tiefen Religiosität der Etrusker heraufbeschwören; davon zeugt allein schon deren Totenkult. Daß bei ihnen in frühen Zeiten Menschenopfer vorgekommen sein mögen, wie lateinische Autoren behauptet haben, würde nichts gegen ihre Humanität und hohe Gesittung in geschichtlichen Tagen sagen: die

Dionysische Kunst des alten Etrurien: Silen und Nymphe, eine zierliche Bronzegruppe vom Ende des 6. Jahrhunderts v. Chr.

aztekische wie die punische Hochkultur opferten ihren Göttern Menschenleben. Die Volksbelustigung römischer Gladiatorenkämpfe wirkt daneben als blutrünstiges Gemetzel. Puritanisch-männischen Kriegern, stahlharten Eroberern wie die alten Römer es waren, erscheint jede höhere Lebensform als korrupt, dekadent und verderbt – wie erst, wenn Männer vom Schlage eines Mutius Scaevola mit der Nachsicht, Weisheit und Lässigkeit zusammenstießen, die am Hofe Porsennas geherrscht haben muß, einem Hof, den man sich gar nicht urban, verfeinert und hochgezüchtet genug vorstellen kann? Porsenna war ein etruskischer Herrscher, vielleicht trug er schon den Titel eines Pontifex Maximus, den die römischen Kaiser wie so vieles von dem besiegten Volke übernehmen sollten, und der schließlich den Päpsten zufiel. Wer die nachmalige, mit Feuer und Schwert errichtete Pax Romana bewundert, in deren unbezweifelbar hoher Zivilisation sich übrigens gerade Erbe und Einfluß etruskisch-altitalischer, gräko-orientalischer und ägyptisch-punischer Kultur spiegelt, sollte nicht vergessen, daß die Römer selbst ihre vielgerühmte Verwaltung, die Kunst des Brücken- und Festungsbaus, ihrer Straßen und Landwirtschaft der hochentwikkelten tyrrhenisch-tuskischen Dodekapolis verdanken. Diesem Zwölfstädtebund gehörten auch Perusia [Perugia] und Urbs vetus, das heutige Orvieto, an, während die gesamte Umbria transtiberina offenbar nie von Etruskern unterworfen wurde, was tiefgreifende psychische und atmosphärische Unterschiede in den beiden Provinzen zurückgelassen hat. Die geographisch in sich so geschlossen wirkende Landschaft, der dieses Buch gewidmet ist, erscheint dadurch noch eigenartiger, reizvoller, reicher gestuft.

Der Aufstieg Roms

Sagenhaft, poetisch-unwahrscheinlich klingt die Legende von der Gründung Roms durch Romulus und Remus; aber der altrömische Kaiser Tarquinius Superbus war zweifellos ein Etrusker, ein Rasenna, wie sie selbst sich nannten. Egon Friedell, der geistvolle Wiener, der merkwürdigerweise den Etruskern in seiner Kulturgeschichte des Altertums nur zwei gedrängte Seiten widmet, erklärt einmal, daß die Dinosaurier ausstarben, «weil ihre Zeit um war». Diese entwaffnend lapidare These läßt sich ohne weiteres aus der Naturhistorie in die Geschichte der Völker übertragen: ihre Zeit war um. Wie die Ägypter, Hethiter, Chaldäer und Kreter, hatten die lebensfrohen Tyrrhener einen Gipfel, einen Zenit, eine Mittagshöhe erreicht, der ebensowenig Dauer beschieden sein konnte wie dem an sich schon seltenen Göttergeschenk irdisch-menschlichen Glücks.

Die Etrusker sind, sub specie aeternitatis betrachtet, weder am Kurzschwert der Kohorten noch an sittlichem Verfall zugrunde gegangen – lasterhafte Leute leben lang –, sondern weil der Zeiger der Weltuhr weitergerückt war, weil das Telos sich über einen Akt der Geschichte gesenkt hatte, der von Goldglanz überhaucht, von dem Zauberschimmer verklärt war, wie er in den Sonnenuntergängen im Spätsommer am Tyrrhenischen Meer, in den Wandgemälden tarquinischer Grabgewölbe, im Schmuck und Ziergerät der Museen weiterlebt. Auch die Bergvölker der Umbrer und Sabiner, durch das Flüßchen Nera – lateinisch Nar – voneinander geschieden, sind im Römischen Reich aufgegangen. Sie bestatteten schon um 1000 vor Christus ihre Toten, waren vermutlich blauäugig, hellhäutig und blond; die Archäologie erblickt in ihnen die Träger der Villanovakultur, obgleich dieser Fundort nördlich des Apennins, bei Bologna, liegt – und dort entstand auch die bedeutende Etruskerstadt Félsina, als das Großreich der Rasenna sich bis zum Po, nach Venetien und in die südlichen Täler der Rätischen Alpen ausbreitete. Die Umbrer verbündeten sich von ihrem Hauptort Interamna, der heutigen Industriestadt Terni, aus mit Rom, um gemeinsam Etrurien und Gallien zu bekriegen. Zur Kaiserzeit wird VMBRIA mit Ariminium, Sena Gallica, Spoletum und Iguvium zur sechsten Region des Imperium Romanum erklärt. Erst nach dessen Fall, als die Stürme der germanischen Völkerwanderung verebbt waren, wurde Perugia Hauptort eines gleichnamigen Herzogtums, das die heutige Landschaft Umbrien mit dem Ducato di Spoleto teilte.

Von den etruskischen Lukumonien zu den Stadtrepubliken des Mittelalters

Die eigenartige, durch den mächtigen Bogen des Apennins umschlossene Lage hat Etrurien und Umbrien manche Katastrophe erspart, der die schöne, von allen Eroberern so heiß begehrte Halbinsel zum Opfer fiel. Im Jahre 217 vor Christi Geburt schlug Hannibal die Römer am Trasimenischen See; ein Jahr danach errang er den schicksalhaften Sieg bei Cannae in Apulien. Die Zukunft der Republik hing an einem Faden; es war die später so geschmähte Luxuskultur der Etrusker, der ihr punischer Erzfeind erlag. Statt Rom anzugreifen und zu vernichten, erholte sich der geniale Feldherr in Capua, einer etruskischen Stadt über der Bucht von Neapel. Hannibal ließ sich dort in der linden Luft so lange verwöhnen, bis seine Gegner neu gesammelt waren und zum entscheidenden Schlag wider die seebeherrschende Macht ausholten, diesmal auf afrikanischem Boden den Rat des alten Cato furchtbar befolgend: Ceterum censeo Carthaginem esse delendam! Die Macht der Lukumonien, wie die etruskischen Stadtstaaten hießen – in Wahrheit kleine Königreiche gleich Argos, Messene oder Mykene auf dem Peloponnes – die Macht der Rasenna, der Tyrrhener, der Tyrsenoi, war damals längst gebrochen, die teilweise aus Holz erbauten Heiligtümer verbrannt und durch marmorne Tempel ersetzt, wofür dem latinischen Emporkömmling und angehenden Weltbeherrscher in Großgriechenland, zu Pæstum, Metapont und auf Sizilien erhabene Vorbilder genug vor Augen standen.

Die Blicke der Welt richteten sich alsbald nach Rom. Etrurien versank im Schatten der Provinz. Wohl beeindrucken die römischen Theater von Faesulae, dem jetzigen Fiesole, Iguvium – heute Gubbio –, der Drususbogen und Reste von Amphitheatern zu Spoleto und Arezzo, der Ponte d'Augusto bei Narni.

Doch niemand wird heute in die Toskana, nach Umbrien pilgern, um dort römische Baukunst zu bewundern, wie einst der sachsen-weimarische Geheimrat von Goethe, der vor den Säulen des Merkuriustempels zu Assisi in Andacht sank, während er die gotischen Kirchen samt ihren Fresken voll Unmut übersah: Es war das erste Stück Antike, das der Dichter nach der Arena von Verona erblicken durfte...

Nichts wäre leichtsinniger, als sich über die Anteil- und Parteinahme unserer Vorfahren den Werken der Kultur wie lebendiger Landschaft gegenüber lustig zu machen. Die eklektische Begeisterung unseres Zeitalters für alle echte Kunst erklärt sich weitgehend durch den unerhörten Geldwert, den Skulpturen, Gemälde und Gerät, falls sie nur alt genug sind, auf dem internationalen Markt erzielen. Die Toskana macht erst um das Jahr 1000 wieder von sich reden, als der romanische Kirchenbau, in Südfrankreich und in der Lombardei entstanden, auf diesem uralten Kulturboden schüchtern zu erblühen begann. Pisa, die mit Genua und Venedig rivalisierende Seemacht, gab kunstgeschichtlich den Ton an. In Florenz griff im 11. Jahrhundert die Markgräfin Mathilde tatkräftig in den nicht enden wollenden Streit zwischen Kaiser und Papst ein. Dessen Auf und Ab, das dem Zeitalter seinen blutigen Stempel aufdrückt, hat Dante in der Göttlichen Komödie ein gewaltiges Denkmal errichtet, nachdem er ihren Wirren selbst zum Opfer fiel und aus der geliebten Vaterstadt verbannt wurde. Dante ist zwar der Vollender des Mittelalters, dessen Geist und gesamtes Wissen er in seinem Gedichte beschwört. Dank der toskanischen Volkssprache, des *volgare,* dem er weltliterarischen Rang verlieh – eine Tat von unerhörter Kühnheit in jener noch ganz dem Universalidiom Latein verhafteten Zeit –, beginnt mit Alighieri ein neuer Abschnitt der Kulturgeschichte. Petrarca wird der erste moderne Mensch genannt, Boccaccio erschließt dem abendländi-

schen Schrifttum die bunte Alltagswelt des Bürgertums. Beide Dichter bedienen sich dabei des toskanischen Dialekts, indem sie, den sizilianischen Minnesängern und dichtenden Herrschern nacheifernd, den *dolce stil nuovo* zu poetischer Höhe emportragen. Das Studium der Alten, deren Werke vorwiegend in den Klöstern vor Völkerwanderung und Faustrecht gerettet worden sind, gebiert den Humanismus; die Bahn ist frei für das erstaunlichste Ereignis der neueren Geschichte, die Renaissance. Da Fiorenza inzwischen zur mächtigsten Stadtrepublik Mittelitaliens emporstieg – die große Zeit Pisas war vorüber, die stolze Rivalin Siena bezwungen –, konnte nur das urbane Pflaster am Ufer des Arno, der weltweite Geist der Toskana, konnte Florenz allein die vorbestimmte Stätte solcher Blüte sein. In der benachbarten, so völlig andersgearteten, innigen Landschaft Umbriens ereignete sich das staunenswerte Wunder eines Verkünders christlichen Glaubens, mönchischer Demut und heiterer Freundschaft zu Mensch und Tier: der heilige Franz von Assisi. Sein Wirken hat in der zauberhaften Kunst umbrischer Maler das unvergängliche Spiegelbild gefunden.
Von dem Mäzenatentum und der Staatskunst der Medici zu Florenz – Machiavellis «Fürst» ist MAGNIFICO LAURENTIO MEDICI, dem Sohne Pieros, zugeeignet – handelt der nächste Abschnitt. Dieser weitgefaßte Umriß mittelitalischer Geschichte möchte mit dem erneuten Hinweis schließen, wie wenig Umbrien und Toskana im Verhältnis zur übrigen Halbinsel von den Jahrhunderte dauernden Wirren französischer, habsburgisch-österreichischer und aragonesischer Fremdherrschaft berührt worden sind. Um so heftiger zerstritten waren freilich ihre Städte und Parteien. Nach dem Erlöschen des Hauses Medici und des Großherzogtums Toskana fiel das Gebiet an den Kirchenstaat. Napoleon verkündete seinerseits das kurzlebige «Königreich Etrurien»; 1860 fielen Emilia und Toskana an Sardinien-Piemont,

das im folgenden Jahre Turin zur ersten Hauptstadt des neuen Italien erklärt. Im Jahre 1864 kommt diese Ehre Florenz zu: Während der Dauer von sechs Jahren ist die Arnostadt, einst Wiege der Renaissance und der italienischen Sprache, Kapitale des Königreichs; erst 1870 zieht der Hof, zieht die Regierung nach Rom, wo seit dem Abdanken des letzten weströmischen Kaiserleins, Romulus Augustulus, anno 476, der Bischof von Rom und Statthalter Christi auf Petri Stuhl die imperial-ökumenische Tiara eines Pontifex Maximus und somit seinerseits eine Würde trägt, die ursprünglich ebenfalls von den Etruskern stammt.

FLORENZ,
DIE STADT DER MEDICEER

Kaufleute und Künstler – Wiege der Renaissance – Urbanität und Kultur – Neues Weltbild – Lorenzo il Magnifico

Kaufleute und Künstler

Die Medici von *Florenz* sind wohl die glänzendsten Emporkömmlinge der neueren Geschichte. Um das Jahr 1200 in der Arnostadt niedergelassen, erwarben sie durch internationale Geldgeschäfte unermeßlichen Reichtum. Als eigentliche Vorläufer eines neuen Zeitalters bekämpfen sie die mächtigen Geschlechter der Acciaiuoli, Alberti, Peruzzi und Strozzi, eine Oligarchie reicher Kaufleute, die den florentinischen Adel schon 1293 durch strenge Gesetze zurückgedämmt hatte. Dank seiner Tuchweberei und des blühenden Bankwesens wurde Florenz im 13. Jahrhundert eine westeuropäische Wirtschaftsmacht; 1406 zwang sie die alte Gegnerin Pisa in die Knie und übte fortan praktisch die Herrschaft über ganz Toskana aus. Nur Siena widerstand bis in die Mitte des 16. Jahrhunderts. Cósimo I. aus dem Hause Medici erhielt hierauf den Titel eines Großherzogs von Toskana; bis 1737 bekleidete das mächtige Geschlecht diese Würde, worauf sie an Franz Stephan von Lothringen überging.

Nachdem Cosimo il vecchio im 15. Jahrhundert die Hausmacht der Familie gegründet und durch weise Staatskunst gefestigt hatte, übernahm 1469 Lorenzo de' Medici, ohne einen Herrschertitel zu führen, das unsichtbare Zepter der Mäzenatendynastie. In seiner Jugend hätte er es um ein Haar an die Pazzi verloren, die sich gegen ihn verschworen. Angelo Poliziano, der Humanist und Lyriker, rettete Lorenzo vor dem Dolch der Mörder und erhielt damit der Menschheit einen der überragendsten Förderer von Kunst und Wissenschaft. Den fehlenden Titel verlieh ihm das Volk von Florenz, zum Dank für die rauschenden Feste und prunkvollen Umzüge, die er veranstaltete und selbst in zierlichen Versen besang: als «Magnifico» ist Lorenzo de' Medici in die Kulturgeschichte eingegangen. Er führte Florenz zur Sonnenhöhe des Rinascimento, zur Hochblüte erlesener Kunst und Bildung empor. Seine leidenschaftliche Liebe galt Fiorenza und der Schönheit. Ein Bildnis von der Hand Ghirlandaios, auf den Fresken der Kirche Santa Trinità, zeigt ein scharfgeprägtes Profil: «Wär' ich schön geboren», läßt Thomas Mann Lorenzo in seinem Dreiakter «Fiorenza» zum Prior von San Marco sagen, «nie hätte ich zum Herrn der Schönheit mich gemacht.»

Wer die herrliche Stadt am Arno durchstreift, deren Bauten, Straßen und Plätze heute noch den Adel hoher Kultur im Antlitz tragen, denkt sich die Regierungszeit Lorenzos des Prächtigen unwillkürlich über mehrere Jahrzehnte erstreckt. Tatsächlich herrschte er nur von 1469 bis 1492 – glückliche Epochen sind nicht allein selten, sondern meist auch von kurzer Dauer. Dreißig Jahre segensreichen Wirkens waren Cosimo, dem Pater Patriae, vergönnt gewesen; während einer Zeit von bloß 23 Jahren lagen die Geschicke der Stadt in Lorenzos Ästhetenhänden. Er hat es in seinen formvollendeten Sonetten vorausgeahnt, deren eines mit der Klage endet:

Ah quanto poco al mondo ogni ben dura
Ma il rimembrar si tosto non si parte.

Am farbigen Abglanz florentinischer Kunst haben wir sein Wirken lebendig vor Augen. Karl VIII. von Frankreich besetzt Florenz 1494 auf dem Zug nach Neapel und vertreibt Piero, den erstgeborenen Sohn Lorenzos. Sein jüngerer Bruder, der kunstverliebte Kardinal Giovanni Medici, ist der spätere Papst Leo X., unter dessen milder Statthalterschaft Christi auf Erden der Vatikan von Saitenspiel widerhallen wird.

Wiege der Renaissance

Wer immer die Toskana besucht, wird sich fragen, weshalb diese Landschaft, warum von all den reichen Städten des ausgehenden Mittelalters gerade Florenz zur Wiege der Renaissance wurde – Florenz, nicht das meerbeherrschende Venedig oder Genua; Nürnberg, Lyon, Paris und Mailand nicht, noch Augsburg, Neapel oder Rom. Die Geschichte der Toskana liefert dafür keinen Anhaltspunkt: Unter römischer Verwaltung wurde das einst so glanzvolle Reich der Etrusker absichtlich vernachlässigt. Die Bergwerke auf Elba und in den Colline Metallífere des tyrrhenischen Küstengebiets wurden durch bedeutendere Minenfunde im Weltreich der Cäsaren ausgestochen; die Häfen versandeten, die Maremmen und das Arnotal versumpften. Florentia war im Jahre 82 vor Christus für die Veteranen Sullas auf den Grundmauern einer prähistorischen Siedlung gegründet worden, blieb jedoch abhängig von der Colonia Faesulae auf dem befestigten Hügel im Norden, die vordem etruskische Lukumonie gewesen war. Selbst in den Rang einer römischen Kolonie emporgestiegen, wird Florenz schon Anfang des 4. Jahrhunderts Bischofssitz. Zur Zeit der Völkerwanderung ist die Stadt ein Zankapfel der Byzantiner und Goten. Im frühen Mittelalter zur langobardischen Markgrafschaft Tuscien gehörend, wird Flo-

renz freie Reichsstadt und führende Macht in Mittelitalien; 1197 tritt sie an die Spitze des tuskischen Städtebundes, regiert durch jährlich wechselnde Konsuln.
Das mutet merkwürdig antik an: Die Dodekapolis der Etrusker ersteht neu als toskanischer Städtebund; aber nicht Gravisea-Tarquinia, Populonia und Caere, die einstigen Häfen, stehen an der Spitze, sondern Florenz am Arno führt. Nach dem Zerfall des Karolingerreiches im 9. Jahrhundert herrschten die Herzöge von Spoleto über einen Teil der alten Landschaft Etrurien; deren Erben wurden Markgrafen von Tuscien. Um die Jahrtausendwende dehnte die Markgräfin Mathilde ihr Herrschaftsgebiet ganz beträchtlich aus; sie überließ Papst Gregor VII. im Jahre 1077 ihre Burg Canossa, wo der deutsche Kaiser Heinrich IV. Kirchenbuße tat. Ihre beträchtlichen Güter hinterließ die Markgräfin der Kurie. Das Vermächtnis focht nach ihrem Tode das Römische Imperium Deutscher Nation an, woraus der Investiturstreit und der Kampf zwischen Kaiser und Papst entstand. Dante hat «Matelda» – neben Katharina von Siena eine der hervorragenden Frauengestalten jener verworrenen Zeitläufe – in den letzten Gesängen des Purgatorio ein Denkmal gesetzt, beginnend mit dem ergriffenen Anruf des Dichters: «Deh bella donna, che a raggi d'amore ti scaldi...» In deutschen Geschichtsbüchern kommt die guelfisch-papistische Markgräfin von Tuscien freilich nicht so gut weg. Im Gegensatz zu Siena und den meisten toskanischen Stadtrepubliken hielt der alte Bischofssitz Florentia zur Kirche und wurde das Haupt der Guelfen. Diese spalteten sich im 13. Jahrhundert nochmals in Guelfi bianchi und Guelfi neri – Dante Alighieri wurde nicht als Ghibelline aus seiner geliebten Heimat verbannt, sondern in seiner Eigenschaft als Botschafter der Weißen beim Vatikan, als 1301 eine Signoría von Schwarzen Guelfen ans Ruder kam. Unsägliches Elend brach über ihn und die Seinen herein – dennoch

verdankt die Welt wahrscheinlich dem nagenden Schmerz jahrelangen Exils das wort- und bildgewaltigste Gedicht italienischer Sprache, die wahrhaft Göttliche Komödie.

Urbanität und Kultur

Ging es bei den Kämpfen zwischen Kaiser und Papst, Welfen und Waiblingen, einem der grausamsten Abschnitte abendländischer Geschichte, wirklich um kirchliche oder weltliche Macht? Es war vor allem der Aufschwung des Bürgertums, die Freiheit der Städte, der wir die Kultur des Rinascimento danken. Und Urbanität, frei entfaltete Eigenwilligkeit, die der Frau ebenso natürlich zustand wie dem Mann – das ist ein Erbe der Etrusker, dieser handfesten Genießer und Liebhaber schöner Dinge, die sie vielleicht vorwiegend durch Künstler herstellen ließen, die aus Kleinasien, aus dem Orient, aus Großgriechenland stammten. Die florentinische Renaissance war nicht plötzlich da, sie ist Höhepunkt, leuchtender Zenit einer allmählichen Evolution, die sich von den provenzalischen cours d'amour und dem päpstlichen Hofe zu Avignon, von Friedrich II. und den «Siciliani», die schon in latinischer Vulgärsprache dichteten, über Dante und Petrarca, von Cimabue und Giotto über Masaccio und Botticelli, über die Bildner Nicola und Giovanni Pisano deutlich verfolgen läßt. Daß diese Wiedergeburt des klassischen Altertums jedoch hier erfolgt, in der Landschaft zwischen Arno, Tiber und Apennin, die fast keine römischen Reste aufweist und im Barockzeitalter wiederum unvermittelt von der Bühne schöpferisch-stilbildender Kunst abtritt –, daß die Renaissance des 15. Jahrhunderts auf toskanischer Erde das Licht erblickt und seit einem Jahrtausend versunkener Schönheits- und Formsinn gerade hier zu neuem Leben erwacht, lag deshalb

nahe, weil Ähnliches sich auf diesem Boden schon einmal ereignet hatte: in der etruskischen Hochkultur des vierten vorchristlichen Jahrhunderts, die Hans Mühlestein «die letzte Renaissance der [wenn auch noch so modifizierten] schöpferischen Selbstgestaltungskraft der Mittelmeer-Autochthonen» nennt. So sagt Jacques Heurgon denn mit Recht: «Geburt und Wiedergeburt Italiens haben die gleiche Wiege.»
Politisch zerstückt und zerrissen, vom Ideal eines geeinten Vaterlandes ebensoweit entfernt wie einst das besiegte Herrenvolk Etruriens, sammelten sich alle geistigen und künstlerischen Kräfte in den Städten, wo allein sie sich zu entfalten vermochten. Der Vergleich ist erstaunlich: Das erlesenste Gerät, der verführerischste Schmuck, die elegantesten Fresken, kurz das «impressionistisch-altkretische Rokoko» Etruriens wird der Zeit des Niedergangs nach dem Verlust Vejis an die Römer, der transapenninischen Siedlungen an die Gallier verdankt. Das von Fremdherrschaft im Norden und Süden, von Kriegszügen und Brandschatzung heimgesuchte Italien wiederum entfaltet im Quattrocento, im Cinquecento seine edelste Kunst und Geistesblüte in der freien Handelsstadt am Arno, gebettet in den schützenden Wall des Apenninbogens.

Neues Weltbild

Doch seltsam: Florenz erscheint durchaus nicht antikisch, nie klassizistisch; immer steht es im stärksten Gegensatz zu Rom, das denn auch die Renaissance im Barock des 17. Jahrhunderts vollenden wird. Im Stadtbild der Toskana herrscht das Mittelalter vor: Siena, San Gimignano, Volterra sind Hochburgen gotischen Baustils, der ursprünglich aus Frankreich hieher gedrungen war, wie die Romanik aus der Lombardei und der Provence.

Das Hinreißende des Rinascimento ist seine Kühnheit, sein Weltsinn, die Entdeckerlust. Auf allen Lebensgebieten schafft dieses Zeitalter Neues. Der Gesichtskreis weitet sich über die Mittelmeerwelt ins Unbekannte, Grenzenlose; die bisher als göttlich-unantastbar betrachtete Natur wird erforscht und dem Menschen dienstbar gemacht. Der Humanismus treibt seine Blüten, in lateintümelnder Gelahrtheit und Gespreiztheit freilich bald über das hohe Ziel hinausschießend; er öffnet jedoch dem Jahrhunderte hindurch vom Dogma eingezwängten Geist ungeahnte Erkenntnis, Wissen, Reize und Lüste. Ficino und seine Platonische Akademie, der Pico della Mirándola angehörte, genossen die Gunst der Medici: Es ist, als hätte sich der Wolkenschleier des nach innen gekehrten Mittelalters verflüchtigt, um das Stadtbild am Arno sinnlich und geistig in seiner Schönheit, seinem Adel, seiner Stilreinheit dem Licht der Toskana, dem bewundernden Blick der Welt, anheimzugeben.
Nicht die Staatsverwaltung allein, auch der Krieg werden als Kunst betrieben, die Persönlichkeit entfaltet sich zu höchster Universalität; man denke an Leon Battista Alberti, Brunelleschi, Leonardo da Vinci. Hochschulen entstehen, wo alte Sprachen gelehrt, die Kunst der freien Rede als Wiedergeburt antiker Rhetorik geübt wird. Die ersten Weltreisenden: Marco Polo, Gian Battista Ramusio, wahrscheinlich auch Kolumbus, waren Italiener. Wenn auf diesem Gebiet Umbrien und Toskana auch naturgemäß zurückstehen, so heißt die Neue Welt dennoch nach dem Florentiner Geographen Amerigo Vespucci. Überhaupt wird erst in der Renaissance Natur und Landschaft entdeckt und in kunstvollen Gärten dem Städter erschlossen, der Jahrhunderte «dentro della cerchia antica» wie im Mauergürtel einer mittelalterlichen Burg verbracht hatte. Florentinische Dichter betreten noch eine andere Landschaft, unerschöpflich, unauslotbar: die menschliche Seele, ihre Leidenschaften, ihre

Tiefe, wofür Dante in der «Vita nuova», Petrarca im «Canzoniere» völlig neue, an das Herz greifende Töne finden:

Chiare, fresche e dolci acque,
Ove le belle membra
Pose colei che sola a me par donna.

Solche Poesie, Wortmusik von solcher Süße hatte man seit Catull nicht mehr vernommen. Wie das Dixhuitième, wie jede höhere Kultur, huldigt die Renaissance der Dame, der verheirateten Frau, die schon die Minnesänger, die Trouvères, verherrlicht hatten. Es blüht die Gesellschaft, jene verfeinerte Lebensart, die nur da gedeiht, wo die Frau ihr sanftes und dennoch anregendes Zepter führt. Das Italienische hat dafür Worte, die selbst wie Musik klingen: garbo, cortesía, gentilezza. Unnötig zu sagen, daß höhere Geselligkeit die Kunst des Gesprächs, angeborene Sprachbegabung, Kult der gepflegten Rede voraussetzt, wie Italien sie heute noch kennt, obgleich die Toscani, wahrscheinlich weil sie den Bergen nahe wohnen, von Nord- und Süditalienern wegen ihrer rauhen Diktion verspottet werden. Konversation als Kunst betrieben führt von selbst dazu, daß auch die Erotik zu einer solchen erhoben wird, wie sich dies etwa im Venedig des galanten Jahrhunderts wiederholen sollte.

Lorenzo il Magnifico

Unvorstellbarer Aufwand wurde auf Volksfeste und Maskenzüge verwandt. Darin überbot Lorenzo de' Medici alle Fürsten der Renaissance. Betritt man den *Palazzo Medici-Riccardi* in Florenz, den Michelozzo von 1440 bis 1460 für Cosimo il Vecchio erbaute, dann entzückt vor allem der farbensatte Zug der Weisen aus dem Morgenlande von Benozzo Gózzoli in der Hauskapelle. Der Künstler scheint dem jungen Lorenzo, der prächtig gekleidet auf weißem, reichgesäumtem Zelter den Vordergrund beherrscht, nicht wenig geschmeichelt zu haben; denn ein späteres Bildnis des Magnifico im hochgeschlossenen Gewand der Humanisten, vor dem Hintergrund der geliebten Stadt, zeigt die Züge eines durch und durch modernen, gar nicht idealisch-schönen Menschen, dem Geist und den Sinnen gleichermaßen verhaftet. In den Uffizien hängt ein weiteres Porträt dieses faszinierenden Mäzens und Homme de lettres großen Stils, der florentinisches Rinascimento schlechthin verkörpert. Giorgio Vasári, der Verfasser berühmter Künstlerbiographien, hat es gemalt; es zeigt nicht nur die wundervolle Stirn und die aristokratischen Hände, sondern auch die Sorge des Alternden um Vergänglichkeit und Tod, wie sie in seinen Gedichten immer wieder zutage tritt. Der Blick der wissenden Augen verrät die tiefe Trauer eines Menschen, der das Dasein in vollen Zügen raffte und genoß; aber auch die Angst steht darin, daß sein Reich der Schönheit dem Untergang geweiht sein könnte und im Dom von Santa Maria del Fiore ein knochiger Mönch und Eiferer durch aufsehenerregende Predigten den wandelbaren Sinn der Florentiner sich und seinem Glauben gewann: Girolamo Savonarola.

FIRENZE LA GENTILE

Juwel abendländischer Hochkultur

Palazzo Medici-Riccardi, San Lorenzo und die Mediceer Kapellen – Von Santa Maria Novella zu Santa Maria del Fiore: Baptisterium, Dom und Campanile – Im Banne der Kunst Fra Angelicos: San Marco – Accademia, Santissima Annunziata, Archäologisches Museum

Palazzo Medici-Riccardi, San Lorenzo und die Mediceer Kapellen

Nicht der Kenner und Künstler allein, auch der Fremde, der Florenz als Ganzes, als Schauplatz italienischen Straßenlebens und als eine der elegantesten Städte der Erde durchschlendert, staunt über die Fülle an Kunstschätzen, die eine kleine Stadtrepublik hervorzubringen, zu sammeln und der Nachwelt zu erhalten vermochte. Zahlreiche historische Paläste sind mit Kostbarkeiten angefüllt und können besucht werden. Soviel Schönheit tut weh. Man muß ab und zu einen Blick durchs Fenster auf die Straße werfen oder ihn über die rötlichen Ziegeldächer nach den umliegenden Hügeln schweifen lassen. Unten müht der Verkehr sich durch enge Gassen, da drängen Florentiner und Fremde sich auf schmalem Bürgersteig, falls dafür überhaupt Platz vorhanden ist; denn oft reicht die gepflasterte Fahrbahn von einer Fassade bis zur gegenüberliegenden Hauswand, was nicht hindert, daß sich selbst da hinter kleinen Schaufenstern Auslagen erlesensten Geschmacks darbieten. Am *Palazzo Medici* geht achtlos vorüber, wer ihn nicht sucht oder kennt, so wehrhaft fügen die braunen

Quadern des Erdgeschosses sich zu burgähnlichem Mauerwerk. Nur die flachen Giebel der vergitterten Fenster verraten den Einfluß der Antike. Im ersten und zweiten Stock reiht sich über schmucken Biphoren ein Rundbogen an den andern; an der Ecke zur Piazza San Lorenzo klebt viel zu hoch, um es im Vorbeischlendern zu erspähen, eine Kartusche mit dem Wappen der Medici, den sechs Kugeln, denen man in Florenz und vielen andern toskanischen Städten immer wieder begegnen wird. Die Florentiner Paläste künden eindrucksvoll von den Kämpfen zwischen mächtigen Geschlechtern im Mittelalter, dem gefährlichen Leben zur Zeit der Renaissance. Einer Festung solchen Einklang der Linien, ihrer Fassade Ebenmaß und Adel zu verleihen, das beweist die Größe toskanischer Baumeister, die zugleich Bildhauer oder Maler waren gleich Brunelleschi, Buonarroti, Vasari, wenn nicht gar Universalgenies wie Alberti und Leonardo da Vinci.

Es war Cosimo il Vecchio, der Michelozzo mit dem Bau des Stadtpalastes für das Haus Medici beauftragte; 1460 vollendet, war er bis zum Jahre 1540 Residenz der zu fürstlichem Ansehen gelangten Familie. Der Doppelname rührt daher, daß der Palast im siebzehnten Jahrhundert von dem Geschlecht der Riccardi erworben ward, die ihn erweiterten und erneuerten. Obwohl heute Sitz der Provinzverwaltung, sind die prächtigsten Räume zugänglich; sie beglücken den Besucher mit kostbaren Gemälden und Fresken. In klassischer Schönheit empfängt der arkadenumstandene Hof den Ankömmling. Fast andächtig betritt man die Gemächer, die ehedem von Lorenzo il Magnifico bewohnt wurden und jetzt neben köstlichen Miniaturen und Dokumenten eine zarte Madonna von Filippo Lippi enthalten. Die Kapelle im ersten Stock bezaubert den Betrachter durch die farbensatten Wandmalereien Benozzo Gozzolis. Sie stellen in renaissancehafter Frische den Zug der Heiligen Drei Könige nach Bethlehem dar, woran der Künstler, wie bereits erwähnt, Lorenzo den Prächtigen als Jüngling zu Pferd, zahlreiche Persönlichkeiten der Zeit wie auch sich selbst teilnehmen läßt. Von innigster Andacht künden die Seitenwände mit Fresken von Fra Filippo, anbetende Engel in paradiesischer Landschaft darstellend, worin sich die liebliche Umgebung der Arnostadt spiegelt.

Schräg gegenüber dem Palast Medici-Riccardi erhebt sich die Kirche *San Lorenzo* mit ihrer nie verkleideten Backsteinfront, kühl und klar wie die meisten Sakralbauten des Quattrocento. Schon in frühchristlichen Tagen gegründet, stammt die mächtige Basilika, wie sie heute den gleichnamigen Platz beherrscht, aus dem elften Jahrhundert. Im Auftrag der Familie Medici ist San Lorenzo sodann durch Brunelleschi erweitert und ausgebaut worden, wobei die von der Antike erleuchteten Formen sich harmonisch dem romanischen Stil anschmiegen, das Gotteshaus ins Repräsentative und Monumentale erhöhend. Die Kuppel der Neuen Sakristei mit zierlichem «lanternino» ist ein Werk Michelangelos. Die Meisterhand Brunelleschis hat dem Kreuzgang von San Lorenzo Weihe und edelsten Einklang der zweistöckigen Arkade verliehen. Ungewohnt heiter überragt eine luftige Loggia die Vierung, wozu die prachtvollen Kuppeln der Sacrestia und der Cappella dei Principi einen eigenartigen Gegenakzent setzen. An Markttagen herrscht auf der Piazza San Lorenzo buntes Getriebe. Farbenfrohe Verkaufsstände fahrender Händler versetzen dann den Besucher in längst vergangene Zeiten. Das dreischiffige Innere überrascht durch die Weite einer altchristlichen Basilika mit Kassettendecke und herrlichen Säulen aus hellem Baustein, der sogenannten pietra serena. In der Fürstenkapelle, zu Beginn des siebzehnten Jahrhunderts von Matteo Nigetti nach einem Entwurf von Giovanni dei Medici errichtet, haben sich die Großfürsten der Toskana in vielfarbigem Marmor und statuengeschmückten Sarkophagen eine Gruft geschaffen, deren

Die Sacrestia Nuova von San Lorenzo in Florenz mit dem Grabmal Giulianos de' Medici von Michelangelo

Prunk sich schon stark von florentinischer sobrietà abhebt und eher nach dem Barock des päpstlichen Rom weist. Künstlerisch-architektonischer Höhepunkt der ausgedehnten Kirchenanlage bildet die *Sacrestia Nuova,* das erste Bauwerk Michelangelo Buonarrotis, der von den Florentinern übrigens klangvoller als Michelangiolo bezeichnet wird. Der heilig-nüchternen Grundform der Alten Sakristei Brunelleschis gegenüber verlieh Michelangelo hier unerhörte Spannung durch den Einsatz weißen, pastellfarbenen und dunkeln Marmors an Wänden und am Boden, die zudem den Hauptzweck erstrebt und erfüllt, die lebensvollen Skulpturen des Meisters leuchten zu lassen. Sie sind weltberühmt geworden. Durch dämmerige Vorhallen, die das Gemüt mit mystischer Erwartung erfüllen, gelangt der Besucher durch die Fürstengruft in die Stille der Sakristei, wo der titanische Atem Michelangelos die *Mediceergräber* umweht, Bildwerke, die zu den erhabenen Schöpfungen von Menschenhand zählen. Der berühmte Pensieroso stellt den jüngern, 1519 gestorbenen Lorenzo dar; ihm zu Füßen lagern die gelblichen Marmorgestalten der Aurora, der Morgenröte, und des Crepuscolo, der Dämmerung, während das Grabmal Giulianos, Herzog von Nemours, mit dem unvollendeten «Tag» und der überwältigend kühn aus dem Marmor gemeißelten «Nacht» geschmückt ist. Auch eine Madonna mit Kind samt zwei Heiligenstatuen stammen von Buonarroti. Dieser hat zudem die Biblioteca Laurenziana geschaffen, deren herrlich gezeichneter Fußboden und die kostbare Kassettendecke allein den Besuch lohnen, von den bibliophilen und andern Schätzen, die sie aufweist, nicht zu reden.

Von Santa Maria Novella zu Santa Maria del Fiore: Baptisterium, Dom und Campanile

Wieder auf der Straße, dem Tageslicht zurückgegeben, sorgt der dichte, ungeduldig durch die enge Via Melarancio drängende Verkehr dafür, daß auch der begeisterungsfähigste Kunstjünger von der Erde und dem florentinischen Alltag unwiderstehlich angezogen wird. Er braucht die Piazza dell'Unità d'Italia bloß zu überschreiten, und schon steht das Querschiff der Kirche *Santa Maria Novella* vor ihm. Mit dem nördlich anschließenden Bahnhofsplatz zusammen bildet sie das belebteste der volkstümlichen Stadtviertel, wo ein Straßencafé sich ans andere reiht. Eine kurze

Straße, Via degli Avelli, führt auf den weiten, nach der schönen Dominikanerkirche benannten Platz mit Grünanlage und Teich – in der Florentiner Innenstadt eine herzerfrischende Seltenheit. Keine Fassade eines Gotteshauses kommt in dieser mittelalterlich verwinkelten Stadt so prächtig zur Geltung wie Santa Maria Novella, deren bunte, mit weißem und grünem Marmor verkleidete Vorderseite im untern, romano-gotischen Teil durch Jacopo Talenti gestaltet wurde, während ihre Krönung samt Giebel und Voluten von Leon Battista Alberti stammt. Abends erstrahlt sie in zauberhaftem Flutlicht. Im dreischiffigen Innern wie an den Spitzbögen des Kreuzgangs besticht der Wechsel weißen und schwarzen Marmors. Besondern Glanz erhält die rund hundert Meter lange Kirche durch die freskengeschmückten Kapellen, die ihre Vierung umkränzen. In der Capella di Filippo Strozzi bewundert man die innige Kunst Filippino Lippis, in der Capella Maggiore Meisterwerke Ghirlandaios, das Leben Mariä in der bezaubernden Einfalt der Frührenaissance darstellend. Anatole France hat diese Bilder eindrucksvoll beschrieben und ausgelegt. Bedeutende Künstler waren in der Sakristei tätig, Masaccio malte eine Wand des linken Seitenschiffs al fresco aus.
Vom Vorplatz der Kirche aus betritt man linker Hand den Zugang zu den Kreuzgängen. Das friedvolle Chiostro Verde stammt aus der Mitte des Trecento und enthält eigenartige Fresken von Paolo Uccello, worunter kühne Darstellungen der Sintflut und des Opfers Noäh. Jacopo Talenti erbaute den Kapitelsaal des einstigen Klosters, später nach der Herzogin Eleonora di Toledo, Gattin Cosimo I., Cappellone degli Spagnuoli genannt; sie ist mit Fresken von Andrea di Buonaiuti geschmückt. Etwas vereinsamt ragt der romanische Glockenturm mit gotisch-spit-

57 *Die prachtvolle Fassade der Kirche Santa Maria Novella*

zem Aufsatz goldbraun in den toskanischen Himmel. Am Südende der Piazza Santa Maria Novella beglückt die schön geschwungene Bogenreihe der Loggia di San Paolo neben der kleinen Kirche Santi Filippo e Giacomo das Auge; die glasierten Terrakotten stammen von Giovanni della Robbia. Die belebten Vie de' Banchi und de' Cerretani führen geradewegs ins Herz der unvergleichlichen Kunststadt. Und jedesmal, wenn man dem Dreiklang aus buntem Baustein der Taufkirche, des Glockenturms und des Doms gegenübersteht, glaubt man sich zuerst einer Vision, einem Anblick ausgeliefert, der nicht von dieser Welt zu sein scheint. Am Wege nach der Piazza San Giovanni, viel zu eng um das *Baptisterium* in einer Weise leuchten zu lassen, wie dies zu Pisa der Fall ist, wären noch die wertvollen Kunstwerke der Kirche *Santa Maria Maggiore* an der Via de' Cerretani einen kurzen Abstecher wert; doch warten in Florenz fast auf Schritt und Tritt so viele Kulturschätze höchsten Ranges auf den Liebhaber und Kenner, daß solche «opere minori» hier nur knapp erwähnt werden können. Von dem ursprünglich romanischen, innen um 1737 barock erneuerten Kirchlein *San Salvatore al Vescovo*, das zum Bischofspalast gehört, besticht vorwiegend die zweifarbige, auf die Piazza dell'Olio blickende Fassade. Auch der Dom selbst, die Kathedrale mit dem poetischsten Namen der Erde, Santa Maria del Fiore, hat auf dem sie umgebenden gleichnamigen Platz zu wenig Raum, um mit einem Blick in ihrer wundervollen Einheit und Größe erfaßt zu werden. Sie beeindruckt viel stärker, wenn man sie vom Viale dei Colli oder vom höchsten Punkt der Boboli-Gärten dem Häusermeer entsteigen sieht.

Die Piazza San Giovanni samt dem in sie übergehenden Domplatz bilden dennoch eine erhabene Anlage. Achteckig, gedrungen und von ergreifender Andacht umwoben, dank des kunstreichen Zusammenspiels verschiedenfarbigen Marmors hinreißend

erdacht, nimmt die Taufkirche der Domfassade gegenüber ihren würdigen Platz ein. Von Andrea Pisano, «Pisanello» genannt, und Vittorio Ghiberti stammen die bedeutenden Reliefs der südlichen und nördlichen Pforte; die der Kathedrale zugewandte Bronzetür von der Meisterhand Lorenzo Ghibertis hat Michelangelo bezeichnet als «degna di ornare la porta del paradiso».
Santa Maria del Fiore, Hauptwerk toskanischer «Gotik» und drittgrößtes Gotteshaus der Erde, wurde 1296 von Arnolfo di Cambio entworfen. Talenti und Giotto führten das Werk nach dem Tode Arnolfos fort; 1337 wurde der Grundstein zum Campanile gelegt, der auf Entwürfe von Giotto zurückgeht. Dieser große Beleber und Erneuerer der Malerei war auch am Baptisterium tätig, dessen Inneres herrliche byzantinische Mosaiken schmükken. Säulen und Pilaster mit vergoldeten korinthischen Kapitellen tragen das oktogonale Gebälk, überragt durch eine Galerie romanischer Biforen. Die wundervolle Magdalena und ein Johannes der Täufer von Donatello zieren zudem das Innere der erhabenen Taufkirche. Lorenzo Ghiberti, aus einem Wettbewerb als Sieger hervorgegangen, schuf seine Paradiesespforte in siebenundzwanzigjähriger Arbeit; 1452 vollendet, kann man diese lebensvollen, wundervoll ausgewogenen Bassorilievi mit zehn Darstellungen aus dem Alten Testament nicht anders denn als göttlich bezeichnen. Sie pflegen auch immer von Schaulustigen und Bewunderern aus aller Herren Ländern in dichten Reihen umstellt zu sein. Reich mit plastischen Bildwerken verschönt ist auch der Rahmen dieser weltberühmten Pforte. Darüber wacht eine Skulpturengruppe von Andrea Sansovino.
Im Jahre 1387 wurde der *Glockenturm,* nach italienischer Sitte frei neben der Domfassade stehend, vollendet. Er ist zweiundachtzig Meter hoch und gewährt von der Spitze aus einen umfassenden Rundblick über die Dächer der Stadt hinaus zu den heitern Hügeln der Umgebung. Nach dem im Jahre 1337 erfolgten Tode

Giottos durch Francesco Talenti und Andrea Pisano getreu dem Meister fortgeführt und vollendet, entzückt der Campanile gleichermaßen durch das kunstvolle Zusammenspiel mehrfarbigen Marmors, lichtvoll und schwebend leicht durchbrochen von feinstem Maßwerk gotischer Bi- und Triphoren.

Doch das Wahrzeichen von Florenz, zugleich Krönung rinascimentaler Baukunst, ist der gewaltige, 1434 durch die kühne Kuppel Brunelleschis überwölbte *Dom.* Im Jahre 1296 unter Arnolfo di Cambio begonnen, trägt er die bunte Marmorfassade mit so viel Würde, daß flüchtige Betrachter kaum auf den Gedanken kommen dürften, sie könnte erst in der Neuzeit entstanden sein. Sie ist indessen ein Werk Emilio de Fabris von 1887, als in ganz Europa die «Neugotik» wucherte. Wie fast alle Florentiner Kirchen empfängt auch das dreischiffige Innere von Santa Maria del Fiore den Besucher in schmuckloser Reinheit und Kühle. Ergriffen steht er vor der ehrfurchtgebietenden Pietà des achtzigjährigen Michelangelo, die unvollendet blieb und gerade dadurch den Meißelschlag ihres Schöpfers auf unvergeßliche Weise offenbart. Von Domenico di Michelino stammt das berühmte Fresko, das Dante mit der Divina Commedia zeigt, Hölle, Läuterungsberg und Paradies im Hintergrund andeutend. Wie wäre es in Florenz anders möglich, als daß auch die Bischofskirche ein ganzes Museum bedeutender Kunstwerke darstellt? Besondern Wert besitzen die Glasfenster, die nach Kartons bekannter Künstler ausgeführt wurden, aber freilich aus der Höhe betrachtet werden müßten. Die Vierungskuppel sollte ursprünglich, wie das Innere der Taufkirche, mit Mosaik ausgeschmückt werden; nun bewundert man monumentale Fresken, wie das von Vasari begonnene

60 Santa Maria del Fiore, der Dom von Florenz, mit der erhabenen Kuppel Brunelleschis

Jüngste Gericht, gigantische Prophetengestalten und Volksszenen. Paolo Uccello, Gaddo Gaddi, Benedetto da Maiano, Luca della Robbia und viele andere große Renaissance-Schöpfer haben ihre Spuren in dem erhaben-nüchternen Sakralbau hinterlassen. Nahe der Neuen Sakristei, wo 1478 der junge Lorenzo de' Medici den Mörderhänden der Pazzi mit knapper Not entrann, befindet sich eine kunstvoll getriebene Bronzetür, in der ersten Kapelle der Tribuna di sinistra eine Marmor-Pietà von Michelangelo.

Hinter dem Chor, zwischen den Palazzi Niccolini und Guadagni, geht die Entdeckerreise weiter zur Nummer neun, worin das *Museo dell' Opera del Duomo* untergebracht ist. Allein um der vielgepriesenen Sängerkanzeln von Donatello und Luca della Robbia willen lohnt der Besuch reichlich. Donatellos Zucchone und Popolano erfreuen sich besonderer Beliebtheit infolge ihrer lebensvollen Ausdruckskraft. Terrakotten, Mosaiken und Goldschmiedearbeiten vervollständigen den erstaunlichen Kunstschatz. Als seltene Kostbarkeit wird eine Stickerei mit dem Leben Johannis des Täufers nach Entwurf von Pollaiolo bewundert.

Im Banne der Kunst Fra Angelicos: San Marco

Man könnte San Marco und die Accadémia auf kurzem Wege vom Palazzo Medici aus erreichen; als Hochburg der Gegenwelt zur Prachtentfaltung Lorenzos soll dieses Kloster erst hier, in gebührendem Abstand von dem kunstliebenden Erbe des mächtigen Geschlechts, betreten werden. Statt die breite Via Cavour zu benützen, die zwischen dem Mediceerpalast und dem Palazzo Panciatichi beginnt und nordwärts der Piazza San Marco zustrebt, könnten wir die Vie de' Ginori und San Gallo wählen, um vorerst dem *Cenacolo di Santa Apollonia* unsere Achtung zu erweisen. Das gleichnamige Kamaldolenserinnenkloster geht auf das elfte Jahrhundert zurück und wurde nach dem Neubau im Trecento 1808 säkularisiert. Der Zugang zum einstigen Refektorium muß unter der Hausnummer eins der Via XXVII Aprile gesucht werden, die San Marco geradewegs mit der Grünanlage Piazza dell'Indipendenza verbindet. Es ist mit dem Abendmahl Andrea del Castagnos geschmückt und zum Museum dieses Künstlers des Quattrocento bestimmt worden.

Erstaunlich, welche Schätze sich in diesem Stadtviertel zusammendrängen: Fresken Andrea del Sartos überraschen den Kunstfreund im zierlichen *Chiostro dello Scalzo* in Nummer 69 der Via Cavour, der Palazzo Pandolfini ist ein Werk Sangallos nach Entwurf von Raffael; das Oratorium *San Giovanni dei Cavalieri* besitzt sehenswerte Kunstschätze, die *Biblioteca Marucelliana* an der Via Cavour verfügt über Hunderttausende seltener Bücher und Handschriften. Westwärts wird das Quartier durch die einstige *Fortezza da Basso* begrenzt. Kern und Höhepunkt bleibt das Kloster *San Marco,* dessen klargegliederte Renaissancefront freilich erst 1780 entstand; die Abtei war im dreizehnten Jahrhundert begonnen und später durch Michelozzo ausgebaut worden. Der Kreuzgang mit prächtiger Zeder atmet eine Weihe, die der innigen Kunst des Beato Angelico in geläutertem Renaissancestil zutiefst entspricht. Fra Bartolomeo und Ghirlandaio malten die Wände der Refektorien aus; die Zellen der Dominikaner, wo Savonarola sich kasteite und den Zorn Gottes auf die sündige Stadt herabbeschwor, bergen das beglückende Werk Beato Angelicos mit der lichtvollen Verkündigung und dem zauberhaften Reigen der Seligen im monumentalen Jüngsten Gericht. Neben einer Kreuzigungsgruppe – assistono diversi Santi – und berühmten Madonnenbildern Fra Angelicos steht man gebannt vor dem scharfen Profil Savonarolas in brauner Kutte und Kapuze, das

Frà Bartolomeo gemalt hat. Man besucht die Zelle des heiligen Antonius, die Gemächer, wo Cosimo de' Medici sich zur Meditation zurückzuziehen liebte und bewundert die unter schlanken Gewölben Michelozzos ausgebreitete Bücherei des Klosters mit kostbar illuminierten Handschriften der Renaissance. Wissenschafter werden die Gelegenheit benützen, um in der Via Lamarmora die Sammlung der *Istituti Botanico, di Geologia, Paleontologia* und *Geografia fisica* mit ihrer Bibliothek zu besichtigen. Über dem Füllhorn musischer Schätze vergißt man leicht die Tatsache, daß Florenz gerade auf diesen Gebieten Unermeßliches hervorgebracht hat. Schließlich geht auch das *Casino di San Marco* auf die Medici zurück.

Accademia, Santissima Annunziata, Archäologisches Museum

An dem hübschen Markusplatz von Florenz betritt man durch eine Loggia die *Galleria dell'Accadémia,* die florentinische Akademie der Schönen Künste. Neben Wandteppichen, Gemälden und Skulpturen wächst unter hoher Kuppel der David Michelangelos aus weißem Carraramarmor zu reiner Größe empor, wie der Meister ihn erschuf; nachgebildet steht diese Apotheose männlicher Schönheit auch vor dem Palazzo Vecchio und auf dem Piazzale Michelangelo. Die ephebenhafte Schlankheit dieser vollkommenen Glieder, das Spiel bebender Muskeln unter marmorglatter Oberfläche, die Neigung des tragischen Schöpfers zum eigenen Geschlecht in jeder Fiber, jeder holden Rundung verratend – zur Zeit des Rinascimento übrigens mindestens so frei geduldet wie heute –, dieses capolavoro assoluto pflegt von Bewunderern in Scharen umstanden zu sein. Der liebreizende Adel göttlicher Nacktheit wird vertieft durch den Gegensatz der vier

Sklaven von Michelangelo, die sich, unvollendet aber um so ausdrucksgewaltiger, den Marmorblöcken gleichsam unter übermenschlicher Anstrengung zu entringen scheinen. Italienisch heißen sie nicht «schiavi», sondern Gefangene, «prigioni». Nicht vollendet ist auch ein San Matteo, von unerhörter Spannung getragen die Pietà da Palestrina. In den anschließenden Sälen der Akademie, die vom Großherzog Pietro Leopoldo gestiftet worden war, ist die Entwicklung der florentinischen Malerei von den Anfängen im dreizehnten bis zum Ausklang des sechzehnten Jahrhunderts zu verfolgen. Das *Opificio delle Pietre dure* besitzt seinerseits eine Kunstsammlung.

Südlich der Accademia wäre noch das *Conservatorio Musicale Luigi Cherubini* zu erwähnen, dessen Eingang sich in Nummer achtzig der Via degli Alfani befindet, ein Konzertsaal vom Beginn des neunzehnten Jahrhunderts, der wegen der angeschlossenen *Biblioteca Musicale* und dem *Museo degli Strumenti Musicali Antichi* unter Kennern hochgeschätzt wird. Der Eingang zu diesen beiden Sammlungen liegt an der Via Ricásoli. Um das Konservatorium herum gelangt man rasch in die Via de' Servi, die den Domplatz schnurgerade mit der Piazza della Santissima Annunziata verbindet. Außer dem *Palazzo Grifoni* umstehen nicht weniger als drei Kirchen diesen heiteren, von luftigen Arkaden umstandenen Platz, der zudem schöne Barock-Brunnen aufweist. Die *Basilica Santissima Annunziata* geht auf die Mitte des zwölften Jahrhunderts zurück, erhielt jedoch ihre beschwingte Loggia im Quattrocento durch Michelozzo und dessen Schule. Es ist eine der merkwürdigsten Kirchen der Stadt. Durch den Portikus betritt der Besucher ein Atrium, Chiostrino dei Voti genannt, das nach Plänen Michelozzos den Hof des Palazzo Medici-Riccardi nachahmt und durch bemerkenswerte Fresken verschönt wird. In barocker Pracht empfängt das dreischiffige Innere den Kunstpilger, der sich sogleich dem kleinen Marmortempel zuwenden wird, der einst für Piero de' Medici nach Entwurf von Michelozzo erbaut worden war, um eine wunderwirkende «Verkündigung» würdig aufzunehmen. Skulpturen, Gemälde und Fresken begleiten den Gang durch die majestätische Basilika. Im Chiostro dei Morti beglückt ein Meisterwerk Andrea del Sartos, Madonna del Sacco genannt, den Kenner; bedeutende Kunstwerke erwarten ihn zudem in der Cappella del Capitolo.

Ins Freie tretend, empfindet man den Einklang schwebend-leichter Rundbogenreihen auf schlanken korinthischen Säulen, die den Platz dreiseitig umkränzen, als Aufruf zu reiner Lebensfreude, wie der Nordländer sie nur in Italien erlebt. Filippo Brunelleschi ist der Schöpfer des Portikus am Findelhaus, dem *Spedale degli Innocenti,* berühmt durch die Medaillons Andrea della Robbias, tondi di ceramica genannt; sie stellen «graziosissimi bambini in fasce», niedliche Wickelkinder, dar. Der Salone dei Benefattori enthält eine Pinakothek, wo neben andern Renaissancekünstlern Ghirlandaio, Piero di Cosimo und Luca della Robbia vertreten sind. Den Genius Brunelleschis verraten die ausgewogenen Arkaden des Kreuzgangs, Chiostro delle Donne geheißen. Nordwärts fügt sich unmittelbar an das Kirchlein *Santa Maria degli Innocenti* der *Palazzo della Crocetta* von 1620 an, der das *Archäologische Museum* beherbergt, eine der bedeutendsten Antikensammlungen Italiens, infolge eines haarsträubenden Mangels an kulturellem Verantwortungsgefühl bei den Behörden größtenteils unzugänglich – und das seit Jahren, wobei die Schuld der Unmöglichkeit in die Schuhe geschoben wird, genügend zuverlässiges Überwachungspersonal zu finden...

Im Erdgeschoß ist in fünfzig Sälen das überwältigende Erbe griechischer, etruskischer und römischer Bildhauerei aufgestellt, soweit toskanische Erde es dem Spaten der Archäologen anheimgegeben hat. Unübertroffene Höhepunkte bilden ein römischer Altar, die Artemis Laphria, eine schlafende Ariadne. Mit dem zehnten Saal beginnt das einzigartig aufgebaute Museo Topografico dell'Etruria mit den Abschnitten Roma, Veio, Cere, Agro Falisco – Gebiet von Civita Castellana –, Tarquinia mit dem bronzenen «idolo», Tuscania mit bemaltem Sarkophag und Statue der etruskischen Todesgöttin. In den Sälen «Orvieto, Bisenzio, Vulci» bewundert man Vasen, Krater, Cippi und einen Löwen mit Menschenkopf zwischen den Vorderpranken. Es folgen Funde aus Poggio Buco, Sovana, Pitigliano; Marsiliana d'Albegna, Saturnia, Heba, Cosa; Talamone, Roselle und Vetulonia, einer Etruskerstadt, deren künstlerisches Erbe hier allein die Säle fünfzehn bis achtzehn beansprucht und herrliche Stelen, Tumuli, Schmuck und Bronzegerät umfaßt. Populonia, Volterra, Valdelsa, Firenze und Fiesole sind in weitern Sälen vertreten, während die einstige Hauptstadt Chiusi die Räume dreiundvierzig bis sechsundvierzig für sich allein belegt. Arezzo, Cortona, Perugia und Luni runden die unermeßlich kostbare Sammlung ab, während der geschlossene Garten des Palastes Statuen und Bruchstücke locker darbietet wie das Nationalmuseum in den Thermen Diokletians in Rom.

Die ägyptische Abteilung bildet die wichtigste Sammlung Italiens nach dem Museo egizio von Turin. Eine Reise nach Florenz rechtfertigt für sich allein das erste Stockwerk der Antikensammlung mit den mythologisch bemalten etruskischen Urnen, skulpturengeschmückten Sarkophagen wie dem Sarg des von Catull besungenen «obesus» und weltberühmten Bildwerken gleich dem holden Idolino, der gewaltigen Chimera ferita da Bellerofonte, der Minerva, dem Redner oder Arringatore aus Bronze. Glaskästen bergen einen unübersehbaren Schatz wunderbarer Gemmen, Gläser, Schmuckstücke, Silberwaren, erregende Kunde der untergegangenen Hochkultur Etruriens vermittelnd. Ein vorgeschichtlicher Abschnitt bereitet vor auf die packende Gegenüberstellung altitalisch-mediterraner Zivilisationen, während das Glanz- und Prunkstück der neun Säle «Vase e terracotte» der «François-Krater» verkörpert. Nachbildungen etruskischer Wandgemälde beschließen diese Schatzkammer erlesener Kunst. Südlich der Piazza Santissima Annunziata wäre noch die seltsame Rundkirche *Santa Maria degli Agnoli,* von Brunelleschi begonnen, mit bezauberndem Kreuzgang und Fresken zu erwähnen. Sie schaut südwärts auf die unregelmäßig geformte Piazza Brunelleschi, obwohl sie nicht gerade dessen Meisterwerk verkörpert, und der Weg von dort aus weiter südwärts zur Piazza Santa Maria Nuova – nicht «Novella» – führt durch ein krauses Gäßchen an den Palazzi Cuccoli Fiaschi und Pucci vorbei.

Gegenüber der von zwei Kreuzgängen flankierten Kirche Santa Maria Nuova liegt das *Museo di Firenze com'era,* die topographische Sammlung der Arnostadt, das Säle und Kreuzgang des aufgehobenen *Klosters der Oblaten* einnimmt und Veduten der geschichteträchtigen Siedlung sowie Aufnahmen aus neuerer Zeit aufweist. Unmöglich, alle Schätze dieser außerordentlichen Kunststadt hier aufzuführen. Auch wer sich Zeit nimmt, Florenz gründlich kennenzulernen, wird es vorziehen, mehrere Male in dem Saal seiner bevorzugten Schule zu verweilen, sei es in den Uffizien, im Palazzo Pitti oder im Bargello, als eine Überzahl an Eindrücken zu raffen. Zwischen dem Besuch der Kirchen und Museen verlangt der Körper sein Recht, was eine willkommene Gelegenheit ergibt, toskanische Küche zu kosten. Liegt das Hotel oder die Pension in der Nähe, so ist vor allem an warmen Tagen eine Ruhepause zu empfehlen. Man wird nachher die Wunder florentinischer Kunst mit neuen Augen betrachten. Auch eine Rundfahrt auf die Hügel, zu den Villen und Klöstern ringsum, kann das Besichtigungsprogramm – horribile dictu – angenehm durchkreuzen und auflockern. Vom Archäologischen Museum sind es nur wenige Minuten bis zu der hübsch bepflanzten Piazza d'Azeglio, wo man sich von den Auspuffgasen florentinischer

Gassen erholen kann – etwa beim Anblick toskanischer Mütter und Ammen, die dort mit fein herausgeputzten Sprößlingen paradieren, patrouillieren und prahlen oder sie mit dem Ruf: «Césare! Augusto! Alessandro!» von der gefährlichen Fahrbahn unter ihre schützenden Röcke zurückholen. Auf den Ruhebänken sitzen aufgereiht wie kauzige Vögel auf der Leimrute die üblichen Alten, i viecchierelli, und schauen stundenlang stumm oder gestikulierend und parlierend dem Schauspiel ungebärdigen Lebens zu.

Es gibt mehrere Grünanlagen am Rande der Altstadt. Den größten Park bilden die *Cascine* am rechten Ufer des Arno mit großer Trabrennbahn. In ihrer Nähe steht das traditionsreiche *Teatro Comunale,* Schauplatz der Opernaufführungen und Sinfoniekonzerte des Maggio Musicale Fiorentino. Wer die Santissima Annunziata und das Museo Archeologico mit dem Wagen besucht hat, kann von dort zur Piazza della Libertà hinausfahren und den baumbestandenen Viali Matteotti und Gramsci sowie dem zum Arno leitenden Viale della Giovane Italia folgen. Ein Tor der alten Stadtmauer und freistehende Wehrtürme weisen den Weg, besonders eindrucksvoll an der Piazza Piave, von wo der Blick über den breiten Strom zu dem Turm am Gegenufer schweift; mit ihm setzen sich die Mauern in westlicher Richtung fort. Sie umfassen heute noch die Giardini di Boboli hinter dem Palazzo Pitti, wo die trutzige *Porta Romana* aus dem frühen vierzehnten Jahrhundert unversehrt steht.

STADTKERN UND BORGHI

Spaziergänge durch Florenz

Rund um die Piazza della Signoria: Palazzo Vecchio, Loggia dei Lanzi, Uffizien – Bargello, Badia, Casa degli Alighieri – Zwischen der Via de'Tornabuoni und Via Calzaioli – Die Lungarni und ihre Brücken: Ponte Vecchio. Santa Maria del Carmine und Santo Spirito – Palazzo Pitti und Giardini Boboli – Das Viertel um Santa Croce

Rund um die Piazza della Signoria: Palazzo Vecchio, Loggia dei Lanzi, Uffizien

Von welcher Seite aus man die Piazza della Signoria betritt, immer wird der Anblick zum eigentlichen Erlebnis der Stadt Florenz. Burgähnlich beherrscht der Palazzo Vecchio mit seinem gewaltigen Turm die Weite des unregelmäßigen Gevierts. Die Loggia dei Lanzi setzt den beschwingten Kontrapunkt dazu: Hier stehen ritterliches Mittelalter und genußfrohes Rinascimento sich Aug' in Auge gegenüber. Dem Genius Ammannatis begegnen wir im monumentalen Neptunsbrunnen, Giambologna in dem Reiterstandbild Cosimo I. nebst zwei hinreißenden Marmorgruppen; Benvenuto Cellini lebt weiter im Perseus mit dem Kopf der Gorgone. Menelaos und Patroklos sind einem griechischen Meisterwerk nachgebildet, Bandinelli meißelte die Gruppe von Herkules und Kakus aus sprödem Stein, Judith und Holofernes bilden ein spätes Erbe Donatellos. Eine Skulptur des neunzehnten Jahrhunderts «Il Ratto di Polissena» von Pio Fedi vermag daneben durchaus zu bestehen, während der in weißem

Marmor nachgebildete David von Michelangelo auch hier alle andern Gestalten in den Schatten stellt. Benci di Cione und Simone Talenti sind die Schöpfer der dreibogigen Arkade, die auch *Loggia* dei Priori, della Signoria oder Loggia dell'Orcagna genannt wurde. Sie verbindet gotische Grundform auf das glücklichste mit dem Schwung der Renaissance. Hier nahmen die Großfürsten von Toskana Truppenparaden ab, von hier aus genossen die Mächtigen der Republik Volksfeste und Schaugepränge, wie manch alter Stich es bezeugt.

Im Palazzo della Signoria steht der Besucher im Banne der einzigartigen Spannung florentinischen Wesens zwischen den Polen vergeistigter Askese und berauschender Sinnlichkeit. Der Palast, auch Palazzo del Popolo geheißen, wahrscheinlich nach Entwürfen von Arnolfo di Cambio um das Jahr 1300 erbaut, wurde später mehrmals erweitert und bildet die Residenz der Medici bis Cosimo I. sie nach dem Palazzo Pitti verlegt. Zwischen 1848 und 1871 war der *Palazzo Vecchio* dreimal Sitz der vorübergehenden italienischen Regierung. Die Anmut des Ehrenhofes mit zauberhafter Brunnenfigur von Verrocchio ist ursprünglich das Werk Michelozzos; sie wird heute beeinträchtigt durch barocken Zierat. Hier hätte der David des Michelangelo seinen würdigen Platz erhalten sollen. Das Marmorportal zum Saal der Lilien erhält seinen Glanz dank zartgliedriger Statuen Benedetto da Maianos, das Studiolo di Francesco I. wurde an Wänden und Gewölbe von Vasari ausgemalt, der auch die monumentalen Schlachtengemälde im Saale der Fünfhundert schuf; unter den Skulpturen bewundert man vor allem den «Genius» Buonarrotis. Die rinascimentale Pracht dieser Repräsentationsräume großen Stils entrückt den Betreter der trutzigen Stadtburg in ein Ambiente ungeahnten Prunkes, wovon das Äußere keine Spur verrät. Und das ist bis heute der unnachahmliche Reiz dieser alten Stadt geblieben: Sie hat ihr mittelalterliches Antlitz noch so sehr bewahrt, daß die raffiniert beleuchteten Boutiques und Auslagen, ganz besonders ihre Lederwarengeschäfte, dank dem ererbten Geschmack und erlesenem Schönheitssinn wie die Gewölbe der Basare orientalischer Märchen entzücken.

Der Glanz des Rinascimento überfällt den Besucher im Saal der Zweihundert mit überreich vergoldeter Kassettendecke und kostbaren Wandteppichen. Der hinreißende Sensualismus florentinischer Renaissance herrscht auch im Audienzsaal, in den Gemächern Leos x. und Eleonoras von Toledo. Von dem fast hundert Meter hohen Turm des Palazzo Vecchio aus genießt man wie vom Campanile Giottos einen herrlichen Blick über Stadt und Hügel. Das Mezzanin wartet mit Gemälden, Fresken und Möbelstücken der Sammlung Loeser auf, die ein lebendiges Bild der Schicksale von Florenz vermittelt.

Schwelgerische Lebenslust durchweht die mythologischen Szenen, die Vasari und Gherardi für den Saal der Elemente geschaffen haben. Kleinod des Palazzo Vecchio bleibt das vorerwähnte Studierzimmer Francesco de'Medicis, wo neben Vasari und dessen Schülern auch Giambologna, Ammannati und weitere bedeutende Renaissancekünstler, worunter Bronzino, ihre Spur hinterließen. Wir begegnen dessen zartfühlendem Pinsel wieder in dem unvergeßlichen Bildnis der Lucrezia Panciatichi der *Galleria degli Uffizi,* vor deren kühler Anmut man lange verweilen möchte. Aber diese Sammlung, die man vom Portikus zwischen Palazzo della Signoria und Loggia dei Lanzi aus betritt, schenkt unsterbliche Kunst in solcher Fülle, daß ein Gang durch sämtliche Säle menschliches Aufnahmevermögen übersteigt und nichts als Müdigkeit und Verwirrung hinterläßt. Wer nur kurz in Florenz weilt, ist gut beraten, wenn er sich bei den Aufsehern nach jenen Meistern durchfragt, deren Kunst ihm am meisten am Herzen liegt: Von Cimabue und Simone Martini bis Leonardo und Raffael prangen hier die größten Namen mit Werken, die fast alle in die Kunstgeschichte eingegangen sind. Die wundervolle, aus der Antike stammende mediceeische Venus erfüllt einen reichgeschmückten Saal ganz allein in marmorglatter Idealität und göttlichem Ebenmaß der Glieder, obwohl sich darin weitere Kunstwerke finden, die anderswo eine Sehenswürdigkeit für sich darstellen würden.

Ein Fest der Farbe und schwebenden Liebreizes, empfängt der Saal Botticellis den Kunstpilger: An der Primavera, der «Geburt der Venus», der «Verleumdung des Appelles» wird niemand ungerührt vorübergehen – und heute noch begegnet man auf der Straße ab und zu dem feinen Oval des Anlitzes blonder Florentinerinnen, «Gärtnerinnen und galant», wie Sandro sie so oft gemalt und verklärt hat. In den Uffizien sind auch die Meister der venezianischen Malerschule würdig vertreten, die ein völlig anderes Licht, reichere Farbe, üppigere Form aus der dunstigen Lagune in die zurückhaltende Arnostadt brachten.

Im Piazzale degli Uffizi, in dem arkadengeschmückten Doppelpalast und dem einzigartigen Corridoio, der diesen mit dem Palazzo Pitti verbindet, hat Giorgio Vasari sich ein Denkmal gesetzt, wie es seinesgleichen in ganz Italien sucht. Die festliche Anlage scheint von den in jener Zeit beliebten Architekturbildern, worin etwa ein Piranesi brillierte, beeinflußt zu sein. Achtundzwanzig Marmorstatuen von größten und weniger bekannten Bildhauern zieren die Nischen im Portikus. Vasari begann mit dem Bau, worin er seine kühnsten Schöpferträume verwirklichen durfte, im Jahre 1560; er sollte die «uffici» des florentinischen Staates, Gerichte und Archive aufnehmen. Das Werk wurde von Parigi und Buontalenti im Geiste Vasaris fortgesetzt. Die beide Baukörper ausfüllende und diese über dem Lungarno miteinan-

74/75 Der majestätische Innenhof des Palazzo Vecchio in Florenz

der verbindende Galerie birgt das bedeutendste Kunstmuseum Italiens, das sich vorwiegend aus den unermeßlichen Sammlungen der Medici zusammensetzt. Diese hinterließen ihre Schätze nach dem Erlöschen des einst so mächtigen Geschlechts im Jahre 1737 der Stadt Florenz, wo sie in einer ganzen Reihe von Palästen und Museen zu finden sind; selbst die riesige Galleria degli Uffizi reichte allein dazu nicht hin.
Liebhaber mögen beim Emporsteigen der gewaltigen Treppe, des scalone vasariano, den Eingang im ersten Stock links zum Gabinetto dei Disegni e delle Stampe nicht verfehlen; die Gemäldegalerie erreicht man im zweiten Obergeschoß durch prächtige Vorhallen, vestiboli. Droben im Licht der hohen und hellen Wandelgänge, der großen und nie überladenen Säle durchschreitet man eine farbige Welt von so hohem Kunstverstand, solcher Schönheit, daß davor das nüchterne Wort, jeder Versuch zum Aufzählen und Beschreiben verstummt. Sinnvoll ist etwa van der Goes im Saal XIV Lorenzo di Credi und Domenico Ghirlandaio beigesellt; Leonardo da Vinci teilt sich mit umbrischen Malern in den nächsten Raum, Tizian in den achtundzwanzigsten mit andern Venezianern, während der erstaunliche Bacco adolescente von Michelangelo da Caravaggio, um 1590 in Rom entstanden, neben Niederländern hängt, wie denn Rembrandt großenteils den siebenunddreißigsten Saal beansprucht. Tiepolo, Guardi, Rubens, van Dyck beschließen den Gang durch dieses paradiso terrestre erhabener Kunst. Besondere Aufmerksamkeit verdient der Saal der Niobe. Eine reiche Sammlung von Selbstbildnissen beherbergt der Anfang des *Corridoio Vasariano,* der zuerst über dem Lungarno Archibusieri und durch den Ponte Vecchio, an Santa Felicita vorbei bis zum Palazzo Pitti führt. Er ist meist unzugänglich.

Bargello, Badia, Casa degli Alighieri

Im Mittelalter Sitz des Stadthauptmanns, des Podestà oder *Bargello,* verkörpert dessen Burg den strengen Stil toskanischen Trecentos auf großartige Weise. Schon der helle, auf drei Seiten von Säulengängen umstandene Innenhof überrascht den Eintretenden durch sein edles Maß, das ihn auf die Schätze vorbereitet, die seiner in den hohen Gemächern des ersten und zweiten Stokkes harren. Das Museo Nazionale del Bargello ist die Apotheose des hochbegabten Florentiner Bildhauers Donatello: Dessen heiliger Georg, Johannes der Täufer, der ulkige Kupido sowie der nackte David mit Helm und Schwert sind hier aufgestellt, nebst dem provokant lächelnden Besieger des Goliath von der Meisterhand Verrocchios – beide in Bronze gegossen und voll bebender Lebensnähe. Dieses 1859 eröffnete Nationalmuseum enthält eine der wichtigsten Sammlungen der Welt an Skulpturen und Kunstgewerbe. Von Arnolfo und Tino da Camaino bis zu Brunelleschi und Ghiberti ist die gesamte Schule klassischer Florentiner Plastik vertreten, worunter die Reliefs des berühmt gewordenen Preisausschreibens vom Jahre 1402 für die Pforten der Taufkirche. In den mittelalterlich strengen Gewölben und Sälen finden sich herrliche Werke, die aus den reichen Beständen der Stadt hier zusammengetragen wurden. Reliefs und Bronzeplaketten, Medaillen und Terrakotten sind nicht minder bewundernswert als der Trunkene Baccus des Michelangelo, der sich auf einen Weintrauben schlingenden Satyr stützt und nicht weniger antik auf den Betrachter wirkt als die Knabengestalt eines nackten Ganymeds hellenistischer Herkunft, dessen holde Schlankheit sich an den Adler des Zeus schmiegt. Im Gegensatz zu dieser marmorglatten, nicht marmorkalten Klassik bietet die Leda des Ammannati ihre Lust dem Beschauer dar; Licht und Schatten spielen auf dem Stein dieses nicht mehr nackten, sondern entkleidet preisgegebenen Frauenkörpers. Ihre Schenkel umschlingen den brünstigen Schwan, ihr Auge bricht sich im Kusse des wollüstig geöffneten Schnabels – man glaubt Muskeln und Nerven unter der gemeißelten Oberfläche zucken zu sehen... Eine Welt reiner Schönheit, fast kindlicher Anmut umfängt uns hingegen im Saal der kunstvoll glasierten Gestalten und Basreliefs von Andrea und Giovanni della Robbia. Auch Sansovino, Cellini, Giambologna, Bernini sind vertreten; Buonarroti ist ein eigener Saal vorbehalten. Im Bargello befindet sich schließlich die wertvolle Sammlung an Waffen, Keramik, Gläsern, Elfenbeinschnitzereien, Schmuck und Miniaturen sowie seltenen Stoffen aus dem Besitz der Medici. Die Fresken der Kapelle des Podestà werden Giotto zugeschrieben; nicht weniger verinnerlicht blickt Michelangelos Madonna aus dem Tondo Pitti den Beschauer an, der ihr Bild samt so vielen andern Meisterwerken mit hinausträgt auf die belebte Straße, den unregelmäßigen Platz San Firenze oder in die gegenüberliegende Badia.

Völlig verschachtelt und erdrückt durch neuere Häuser, beeindruckt das, was von dem einstigen Benediktinerkloster – «Badìa» bedeutet Abtei – übrigblieb, vor allem wegen des spitz in den toskanischen Himmel strebenden, romanischen Glockenturms von Arnolfo di Cambio. Schon im Jahre 978 gegründet, erhielt die *Badia Fiorentina* ihre jetzige Gestalt durch Arnolfo. Ein Durchgang führt über Treppenstufen zur Kirche, die einst den Zisterziensern gehört hatte, im siebzehnten Jahrhundert jedoch vollkommen umgestaltet wurde. Der arkadenbestandene Renaissancehof, den man nun erreicht, ist ein Werk Benedetto da Rovezzanos und in seiner Intimität selbst in Florenz ohnegleichen. Von einer Ecke aus zeigt sich am Himmel der sechseckige Campanile in braunem Stein, mit edlen Biphoren, in seiner ganzen Schönheit. Im Innern der Kirche, die vormittags das beste Licht aufweist, begegnet der Kunstpilger mit Andacht dem zartfarbigen

Gemälde Filippino Lippis mit der feinen, dem heiligen Bernhard erscheinenden Muttergottes. Man sollte es dabei nicht bewenden lassen; denn die Badia enthält verschiedene Kunstwerke von hohem Wert. Durch die Sakristei gelangt der neugierige Besucher in Rossellinos Chiostro degli Aranci mit korinthischen Säulen. Statt in die lebensgefährliche Via del Proconsolo zurückzukehren, ist der nördliche Ausgang besser zu empfehlen, der, wiederum über ein paar Stufen, in die Via Danta Alighieri mündet. Ein paar Dutzend Schritte nach links auf dem Pflaster dieser stillen engen Gasse führen zu einem seltsamen Haus, dem man wiederholt Restaurationen im Geschmack der jeweiligen Epoche sogleich ansieht, und wo der überragende Dichter, Schöpfer der Göttlichen Komödie und künstlerische Vollender des Mittelalters nach der Überlieferung das Licht erblickt hat. Die *Casa degli Alighieri* ist mit Geschmack zur Gedenkstätte Dantes ausgebaut worden, wobei eines der erstaunlichsten Exponate den Text der Divina Commedia ungekürzt auf einer Wandtafel von rund einem auf einen halben Meter Größe in gestochen klarer Miniaturschrift enthält. Ein aufgehängtes Vergrößerungsglas gestattet es dem ungläubigsten Eruditen, sich zu vergewissern, daß er keiner Täuschung unterliege, und über den unsterblichen Terzinen, die der Dichter ganz seiner undankbaren Vaterstadt zugedacht hatte, könnte man Zeit und Raum und selbst das moderne verführerische Florenz vor der Tür vergessen, wenn er seinem Zorn in donnernden Worten Luft macht, Hoffart und Leichtsinn geißelnd in den «*sfacciate donne fiorentine, l'andar mostrando con le poppe il petto!* [Purgatorio XXIII].

Zwischen der Via de' Tornabuoni und Via Calzaioli

Sie zeigen ihn nicht mehr unverhüllt auf der Straße, ihren Busen samt den milchigen Kuppen, wie Dante es angeprangert hat; aber die Florentinerin bleibt kokett und elegant, auch bei der Arbeit, in der Hast des Alltags – und die Arnostadt ist, viel mehr als Rom oder Neapel, eine Stadt der Frauen, der Mode, erlesener Galanteriewaren. Und sie berechnen es haargenau, wieviele Knöpfe ihres *Chemisier* sie am Halse offen lassen, um begehrliche Blicke unentrinnbar anzulocken, ohne die Grenze des guten Geschmacks zu überschreiten. Wer für die schönen Nachfahrinnen Beatrices und Fiammettas, die zu den bestangezogenen Frauen der Welt zählen, etwas übrig hat, sollte am spätern Vormittag oder zur Stunde des Tees in einer der feinen Konditoreien der Via Tornabuoni einen Cappuccino trinken: Das Schauspiel, das ihn mit etwas Glück dort erwartet, ist vielleicht nicht geringer zu werten als der Genuß der tausend und aber tausend Skulpturen und Gemälde der berühmten Florentiner Museen...
Nach dem heißen, schaumig duftenden Kaffee «da» Doney, Giacosa, Procacci oder Leland betritt man, innerlich gestärkt, wenn auch nicht unbedingt im Sinne savonarolischer Fastenpredigten gefestigt, wiederum die Via Tornabuoni. Ein aristokratischer Palast des fünfzehnten Jahrhunderts ist immer noch Stadtresidenz der Rebbergbesitzer-Familie *Antinori*, mit arkadengeschmücktem Hof am gleichnamigen Platz herrschaftlich thronend. Schräg gegenüber, an der Via Tornabuoni, lädt die prachtvolle Barockfassade der Kirche *San Gaetano* zu einem kurzen Besuch; das einschiffige Innere ist oft umgestaltet worden und reich mit Marmor verziert – in den Seitenkapellen Werke von Pietro da Cortona und Filippo Lippi. Aus dem sechzehnten Jahrhundert stammt der *Palazzo Larderel*, im *Palazzo Viviani della*

Ebenmaß und Strenge vereint in der Baukunst florentinischer Renaissance: Der Palazzo Strozzi

Robbia hat sich in freskengeschmückten, stuckverzierten Sälen die Azienda Autónoma di Turismo niedergelassen; den ganzen Raum zwischen der gleichnamigen Piazza und der Via Tornabuoni beansprucht der majestätische, aus braunen Quadern wie für die Ewigkeit gebaute *Palazzo Strozzi*, architektonisches Meisterwerk florentinischer Renaissance. Der Palazzo Strozzi gewährt alljährlich in seinen hohen, die oberen Galerien des prächtigen Innenhofes umstehenden Räumen namhaften Kunstausstellungen Gastrecht; hier findet auch die Antiquitätenmesse statt, die Florenz nicht minder zum Ruhme gereicht als die Vorführungen italienischer Mode im Palazzo Pitti, die weltweiten Widerhall finden.

Vom Palazzo Strozzi aus gelangt man durch die Via della Vigna Nuova zur schön geschwungenen *Loggia dei Rucellai* und gegenüber zu einem Meisterwerk Rossellinos nach Entwurf Leon Battista Albertis: *Palazzo Rucellai* mit rhythmisch gegliederter Fassade. Der Eingang zur *Cappella Rucellai* befindet sich nördlich in der Via della Spada. Man bewundert dort ein kleines Wunderwerk Albertis, die Edícola del Santo Sepolcro, eine Nachbildung der heiligen Grabeskirche in Jerusalem en miniature. Durch die Vie del Purgatorio und del Parione erreicht der Spaziergänger leicht die unregelmäßige Weite der Piazza Santa Trinita, weitgehend beherrscht durch die Kirchenfassade von Buontalenti aus dem spätern Cinquecento. Das gotische Innere, in der Mitte des dreizehnten Jahrhunderts begonnen, überrascht in der vierten Seitenkapelle durch ein kostbar geschmiedetes Gitter, Fresken von Lorenzo Monaco und in der Cappella Sassetti, beim Presbyterium, durch berühmte Wandgemälde Ghirlandaios; ein prächtiges Altarbild desselben Meisters und Grabmäler der Renaissance runden den Kunstbesitz von *Santa Trinita* ab – merkwürdigerweise fehlt hier der sonst übliche Akzent auf dem «a»; der Name des Gotteshauses, wie auch des davor sich breitenden Platzes, wird in Florenz auf der ersten Silbe, wie im lateinischen Worte «Trinitas», betont.

Am Palast *Bartolini Salimbeni* aus dem sechzehnten Jahrhundert vorbei, der wiederum einen zierlichen Cortile mit Graffiti besitzt, geht es nun, Piazza Davanzati streifend, in östlicher Richtung durch die Via Porta Rossa zum Mercato Nuovo, wo unter den Bogenreihen einer klassischen Loggia nicht nur die überaus volkstümliche Brunnenfigur des Porcellino, eigentlich eines verdutzt in die Welt blickenden jungen Ebers, steht, sondern wo heute noch charakteristische Erzeugnisse florentinischen Kunsthandwerks, insbesondere Lederwaren, feilgeboten werden. Im *Palazzo Davanzati* aus dem vierzehnten Jahrhundert, einer vorbildlich gestalteten Patrizierresidenz, befindet sich heute ein *Museum altflorentinischen Hausrats;* in den Sälen der Papageien und der Pfauen bewundert man Al fresco-Gemälde, die Vorhänge täuschend nachahmen, und – wie könnte es in Florenz anders sein – bedeutende Kunstwerke vervollständigen die eigenartige Sammlung, wie die «Madonna del parto» von Rosello Franchi.

Aus der Via Porta Rossa gelangt man durch die Via Pelliceria zur *Piazza della Repubblica.* Sie bildet den Mittelpunkt der geschäftig-geschäftstüchtigen Innenstadt. Mit halbkreisförmigen Galeriebogen, die sich über die ganze Via Pellicceria und Via Brunelleschi hinziehen, mit großen Hotels, Restaurants und Trottoircafés erinnert dieses weitläufige Rechteck ein wenig an Mailand oder Turin und an die Zeit, da Firenze Kapitale des jungen Königreichs Italien war. Von der Piazza della Repúbblica sind es nur ein paar Dutzend Schritte bis zum *Palazzo dell'Arte della Lana,* dem Wollweberhaus an der Via Calimala – «artista» bedeutet im Italienischen sowohl Künstler wie Handwerker –, und gleich anschließend steht man einem der erhabenen Bauwerke der Stadt gegenüber, der palastartigen Kirche San Michele in Orto oder *Orsanmichele,* die auf das dreizehnte Jahrhundert zurückgeht. Das

PELLEGRINO
RANCIATA
ELLEGRINO
MANICURE PEDICURE
PARRUCCHIERE
PER UOMO
EDISON

Heiligtum ist von Tabernakeln im Stile flammender Gotik umkränzt, deren Statuen von Ghiberti, Verrocchio, Giambologna, Luca und Andrea della Robbia sowie Donatello stammen. Das zweischiffige Innere, mit Fresken von Lorenzo di Credi, Sellaio und andern Malern geschmückt, erhält seinen Glanz von dem berühmten Tabernakel Andrea Orcagnas, das um die Mitte des vierzehnten Jahrhunderts entstand, die farbenfrohe Innigkeit jener tiefgläubigen Zeit aufs schönste verkörpernd. An der Via Calzaioli steht die ebenfalls aus dem vierzehnten Jahrhundert stammende, nüchterne Kirche *San Carlo dei Lombardi*. Wer sich für die Geschichte der Stadt und ihres großen Sohnes Dante Alighieri erwärmen kann, sollte südlich des Mercato nuovo den *Palazzo di Parte Guelfa* besuchen; er wird den Kenner beglücken durch den Salone del Brunelleschi, einen Audienzsaal der Renaissance, die luftige Loggetta del Vasari und eine Madonna von Luca della Robbia.

Die Lungarni und ihre Brücken: Ponte Vecchio. Santa Maria del Carmine und Santo Spirito

Ob man von der Piazza Santa Trinita der gleichnamigen Brücke zustrebt oder vom Mercato Nuovo durch die Via Por Santa Maria hinunter zum Ponte Vecchio schlendert, man steht gebannt im Angesicht des Stromes, der das Weichbild der vornehmen Stadt gliedert und prägt. Der Verkehr ist auf diesen schmalen Uferstraßen so dicht, daß es längst kein Vergnügen mehr bedeutet, ihnen auf Schustersrappen stundenlang zu folgen, um

84 Unter den Arkaden der Piazza della Repúbblica: Auch in Florenz spielt sich das Leben auf der Straße ab

das Gegengestade mit seinen Palästen, die Hügel gekrönt von San Miniato al Monte, den Ponte Vecchio mit den Augen zu trinken. Wie oft sind die Lungarni gemalt und in Kupfer gestochen worden! Selbst eine Fahrt im Wagen, zur Stunde der Siesta oder sonntags, wenn halb Florenz ausgeflogen ist, rollt vor dem entzückten Betrachter ab wie ein farbensatter, von einem geborenen Künstler aufgenommener Film.

Wie tief städtebauliche Verantwortung in den Florentinern verankert ist, zeigt auch die Pietät, womit nach den Zerstörungen des Zweiten Weltkrieges der prachtvoll geschwungene, von Ammannati 1569 errichtete *Ponte Santa Trinita* wiederaufgebaut ward – unter Verwendung der in den Arno gestürzten Steine. Man genießt von seiner Mitte aus einen großartigen Blick auf den *Ponte Vecchio,* eines der Wahrzeichen der Stadt. Nachdem an dieser Stelle wahrscheinlich schon zu den Zeiten der Römer eine Holzbrücke der Via Cassia bestanden hatte, wird eine solche im Jahre 996 urkundlich erwähnt, während der mächtige Unterbau auf nur zwei schweren Pfeilern, der ganze Häuserzeilen zu tragen vermag und selbst dem Alluvione von 1966 die Stirn bot, um 1345 entstand. Die einzigartigen botteghe beidseits der Brücke, die ursprünglich Metzger- und ähnliche Läden beherbergten, sind seit dem Ende des Cinquecento den Goldschmieden vorbehalten, wie sie heute Tausende von Fremden anziehen. Die meist von Menschen wimmelnde Alte Brücke zu Florenz ist der einzige Stromübergang, den die deutschen Truppen bei ihrem Abzug im Jahre 1944 verschonten. Benvenuto Cellini, nicht nur genialer Bildhauer, sondern auch Schöpfer berühmter Silber- und Goldschmiedearbeiten, wird am Ponte Vecchio durch einen Brunnen mit Büste geehrt. Der schon erwähnte Korridor Vasaris verläuft über den Kaufläden.

Zwei mittelalterliche Haustürme, an Bologna und San Gimignano erinnernd, überragen hoch den Lungarno Acciaioli, gleich einem monumentalen Brückenkopf; von der Via Por Santa Maria gelangt man auf einen kleinen Platz mit der Kirche *Santo Stefano al Ponte,* romanischen Stils, mit barockem Treppenaufgang im Innern, die jedoch nach dem Krieg wiederaufgebaut wurde. Parallel zum Lungarno führt der enge Borgo Santi Apostoli seinerseits auf eine Piazzetta, die von einer rein romanischen Kirchenfassade beherrscht wird. Sie stammt samt dem Gotteshaus aus dem elften Jahrhundert, wurde in der Renaissance dem Geschmack der Zeit angepaßt und in den dreißiger Jahren unseres Jahrhunderts wiederum in ihre ursprüngliche Gestalt zurückverwandelt: Die Basilika *Santi Apostoli.* Sie bildet ein Kleinod des christlichen Florenz und entzückt in ihrem weihevollen Kultraum durch manches Kunstwerk, worunter einen Vasari. Am Palazzo Rosselli del Turco grüßt neben der Kirche das Basrelief einer Madonna mit Kind von Benedetto da Maiano. Auch die *Acciaioli* hatten am Borgo Santi Apostoli ihren Palast; auf eine ungleich gewaltigere Stadtburg stößt der Spaziergänger dort, wo der «Borgo» in die Piazza della Trinita mündet: *Palazzo Ferroni;* 1289 für das Geschlecht der *Spini* errichtet, verkörpert er eines der eindrucksvollsten Beispiele florentinischer Vergangenheit. Gegenüber der ebenso wehrhafte, aber kleinere *Palazzo Gianfigliazzi,* der sich an die edle Vorderseite der Kirche Santa Trinita lehnt. Die *Gerechtigkeitssäule* stammt aus dem sechzehnten Jahrhundert. Dem Lungarno Corsini flußabwärts entlangschlendernd, kommt man an einem weitern mächtigen Palast vorbei, dessen Renaissanceformen im Barockzeitalter ausgeschmückt wurden; der erste Stock wird von der *Galleria Corsini,* der bedeutendsten Privatsammlung von Florenz, eingenommen und zeigt in sechs Sälen

88/89 Der Arno in Florenz mit Ponte Santa Trinità und Ponte Vecchio samt den Häusern am Lungarno

Gemälde und Skulpturen florentinischer Renaissance, die anderswo Staat machen würden, in dieser Musenstadt jedoch von den Uffizien, dem Palazzo Pitti, dem Bargello in den Schatten gestellt werden. Die nun folgenden Piazza Goldoni mit Denkmal des berühmten Komödienschreibers im Venedig des galanten Jahrhunderts, der auch am Ufer des Arno geschätzt und gespielt wird, mündet in den Ponte alla Carraia, der zum Lungarno Guicciardini hinüberleitet. Von der Piazza Goldoni an heißt die Uferstraße bis zum modernen Ponte della Vittoria am Eingang zu den Cascine Lungarno Amerigo Vespucci. Er wird durch die Piazza *Ognissanti* verbunden mit dem Borgo gleichen Namens, und beide haben ihn von der *Kirche* erhalten, die Allenheiligen geweiht ist. Die schöne Barockfassade verbirgt einen andachtvollen Innenraum mit Deckenfresken und herrlichen Wandgemälden von Botticelli, Domenico Ghirlandaio und andern Künstlern der Renaissance. Durch den Kreuzgang mit jonischen Säulenarkaden erreicht der Besucher das Refektorium mit dem berühmten Abendmahl von Ghirlandaio, entstanden 1480. Ein romanischer Glockenturm krönt das Heiligtum. An der Piazza Ognissanti stehen sich auch die beiden ersten Häuser von Florenz, die Ciga-Paläste Excelsior und Grand Hotel gegenüber, beide mit breiter Fassade am Lungarno.

Zum Borgo San Frediano blickt der Ponte Vespucci; ein Umweg führt den Neugierigen zur *Porta San Frediano,* die gleichnamige Kirche schaut auf die zum Arno offene Piazza Cestello. *San Frediano in Cestello* ist eine der wenigen barocken Kuppelkirchen der Arnostadt. Fast um die Ecke erreicht man die Piazza del *Carmine* mit der gleichnamigen *Marienkirche* aus dem dreizehnten Jahrhundert, die indessen nach einer Feuersbrunst Ende des Dixhuitième vollständig erneuert wurde. Ihr Ruhmesblatt bildet die *Cappella Brancacci,* im fünfzehnten Jahrhundert durch Masaccio mit prachtvollen Fresken versehen, die als eigentliches Schlüsselwerk der Frührenaissance gelten, woran die größten Meister sich schulten und die heute noch ihre ursprüngliche Frische und Kraft der Darstellung bewahrt haben – vor allem in der ergreifenden Austreibung aus dem Paradiese und im Leben Sankt Petri. Auch die Sakristei und der Kreuzgang sowie der Chor verdienen einen Besuch.

Die enge Via Sant'Agostino führt zur Piazza *Santo Spirito* mit der gleichnamigen *Kirche,* deren einfache, ockergelbe Fassade den stillen Platz mit Renaissancebrunnen überschaut. Im Jahre 1444 von Brunelleschi begonnen, nach dessen Plänen durch andere Baumeister vollendet, von einem schlanken Campanile überragt, wiederholt Santo Spirito gewissermaßen das Urbild von San Lorenzo, erhöht dieses jedoch in bewegtere Formen, wofür ein italienischer Reiseführer den glücklichen Ausdruck «perfetta e serena euritmia» gefunden hat. Man betritt eine dreischiffige Basilika mit prachtvollen korinthischen Säulen, zwischen denen der Gläubige unentrinnbar zu dem golden schimmernden Hochaltar gezogen wird. Santo Spirito ist nicht allein ein Sakralbau von klassischem Einklang, es ist zugleich, wie manche Kirche in Florenz, ein Museum mit wertvollen Gemälden und Skulpturen von Filippino Lippi im Querschiff bis zu Sansovino, Sellaio und Allori; besonders reich an solchen Schätzen die Cappella Corbinelli im linken Querschiff, Vestibulum und Sakristei. Das berühmte *Cenacolo di Santo Spirito* von Orcangna ist nicht in der Kirche zu finden, sondern in Nummer 29 des gleichnamigen Platzes, im Refektorium, das den einzigen Überrest des einstigen Augustinerklosters bildet. Es ist heute Sitz der Fondazione Salvatore Romano. Von Santo Spirito zum Arno zurückkehrend, kann schließlich der Reigen schöner Kirchen abgerundet werden durch einen Besuch in *San Felice,* am gleichnamigen Platz, eine Kirche, die vor allem wegen des angebauten *Oratorio dei Bini* mit reichem Hochaltar in die Kunstgeschichte eingegangen ist. Die

Ecke zur Piazza Santo Spirito und Via Mazzietta bildet der schöne Renaissance-*Palast* der *Guadagni*. Die am Palazzo Pitti vorbeilaufende, zum Ponte Vecchio führende Via Guicciardini öffnet sich rechter Hand zum Platz von *Santa Felicita,* im florentinischen Sprachgebrauch ebenfalls ohne Akzent auf dem Schluß-«a» geschrieben und betont. Die den kleinen Platz überblickende Kirche, mit wertvollen Kunstschätzen im Innern, worunter eine Madonna von Taddeo Gaddi, fesselt den Betrachter vor allem wegen des hohen, der Fassade vorgelagerten Portikus, durch welchen der schon oft genannte Corridoio Vasariano von den Uffizien über den Arno nach dem Pitti-Palast führt.

Dem Lungarno Torrigiani entlang geht der Spaziergang nun flußaufwärts weiter zum *Ponte alle Grazie*. Von dessen Brückenkopf gewahrt man die strenge Fassade des *Palazzo de' Mozzi* aus dem dreizehnten Jahrhundert und den *Bardini-Palast,* der seit 1923 die gleichnamige Kunstsammlung beherbergt. Sie setzt sich zusammen aus dem Nachlaß zweier Florentiner Mäzene, Bardini und Corsi; neben Waffen, Möbelstücken und Wandteppichen weist dieser Werke von Pollaiolo und Andrea della Robbia auf. Weiter stromaufwärts vermöchte noch die Kirche San Niccolò den Kunstliebhaber anzulocken. Aus dem zwölften Jahrhundert stammend, im Quattrocento und Cinquecento ausgebaut, verkörpert *San Niccolò sopr' Arno* jene glückliche Verbindung romanischer Urform mit der Klassik der Renaissance. Eindrucksvoll erhalten ist hier auch die *Porta San Niccolò* aus dem späten Mittelalter, zu Füßen des Viale dei Colli an der Piazza G. Poggi den Arno überschauend, der weiter oben durch den *Ponte San Niccolò* überspannt wird. Der Kirche San Niccolò gegenüber erhebt sich am Lungarno delle Grazie der mächtige Klotz der *Nationalbibliothek* mit einer Unzahl an Handschriften, Wiegendrucken, Briefsammlungen und Büchern; bemerkenswert die Tribuna di Dante und die Tribuna Galileiana. In ihren reichverzierten Sälen ist zudem eine Statue der Letizia Buonaparte von Canova aufgestellt.

Besser ins vornehme Weichbild der Stadt als die Biblioteca Centrale paßt der klassizistische Bau der ebenfalls in neuer Zeit entstandenen Börse, wo unser Gang über die Lungarni, ihre Brücken und angrenzenden Vorstädte endet; denn hier befinden wir uns wieder im Gewirr enger Gäßchen des mittelalterlichen Kerns um die Piazza della Signoria. Mit Absicht habe ich diesen Abschnitt auf die Uferstraßen und unmittelbar dahinter liegenden Sehenswürdigkeiten beschränkt, um die wichtigsten Bauwerke und Sammlungen, deren Besuch Stunden, ja einen halben oder ganzen Tag rechtfertigt, gesondert zu behandeln.

Palazzo Pitti und Giardini Boboli

Über die Alte Brücke, den Ponte Vecchio, mit den an orientalische Basare gemahnenden Goldschmiedegewölben gelangt man durch die Via Guicciardini zum *Palazzo Pitti,* auch er eine Stadtburg, aus ockergelben Quadern wehrhaft und dennoch voll edlen Maßes nach Plänen von Brunelleschi erbaut. Im Quattrocento begonnen, ging der Palast im sechzehnten Jahrhundert in den Besitz der Medici über, die ihn zum repräsentativen Sitz ihrer Regierung erweiterten. Zwar geht die Gemäldegalerie auf das siebzehnte Jahrhundert zurück und zählt zu den kostbarsten Kunstmuseen Italiens, doch überwältigt der Palast jeden Besucher durch den Prunk seiner fürstlichen Ausstattung. Die prachtvollen Raumfluchten des Pitti-Palastes wurden nach dem Geschlecht der Medici von den Großherzögen aus dem Hause Lothringen und im neunzehnten Jahrhundert sogar von der italienischen Königsfamilie bewohnt, als Florenz Landeshauptstadt war.

Im Gegensatz zu den Uffizien ist die *Galleria Palatina* im Palazzo Pitti nicht systematisch nach Kunstschulen geordnet, sondern sie hat den Reiz einer reichen Privatsammlung bewahrt, die auf Schritt und Tritt den erlesenen Geschmack der Familie Medici verrät. Sie wurde unter Cosimo II. und Ferdinand II. angelegt, wobei auch die Prunksäle selbst im schwelgerischen Geschmack der Zeit reich mit vergoldeten Stukkaturen, Fresken und Wandteppichen geschmückt wurden. Besonders repräsentativ ist die große Malerei des sechzehnten und siebzehnten Jahrhunderts vertreten, mit weltbekannten Meisterwerken wie Raffaels Madonna della Seggiola, der Velata, dem Muttergottesbild des Großherzogs, mit Tizians «Konzert» und dessen aristokratischem Bildnis «La Bella». Fast alle großen Namen der Renaissance und des Barocks sind gegenwärtig, von Botticelli, Andrea del Sarto, Filippo Lippi bis zu Caravaggio, Rubens, van Dyck, Velásquez und Murillo. Höhepunkte bilden der heilige Sebastian von Sódoma, der die Vorliebe des Künstlers für das eigene Geschlecht deutlich verrät, der Bacchus von Guido Reni und die Judith von Allori...

Der aus rustikalen Quadern errichtete Bau ist der größte Palast der Arnostadt. Die dreigeschossige Front mißt über zweihundert, die Höhe sechsunddreißig Meter. Beim spätern Ausbau hatte Ammannati die Hand im Spiel, dessen Genius auch der fürstliche, nach der Gartenterrasse offene Hof zu verdanken ist. Nachbildungen antiker Skulpturen schmücken neben der Fontana del carciofo die Terrasse, von der aus der Besucher die Cappella Palatina betritt; sie beglückt ihn mit wertvollen Kunstschätzen und gibt einen Vorgeschmack zu dem Zauberreich der Farben und Formen, die seiner im Piano nobile harren. Unter den siebenundzwanzig Sälen der *Galleria d'Arte Moderna* ragen hervor: Nummer zwei, mit Skulpturen von Canova, und Nummer einundzwanzig, wo neben neueren Italienern vom Range Boldinis ein

Pissarro zu entdecken wäre. Diese eigenartige, teils fesselnde Kollektion steht jedoch im Schatten der eigentlichen Palast-Galerie, der «Palatina», die mit der Sala dell'Iliade beginnt, wo uns schon die ersten Bilder von Raffael, Carracci, Ghirlandaio, Tizian und Correggio von den Wänden begrüßen. Die weltberühmten Meisterwerke Raffaels hängen in der Sale del Saturno, außer den vorerwähnten Madonnen herrliche Bildnisse des Agnolo und der Maddalena Doni sowie die Vision des Ezechiel, während die «Verschleierte» des Meisters von Urbino im Saal des Jupiter zu finden ist, unter Gemälden von Bassano, del Sarto, Rubens, Bellini und Perugino. Die mythologischen Namen der Säle leiten sich von den Fresken ab, womit sie ausgemalt sind. Die Sale di Giove und di Marte, des Apollo und der Venus gehen auf Pietro da Cortona zurück.

Die «Vier Philosophen» und «Folgen des Krieges» von Rubens sowie der herrliche Guido Bentivoglio des van Dyck hängen in der Sala di Marte, Tizians Maddalena im Saale Apolls. Durch die Sala del Castagnoli und das Quartiere del Volterrano gelangt der Besucher in die Sala delle Allegorie und delle Belle Arti, übervoll mit Kunstwerken, für deren vollen Genuß meist die nötige Frische und Aufnahmefähigkeit fehlt; eine Sammlung von dem Reichtum der Galleria Palatina sollte eben nicht an einem Tag hinter sich gebracht werden. Im Berenice-Saal besticht die Kleopatra Guido Renis, in der Sala die Prometeo der zauberhafte «tondo» Filippo Lippis mit Madonna und Kind. Die Säle der Giustizia, der Flora, der Putten und des Ulysses beschließen die Flucht prunkvoller Räume des Palazzo Pitti. Durch ein paar kleinere Gemächer schreitet man weiter zu den Appartamenti Reali mit Kapelle und Thronsaal, die vorwiegend Gruppenreisende begeistern. Doch wird auch hier der Kunstliebhaber noch kostbare Werke entdecken, wie den Tizian im Papageiensaal der Regina Margherita.

Verschwenderisch mit Fresken geschmückt sind auch die Säle des Erdgeschosses und Mezzanins, wo die Silbersammlung, das Museo degli Argenti, untergebracht ist. Hier sind außer getriebenem Zierat und Schmuck aus schwerem Silber wertvolle Möbelstücke, Elfenbeinschnitzereien, Mosaiken, Porzellan und kostbare Stoffe, meist ein Erbe der Mediceer, ausgestellt, die vom unerhörten Reichtum des toskanischen Hofes künden. Staunend steht man vor der wunderbaren Lapis-Lazuli-Vase von Buontalenti, den über fünfzig Augsburger Pokalen aus Vermeil, den Schränken und Tischen mit Steinmosaikeinlagen, den aus Halbedelsteinen bestehenden «Medici-Vasen», erlesenem Schmuck und Geschmeide. Im linken Flügel des Palastes mag zum Abschluß das Kutschenmuseum durchwandert werden.

Hinter dem gewaltigen Palazzo Pitti dehnen sich die kunstvoll angelegten, reich mit Statuen im Freien, Balustraden, Teich und Fontänen unter alten Bäumen verschönten *Giardini di Boboli,* aus deren Grotten Werke manieristischer Bildhauer lugen und von deren hügelansteigendem Belvedere sich ein Panorama darbietet, das seinesgleichen auf Erden sucht: die Dächer Fiorenzas mit Kuppel und Campanile von Santa Maria del Fiore, Palazzo Vecchio und Badia samt ihren Türmen sowie das ferne Fiesole auf seinem heitern Hügel.

Die Boboli-Gärten entstanden 1550 auf Geheiß Eleonora da Toledos und wurden nach Plänen von Tribolo durch Ammannati, Buontalenti und Alfonso Parigi il Giovane gestaltet. Durch einen Torgang, portone geheißen, dringt man vom Piazzale di Palazzo Pitti in diesen Zaubergarten «all'italiana» ein und wird sogleich von der Virtuosität, womit hier der Natur durch florentinischen Erfindungsgeist und Geschmack kommandiert wurde, gefangengenommen. Zuerst gäbe es Anlaß zu homerischem Lachen, um den Bann von so viel vollkommener Schönheit zu brechen und sie nachher um so leichtherziger zu genießen – das ist die sogenannte

Fontana di Baccho, in Wirklichkeit Pietro Barbino, den einst beliebten Zwerg und Hofnarren Cosimos I. darstellend, einen in obszöner Grätschestellung auf riesiger Schildkröte reitenden Dickwanst, welcher indessen zur Zeit der Renaissance so wenig Anstoß erregte wie in unsern Tagen, während man sich unschwer die Schamröte ausmalen kann, die englischen Spinsters im letzten Jahrhundert, wie sie zu Tausenden gerade Florenz besuchten, in die Wangen stieg, um sich mit einem gemurmelten «shocking!» aus dem Staube zu machen. Doch auch in dem Dämmer künstlicher Grotten blüht Sinnlichkeit in zarten und schwelgerischen Formen, die Paris und Helena, eine badende Venus mit Satyrn und Nachbildungen der vier michelangelesken Sklaven aus der Accademia darstellen.
Einzigartig das Amphitheater aus dem siebzehnten Jahrhundert, das im Dixhuitième seine klassische Vollendung erhielt, umstanden von Tempelchen mit Statuen und Vasen. Man steigt zum Vivaio di Nettuno mit Bronzestandbild des Meergottes von Lorenzi, zur prächtigen Terrasse, genannt Giardino del cavaliere, mit der eigenartigen Fontana delle scimmie, um sodann den Viottolone, den baumbestandenen Hauptweg zum Piazzale dell'Isolotto von Alfonso Parigi weiterzuspazieren. Überall leuchten Marmorstatuen aus dem Grün, überall Springbrunnen, Delphine, Tritone, Nymphen. Von Giambologna stammt die prachtvolle Fontana dell'Océano. An einer Gruppe, genannt «L'Arno seduto sopra un leone» von Ammannati vorbei gelangt man schließlich zu einer kleinen Villa und zurück zum Pitti-Palast.

Das Viertel um Santa Croce

Mehr als die meisten andern Kirchen von Florenz, abgesehen von Santa Maria Novella, kommt *Santa Croce* zur Geltung; ihre dreigliedrige Fassade aus weißem und dunkelgrünem Marmor beherrscht strahlend das ausgedehnte Rechteck des gleichnamigen, mit einem Brunnen und einem Dante-Denkmal versehenen Platzes. Dennoch war Santa Croce, kurz vor dem Jahre 1300 gegründet und im Beisein des Papstes Eugenius IV. anno 1443 geweiht, ursprünglich ganz dem schmucklosen Ideal jener Zeit anheimgegeben; die Vorderseite ist erst 1863 durch Nicolò Matas mit Marmor verkleidet worden, angeblich nach einer noch vorhandenen Vorlage des Renaissance-Baumeisters Cronaca. Die Piazza Santa Croce, schon im Mittelalter Schauplatz großer Volksversammlungen, im Rinascimento der «giostre», jener glänzenden Feste, wie die Medici sie liebten, pflegt auch heute noch von einer bunten Menge und spielenden Kinderscharen belebt zu sein. Um so feierlicher empfängt der hundertfünfzehn Meter lange Kultraum der mächtigen Kirche den Besucher. Auf Geheiß Cosimos I. wurden Chor und Seitenkapellen des dreischiffigen Langhauses durch Giorgio Vasari dem aufgeklärten Geiste der Zeit gemäß umgestaltet. Ungeachtet der hölzernen Balkendecke über weit geschwungenen Spitzbogen erinnert die ungewohnte Helle, das durch die hohen Chorfenster einströmende Licht an englische Kathedralen.

Bewundernd bleibt man an der Marmorkanzel stehen, einem Meisterwerk Benedetto da Maianos, die sich achteckig, mit herrlichen Basreliefs bedeckt, an einen Pfeiler des Hauptschiffes schmiegt. An Pfeilern und in den Seitenschiffen begegnet der Kunstfreund den Monumenten großer Italiener, die Santa Croce zum Pantheon erheben: Leon Battista Alberti, Michelangelo – von Vasari –, Dante, Alfieri, Macchiavelli, Leonardo Bruni, Rossini und Ugo Foscolo, dem romantischen Dichter, der diese erhabene Gedenkstätte in seiner berühmten Ode «Dei Sepolcri» besang. Eine Madonna col Bambino von Rossellino, das Relief einer Verkündigung von Donatello schmücken die sonst eher kahle Kirche, in der Cappella Castellani verschönt durch Fresken Agnolo Gaddis. Taddeo Gaddi, ein Schüler Giottos, bemalte die Wände der Cappella Baroncelli rechts vom Chor. Die Meisterhand Michelozzos verraten die prächtige Pforte und der Flur zur Sakristei; diese ist ebenfalls mit Fresken bedeckt und weist eine Büste des Erlösers von Giovanni della Robbia auf.

Farbenreiche Bilderbücher verkörpern auch die übrigen Kapellen, besonders ergreifend die an der Chorwand liegenden Cappelle Peruzzi und Bardi mit Fresken Giottos. Die andachtsvoll dargestellte Geschichte des heiligen Franziskus, insbesondere die Exequien des Poverello di Dio, haben Weltruf erlangt. Agnolo Gaddi malte die Cappella Maggiore im Chor aus, namhafte Künstler des vierzehnten bis neuzehnten Jahrhunderts verschönten die Kapellen Capponi, Ricasoli, Pulci e Beraldi, Berdi di Vernio, Niccolini, Bardi und Salviati. Im linken Seitenschiff die Denkmäler Amerigo Vespuccis und Galileo Galileis nebst bedeutenden Skulpturen.

Durch den ersten Kreuzgang, der noch die Weihe der Anlage aus dem vierzehnten Jahrhundert bewahrt hat, betritt man das einstige Refektorium und die angrenzenden Räume, die heute das *Museo dell'Opera di Santa Croce* beherbergen, eine Sammlung von Meisterwerken florentinischer Kunst, beginnend mit der visionären Kreuzigung des Cimabue und in weitern fünf Sälen Gemälde von Maso di Banco, Orcagna, Donatello, Domenico Veneziano, Bronzino zeigend. Von dem sechsten Saal aus kann das Chiostro Grande, der äußere Kreuzgang, wie der erste ursprünglich von Brunelleschi entworfen, betreten werden. Durch ein Portal Benedetto da Maianos schreitet der Kunstpilger sodann ins Klostergebäude zurück, immer wieder beglückt vom Anblick seltener Kunstschätze, um endlich die Pazzi-Kapelle zu betreten, ein bauliches Juwel Brunelleschis, dessen kuppelgekrönte, harmonische Fassade auf den grünbewachsenen, zypressenbestandenen innern Kreuzgang blickt. Der Geist Desiderio da Settignanos, Luca della Robbias und manch anderer Bildner durchweht den Portikus und das Innere der Cappella de'Pazzi. Im Alluvione von 1966, der furchtbaren Überschwemmungskatastrophe, hat Santa Croce schwere Wasserschäden erlitten, deren Spuren mit unendlicher Sorgfalt getilgt werden konnten; in den untern Geschossen des Palazzo degli Uffizi freilich sind damals unersetzliche Schätze an Büchern, Palimpsesten und Manuskripten vom Schlamm zerstört worden. Ein Rundgang durch Santa Croce führt jetzt den Besucher überdies in die dort eingerichtete Kunstgewerbeschule, Scuola del Cuoio, mit Ausstellräumen, die zeigen, daß der erlesene Geschmack des Rinascimento sich in Florenz bis in die nüchterne Gegenwart erhalten hat.

Im Viertel von Santa Croce wären noch die kleinen Kirchen *Santa Maria della Croce al Tempio* und *San Giuseppe* an der gleichnamigen Straße um vereinzelter Kunstschätze willen zu besuchen; stärker beeindruckt freilich die zur Gedenkstätte erhobene, am Ende der engen Via delle Pinzochere stehende *Casa Buonarroti.* Ulkig berührt von dem Straßennamen – «pinzóchera» entspricht dem englischen, ebenso unübersetzbaren Begriff «spinster» und allenfalls dem deutschen Wort «Betschwester» –, übermannt uns im Hause Buonarroti sogleich wieder der titanische Atem Michelangiolos. Der unglückliche Schöpfer unsterblicher Werke bildender Kunst, zugleich einer der tiefsten Lyriker der Renaissance, erwarb dieses Haus für seine Familie, die 1858 ausstarb. Zu Beginn des Seicento ließ ein begabter Großneffe des Meisters, Michelangelo Buonarroti il Giovane, Literat und Philologe, den Stadtpalast durch zeitgenössische Künstler mit Fresken ausschmücken, zu denen Pietro da Cortona gehört. Die Galleria Buonarroti im ersten Stock überrascht jedoch den kunstsinnigen Besucher durch Werke von Michelangelo selbst, wie die Madonna della Scala, eine Kentaurenschlacht und Basreliefs aus der Frühzeit des ge-

waltigen Bildners, von welchem auch kostbare, im zehnten Saal ausgestellte Handschriften erhalten sind.
Gegenüber der Casa Buonarroti prangt der Barockpalast *Guicciardini-Salviati;* durch die Via Michelangelo Buonarroti erreicht man die *Loggia del Pesce* von Vasari, die ehedem den Alten Markt im Stadtkern zierte. An Sant'Ambrogio und der Synagoge vorbei würde man nördlich des Viertels von Santa Croce zur Piazza d'Azeglio gelangen, die in einem frühern Abschnitt beiläufig als hübsche Grünanlage erwähnt wurde.
Wer sich aus dem Borgo Santa Croce über die Piazza Beccaria nach Osten hinausbegeben möchte, findet in Nummer sechzehn der Via di *San Salvi* das Refektorium der ehemaligen Abtei gleichen Namens, das durch eine lange Galerie mit verschiedenen Altartafeln florentinischer Künstler, worunter Vasari und Bartolini, erreicht werden kann. Im Speisesaal erwartet den Kenner ein Meisterwerk Andrea del Sartos, die prachtvoll komponierte, 1519 vollendete Ultima Cena. Die Klosterkirche *San Michele a San Salvi* empfängt den Besucher einschiffig, kühl, mit ein paar bemerkenswerten Kunstwerken. Im Umkreis der Piazza d'Azeglio locken noch der Palazzo *Della Gherardesca* aus dem Quattrocento, mit großem Garten und schönem Hof von Giuliano da Sangallo, die Paläste *Capponi* und *Panciatichi-Ximenes*, dieser von den Renaissancekünstlern Sangallo als deren eigene Residenz erbaut, sowie die im dreizehnten Jahrhundert gegründete, im Quattrocento ausgebaute Kirche *Santa Maria Maddalena dei Pazzi,* worin sich der Genius Giuliano da Sangallos nochmals, vor allem in dem weitläufigen Renaissancehof, verewigt hat. Von Sangallo stammt ebenfalls der Kreuzgang des aufgehobenen Benediktinerklosters, Ein Besuch lohnt sich indessen trotz der etwas abseitigen Lage wegen des Kapitelsaals, der durch ein Hauptwerk Peruginos von 1496 entzückt, ein die ganze Wand bedeckendes Fresko, das den Gekreuzigten mit der heiligen Magdalena, den heiligen Bernhard

mit Maria, Johannes den Täufer und Sankt Benediktus vor einem holdselig in sich ruhenden Hintergrund umbrischer Hügel darstellt.

Auch das *Teatro alla Pergola* hat seine Geschichte; 1656 erstmals in Holz errichtet, wurde es später großherzogliche Bühne, jedoch schon 1718 dem Publikum zugänglich gemacht. Das Teatro alla Pergola war das erste seiner Art mit übereinanderliegenden Logenreihen. Die heutige Gestalt erhielt es im neunzehnten Jahrhundert. Nicht zu verwechseln mit Santa Maria Novella ist das *Arcispedale di Santa Maria Nuova,* das älteste, nach der Überlieferung durch den Vater von Dantes Beatrice gestiftete Hospital der Stadt. Die gut gegliederte, Buontalenti zugeschriebene Fassade schaut nach der Piazza Santa Maria Nuova nahe dem Dom von Santa Maria del Fiore. Unter dem Portikus der Kirche Fresken von Pomarancio und Zuccari. Sie ist Sankt Egidius geweiht, wird jedoch auch *San Gilio* genannt. Das barocke Innere besitzt Kunstschätze von Wert, was auch für das Chiostro delle Medicherie und das Chiostro delle Ossa gilt, die den Sakralraum beidseitig flankieren. Dem Arcispedale gegenüber steht das *ex Convento delle Oblate,* das Archiv und Bücherei des Risorgimento birgt.

Nicht jedes bauliche Juwel, nicht alle Museen in Florenz lassen sich in übersichtliche Rundgänge einordnen. Es war deshalb kaum zu umgehen, die wertvollsten Edelsteine, die uns unterwegs etwa aus der Krone gefallen sind, am Schluß noch kurz zu erwähnen – so etwa das *Museo Horne* an der Piazza Sant' Jacopo tra i Fossi. Die Residenz der Familie Alberti stammt aus dem fünfzehnten Jahrhundert und wird Giuliano da Sangallo zugeschrieben. Der bedeutende Kunsthistoriker und Mäzen H. P. Horne, ein begüterter Engländer, ließ den Palast erneuern, um seiner Privatsammlung einen würdigen Rahmen zu verleihen; nach seinem Tode im Jahre 1916 vermachte er sie der Stadt Florenz. Die Fondazione Horne umfaßt Möbel, Silberwaren, Keramik,

Medaillen vom vierzehnten bis siebzehnten Jahrhundert sowie Zeichnungen, Stiche, Skulpturen und Gemälde, worunter sogar Giotto, Masaccio, Gozzoli und Signorelli, Raffael, Tiepolo und Guardi vertreten sind.
Erst 1930 eröffnet wurde das seither Weltruf genießende *Museo Nazionale di Storia della Scienza* – auch es eine echt florentinische Gründung, deren Grundstock wiederum auf die wissenschaftlichen Sammlungen der Medici zurückgeht. Die *Accademia di Crusca,* die sich mit der Herausgabe des Vocabolario della lingua italiana befaßt, verfügt nicht allein über eine wertvolle Bibliothek, sondern auch ein kleines Museum. Ebenfalls einem der zahlreichen Briten, die Florenz zu ihrer Wahlheimat erkoren, zu verdanken ist das *Museum Stibbert,* in der gleichnamigen Villa innerhalb eines schönen Parks untergebracht. Neben Kunstwerken und Kunstgewerbestücken von erlesenem Geschmack erhielt die Galleria Stibbert ihren Ruf vor allem durch die erstaunliche Waffensammlung und den «Saal der gepanzerten Ritter».
Östlich der Stazione Centrale, die 1935 als erster funktionell gestalteter Bahnhof der Appenninhalbinsel Aufsehen erregte, verdient das Gebiet um Via Faenza und Via Nazionale Beachtung. So entzückt etwa die Kirche *Sant'Jacopo in Campo Corbolini* durch einen zierlichen Portikus aus dem dreizehnten Jahrhundert, *Santa Barnaba* an der Via Guelfa durch ein Portal aus dem Trecento, während an der Kreuzung der Via Nazionale mit Via Ariento von einer Hauswand das mächtige Tabernakel «delle Fonticine» mit polychromer Terracotta-Madonna von Giovanni della Robbia heruntergrüßt. Nummer zweiundvierzig der Via Faenza birgt das Refektorium des ehemaligen Klosters *Sant'Onofrio* mit dem Abendmahl von Fuligno, dem *Cenacolo di Foligno,* einem Meisterwerk Peruginos. Stadtauswärts erreicht man schließlich die *Villa Contini-Bonacossi,* già Strozzi-Ridolfi, deren Privatsammlung erstaunliche Gemälde von Carpaccio, Uccello und großen

Venezianern aufweist, dem Publikum jedoch nicht immer zugänglich ist. Wie im Falle der Villa Stibbert, ist hier der Stadtrand erreicht, wenn nicht überschritten. Wir lassen Fiorenza hinter uns, um nach den umliegenden Hügeln auszuschweifen, wozu schon der Monte alle Croci mit dem Piazzale Michelangelo und San Miniato gehört.

PRIMAVERA FIORENTINA

Die Arnostadt im Kranz ihrer Hügel und Villen

Fiesole und Settignano – Piazzale Michelangelo und die Certosa – Abteien im Arnotal, San Miniato und Vinci

Die *Villa Palmieri* am Hügel von Fiesole, unterhalb der Häuser von San Domenico, gilt als Vorbild zu dem Landgut in der Nähe von Florenz, das Boccaccio in seinem Decamerone unsterblich gemacht hat. Das jetzige Wohnhaus stammt allerdings aus den letzten Jahren des 17. Jahrhunderts, ein Prachtbau mit balustradegeschützten Treppen und Terrassen, überhöht durch eine Loggia mit fünf Rundbogen. Palmen und andere kostbare Ziersträucher, bunte Blumen verwandeln diesen Garten am Sonnenhang im Norden der Stadt in ein Paradies auf Erden. In der Einleitung zu seiner berühmten Novellensammlung beschreibt Boccaccio «i pratelli dattorno, e con giardini meravigliosi; e con pozzi d'acque freschissime, e con vòlte di preziosissimi vini».
In diese Villa flüchten zehn junge Leute aus dem pestverseuchten Florenz, hier führt am ersten Tage Pampinea das Zepter; unter diesen Pinien und Zypressen werden die hundert Geschichten erzählt, die teilweise nach 600 Jahren noch ergötzen und entzücken. Villa Palmieri kann wie mehrere weitere Landsitze rund um Florenz auf bequemen Nachmittagsfahrten im «Pullman», durchgeführt von der Azienda Autonoma di Turismo, besucht werden. Zwischen Montag und Freitag werden insgesamt zwölf dieser unvergleichlichen Edelsitze unter kundiger Führung gezeigt; bei einer Tasse Tee lernen sich die Teil-

nehmer kennen, man besucht auch den *Golf dell'Ugolino,* eine der schönsten Anlagen Europas, sowie das Museo delle Porcellane di Doccia. Villa di Castello und Villa la Petraia zwischen Sesto Fiorentino und Careggi wurden von den Medici erbaut; die zauberhaft gelegene Villa Medicea zu Careggi, wo Thomas Manns Dreiakter «Fiorenza» sich abspielt, ist jedoch unzugänglich. Bei San Domenico, an der Straße nach Fiesole, steht inmitten eines Gartens aus dem 18. Jahrhundert die *Villa la Petraia.* Die Gartenbaukunst, die durch Le Nôtre im Parterre französischer Schloßparks vollendet wurde, ist ja ursprünglich ein Geschenk italienischer Renaissance. Unzugänglich bleibt der prächtigste aller Florentiner Landsitze, die Villa Medici in Fiesole, wie auch die ausgedehnte Villa Demidoff von San Donato im Norden dieser schönen Hügelstadt, deren Ursprung auf die Etrusker zurückgeht.

Fiesole und Settignano

Fiesole grüßt von sanftem Hügel die zu seinen Füßen ausgebreitete Stadt an vielen Aussichtspunkten; hat man die Anhöhe auf gewundenem Sträßchen erklommen, dann bietet sich Florenz in frühlinghafter Schönheit dar. Es wäre verlockend, im Sommer in Fiesole zu wohnen und Kirchen, Paläste und Museen von hier aus zu besuchen; doch es gibt da oben nur das stilvolle Hotel Villa San Michele mit 30 Zimmern inmitten eines eigenen Parks nebst dem noch kleinern Albergo Aurora und Fremdenpensionen, die Michelin nicht erwähnt. Auf halber Höhe des Hügels

107 Römische Ruinen auf den Hügeln der Toskana: Thermen und Theater von Fiesole

liegt San Domenico und hier, inmitten eines hübschen Parks, das kleine Hotel Bencistà mit Aussicht auf Florenz im Kranze seiner Hügel.

In Fiesole wird römische Vergangenheit lebendig: An grüner Halde, umstanden von Zypressen, empfängt das Stufenhalbrund eines antiken Theaters den Besucher. Im Jahre 80 vor Christus erbaut, ist es im Sommer Schauplatz klassischer Aufführungen. Die kleine Skulpturensammlung beim Eingang weist außer römischen einige etruskische Funde auf. Gegenüber steht das Museo Bandini mit Terrakotten von Nicola Pisano und Luca della Robbia. Nach Mino da Fiesole ist der Hauptplatz des Städtchens benannt; seinen Werken begegnet der Kunstfreund im romanischen *Dom,* dessen Schiff mit antiken Säulen geschmückt ist. Vor den zahlreichen Kaffeehäusern und Bars stehen Tische im Freien. Es gibt Souvenirläden, Cartolerie, Ristoranti. Fiesole ist ein beliebtes Ausflugsziel. Eine steile Gasse führt hinauf zum Kloster San Francesco mit reizvollem Kreuzgang.

Einen Vorgeschmack toskanischer Landschaft vermittelt die Straße nach *Settignano,* die sich zwischen Zypressen und Pinien am Hügel dahinschlängelt. In der *Villa Gamberaia* entfaltet florentinische Gartenbaukunst ihren Zauber, ihren Formsinn und den Adel des Cinquecento. Der Besuch der Villa Gamberaia steht auf dem Programm der erwähnten Rundfahrten, die jeden Werktag um halb drei auf der Piazza Strozzi beginnen. Jede dieser Villen auf den Hügeln rund um Florenz hat ihre Geschichte; berühmte Geschlechter, begüterte Ausländer, bekannte Künstler und Gelehrte haben sie bewohnt. In Settignano, dem Geburtsort des Renaissancemalers Desiderio, steht weinlaubumwachsen die Capponcina, vor dem Ersten Weltkrieg Schauplatz einer funkensprühenden Leidenschaft Gabriele d'Annunzios, der dort mit einer Geliebten aus großem Hause wie ein Renaissancefürst lebte. Claude Debussy schrieb in der

Villa Capponcina die Musik zu des Dichters «Martyre de Saint-Sébastien».

Piazzale Michelangelo und die Certosa

Dem Hügel von Settignano gegenüber liegt am linken Ufer des Arno der kleine Ort *Candeli* mit der Villa La Massa im Grünen, einem Bau des 18. Jahrhunderts, der zum Hotel allerersten Ranges ausgebaut wurde. Der Strom kann erstmals am Lungarno del Tempio überbrückt werden; man gelangt dann sogleich auf den Viale dei Colli, die unvergleichliche Aussichtsstraße, die als breite Allee in Windungen zu dem *Piazzale Michelangelo* emporführt. Wer von Florentiner Hügeln spricht, denkt unwillkürlich an diesen mächtigen Platz; von hier schweift der Blick über das Tal des Arno und die an seine Ufer geschmiegte Stadt mit ihren Türmen, Kuppeln und Zinnen, ihren rötlichen Dächern – kostbares Geschmeide in dem mit grünem Samt ausgelegten Schmuckkästchen umliegender Hügel. Die Kirche *San Miniato,* die vom Lungarno della Zecca Vecchia aus an höchster Stelle sichtbar wird, erweist sich hinter der strengen Fassade im Marmorfarbenspiel florentinischer Renaissance als weiträumige, lichte Basilika romanischen Stils mit Mosaiken in der maniera greca der Zeit. Südlich erreichen wir bei *Impruneta* schon das weltbekannte Weinbaugebiet des Chianti, das sich bis Siena und Arezzo erstreckt. Der Jahrmarkt von Impruneta, Fiera di San Luca, war vordem eine der wichtigsten Messen Europas; heute noch zieht das Winzerfest viele Schaulustige in das herbstliche Städtchen.

Auf steilem Hügel über Galluzzo ragt die *Certosa di Montesanto* in den toskanischen Himmel, eine riesige Kartause des 14. Jahrhunderts, die oft als Festung diente, aber dank ihrer Lage, ihrer

weiten Höfe und Kreuzgänge einen Halt auf dem Rückweg nach Florenz lohnt. Hier, so nahe dem südlichen Stadtrand von Florenz, blühen im Park der *Villa Mona Lisa* die schönsten Seerosen Europas. Die Villa, deren Ursprünge auf das Quattrocento zurückgehen, kann ebenfalls auf einer der nachmittäglichen Rundfahrten von der Piazza Strozzi aus besucht werden. Die erhöhte Gegend heißt Pian de' Giullari, weil hier einst Spielleute ihre heitern Künste zum besten gaben. Die *Villa Capponi*, die man durch ein wappengeschmücktes Tor betritt, besitzt eine eigenartige Poesie; Galilei soll hier gelebt haben. Das Gebäude verkörpert schmuckloses Cinquecento, die Gärten spiegeln den Stil verschiedener Epochen.
Florentiner Villen, Gärten von Florenz: Habe ich nichts von den Blumen gesagt? Die rote Lilie, im Roman «Le Lys Rouge» von Anatole France verewigt, der großenteils in Fiesole spielt, leuchtet im Wappen der Arnostadt; Blumen jeder Farbe und Form, Blumen in Beeten, auf blühenden Sträuchern, Garben unvergleichlicher Pracht leuchten im Frühjahr in den Gärten, den Parkanlagen der toskanischen Metropole und ihrer Umgebung. Wer sie näher kennenlernen möchte, sich einen Tag oder zwei dafür vorbehält, erreicht nach 17 Kilometern Fahrt in westlicher Richtung *Poggio a Caiano*. Sangallo erbaute dort 1485 für Lorenzo il Magnifico den wohl glanzvollsten Landsitz des schönheitverliebten Kunstmäzens, mit Fresken von Andrea del Sarto, Alessandro Allori, Pontorno und der Decke einer Loggia von der Meisterhand der Künstlerfamilie della Robbia.

Abteien im Arnotal, San Miniato und Vinci

Stromaufwärts gelangt man, dem Val d'Arno folgend, auf kurvenreicher Landstraße nach Pontassieve und hinan in steilen

Windungen zu dem stillen Waldgrund von *Vallombrosa*. Das aus dem 11. Jahrhundert stammende mächtige Kloster wurde später umgebaut und lohnt kaum den etwas mühseligen Ausflug. Hingegen weht der große Atem toskanischer Landschaft in dem wenig bewohnten Bergland *Pratomagno* mit der stolzen Burg von *Poppi*. Sie beherrscht trutzig das Tal des jungen Arno, der hier oben, ehe er den Fluß Sieve aufnehmen wird, als verkörperte Unschuld dahinfließt. Das Castello di Poppi ist ein gutes Beispiel gotischen Profanbaustils. Im Tal erinnert ein Gedenkstein an die Battaglia di Campaldino im obern Arnotal, eine der blutigsten Schlachten zwischen Welfen und Waiblingen im Mittelalter.

Eine schmale Bergstraße führt nach *Camáldoli* hinauf. Aus schluchtartigem Talgrund, auf über 800 Metern Höhe, blickt düster das wehrhaft-asketische Gemäuer des Klosters mit einer Kirche aus dem 16. Jahrhundert. Mitten im Hochwald, unter dunkeln Tannen, erreicht man den weltabgeschiedenen Eremo, die Einsiedelei der Camaldolenser. Der Ordensname erweckt unheimliche Erinnerungen im Leser von Heyses Italienischer Novelle «Die Camaldolenserin». Pittoresk sind die Mönchszellen, originell die alte Klosterapotheke mit Mörsern, Tiegeln und Töpfen aus Steingut.

Über Bibbiena erreicht man die abgelegene Abtei *La Verna*. Auch sie wird nicht so sehr um ihres baulichen Charakters als vielmehr um der urwüchsigen Gebirgswelt willen aufgesucht. La Verna, auf einer an Nordirland gemahnenden Kalksteinorgel in 1128 Metern Meereshöhe erbaut, ist ein bekannter Wallfahrtsort geworden, weil der heilige Franziskus hier im Jahre 1224 die Stigmata empfing. Auf schmalem Fahrweg durch tannendunkles Gebirge, dann über die Staatsstraße Nummer 71, kann der Autofahrer von La Verna aus ziemlich rasch Arezzo, in der Gegenrichtung Sansepolcro erreichen. Sie liegen außerhalb des eigentlichen Ausflugsbereiches der Arnostadt. Folgt man von

Florenz aus dem Arno stromabwärts, dann lohnt sich in der Industriestadt *Empoli* ein Abstecher zu deren schönem Dom und nach *San Miniato,* einem Städtchen über dem Val d'Arno, das ganz mittelalterlichen Charakter und eine romanische Kathedrale mit klargezeichneter Fassade und mächtigem Glockenturm besitzt. Im Bischofspalast zu San Miniato erblickte Matelda, Markgräfin von Tuscien, im Jahre 1046 das Licht. Vom Dom stammt nur der Campanile aus dem 12. Jahrhundert. Am Gegenufer winkt in erhöhter Lage der Flecken *Vinci,* der sich kaum verändert haben dürfte, seit Leonardo, der umfassendste Geist der Menschheitsgeschichte, hier geboren wurde. Das Elternhaus dieses uomo universale und uomo del Rinascimento katexochen wird den Fremden gezeigt; packender ist das im Kastell der Grafen Guidi wirkungsvoll untergebrachte Museum mit Erfindungen Leonardos, die in jüngster Zeit nach dessen hinterlassenen Entwürfen verwirklicht wurden. Eine reiche Bücherei mit Werken von und über Leonardo da Vinci ist im Obergeschoß zu sehen.

Draußen entfaltet die toskanische Landschaft ihre frühlinghafte Frische, ihre herben Züge, ihre steinige Kargheit, verschönt durch einen Zypressenhain, ein gelbbraunes Landhaus auf fernem Hügel, überhaucht vom matten Silberglanz knorriger Olivenbäume und zähen Gesträuchs. Es ist schwer, von diesem schlichten Ort zu scheiden, ohne einen Satz Leonardos mitzunehmen, der nicht nur den ewigen Wandertrieb des Menschen erhellt, sondern den Aufbruch zum Sehen und Erkennen der Welt als edelstem Beweggrund in klangvollen Worten umreißt: «Chi ti move, o omo, ad abbandonare le proprie tue abitazioni delle città e lasciare li parenti e amici e andare in lochi campestri per monti e valli, se non la naturale bellezza del Mondo?»

KATHEDRALSTÄDTE DER NÖRDLICHEN TOSKANA

Prato, Pistoia, Lucca

Die Stadt des Filippo Lippi – Pistoia und Montecatini – Bei Pinocchio zu Besuch – Mauerumgürtetes Lucca

Die Stadt des Filippo Lippi

Die Industriestadt *Prato,* das «italienische Manchester», liegt an der Bahnlinie Mailand–Bologna–Florenz; von dort aus kann es über Sesto Fiorentino wie auch über die Autostrada Firenze–Mare in kurzer Zeit erreicht werden. Vom Lauf des Arno entfernt sich die Straße beträchtlich: Außer Florenz können nur Empoli und Pisa als Arnostädte bezeichnet werden. Man verläßt bald die Ebene westlich der toskanischen Metropole. Prato bettet sich am Fuße des Apennins, ziemlich schroff erheben sich die Monti della Calvana im Norden der Stadt. Sie zählt heute 140 000 Einwohner. Gelbe Schilder mit schwarzen Buchstaben weisen nach dem «Centro città», dem «Centro storico», der «Zona monumentale», die sich inmitten des Gürtels ausgedehnter Siedlungen und Vorstädte auf engem Raume zusammendrängt.

Als machtvolles Wahrzeichen empfängt die kaiserliche *Burg* mit ihren zinnengekrönten Wehrtürmen den Ankömmling. Auf der nahen Piazza San Francesco findet er mit etwas Glück einen Abstellplatz; die malerische Piazza del Comune mit Arkaden, Bacchusbrunnen und dem romano-gotischen Palazzo Pretorio ist ein Beispiel für die Relativität alles Monumentalen. Die Anlage ist nicht groß, atmet jedoch den Geist einer selbstbewußten Stadtrepublik gerade durch ihre Geschlossenheit auf überzeugende Weise. Das Gerichtsgebäude enthält eine Gemäldesammlung mit Werken Fra Filippo Lippis und seines Sohnes Filippino. Wie kam der hochbegabte Frate zu einem Sohn? Diese Geschichte ist in die Chronique scandaleuse der Frührenaissance eingegangen. Filippo Lippi, ein Sohn der Stadt Prato, empfing mit 15 Jahren die niederen Weihen, fand jedoch mehr Spaß am Weltleben eines Zeitalters, das Boccaccio in seinen Novellen so farbig beschrieben hat. Filippo entfloh seinem Kloster, fiel berberischen Piraten in die Hand und wurde, wie später Cervantes, nach Nordafrika verkauft. Die Fertigkeit, womit der junge Mönch den Pinsel zu führen verstand, verblüffte seine sarazenischen Sklavenhalter derart, daß sie ihm die Freiheit schenkten. Wieder in Italien, nahm er neuerdings die Kutte und wurde Beichtvater eines Nonnenklosters, wo er sich alsbald sterblich in die blonde Lucrezia Buti verliebte, die «ihm», wie es in alten Büchern heißt, «einen Knaben gebar» – Filippino Lippi, der später seinem Vater in der Kunst, zarte Madonnen zu malen, nacheifern sollte. Cosimo de' Medici erwirkte persönlich, daß Fra Filippo seiner Priesterwürde enthoben wurde, worauf er Lucrezia heiratete und sie auf zahllosen Bildern als heilige Jungfrau, aber auch als verführerische Salome porträtierte. Fra Filippo verschönte den Chor des romanisch begonnenen, gotisch vollendeten Domes in Prato mit Fresken, die in jeder Kunstgeschichte zu finden sind. So spürbar der Einfluß lombardischer Romanik sich an dem ebenmäßigen Glockenturm offenbart, so eigenartig, ja einzig dastehend wirkt die Außenkanzel von *Santo Stefano,* in gelblichem Stein, deren kreisrunde Brüstung mit kunstvollen Reliefs von Donatello geschmückt ist. Werke von Donatello, Rossellino und Mino da Fiesole verleihen dem dreischiffigen Innern seine Weihe, während in der Cappella del

Sacro Cíngolo, des Gürtels Mariä, der Genius Giovanni Pisanos in einer Altarfigur der Gnadenreichen mit dem Jesuskind lebendig blieb.
Prato und Pistoia liegen zu nah bei Florenz, um eine bedeutende Hotellerie und Gastronomie hervorgebracht zu haben. Es sind nüchterne Städte am Fuße hoher Berge, die sich kaum als Standquartier oder Etappe eignen. Prato hat erst kürzlich ein stilvolles Museum sakraler Kunst eröffnet; im Krieg litt es stark unter Bombenangriffen, deren Spuren jedoch mit italienischem Geschick für Wiederaufbau und Patinatur fast vollständig ausgemerzt worden sind.

Pistoia und Montecatini

Pistoia ist nicht so bevölkerungsreich wie Prato, aber seine Altstadt, teilweise noch von ihrem mittelalterlichen Wall umgeben, beglückt den Besucher durch eine Reihe bedeutender Kunstdenkmäler. Falls man nicht mit dem Zug oder der Corriera gekommen ist, läßt man den Wagen mit Vorteil in einem der breiten, den Stadtkern umfangenden Viali stehen, um von hier aus zu Fuß das Gassengewirr zu durchstreifen – ein wohlgemeinter Rat, der fast für alle historischen Plätze Umbriens und der Toskana gilt. Nach den verschiedenen, oft in engen Durchgängen oder Winkeln verborgenen Kirchen erkundigt man sich am besten bei Ansässigen, wobei die freundliche Frage: «Al Duomo? Sant'Andrea? Ospedale del Ceppo?» nach der stehenden, weiter vorn schon empfohlenen Anrede: «Scusi, per favore!» vollkommen genügt – sofern man nicht etwa einem ebenso unwissenden Ortsfremden in die Arme lief. Auch in Pistoia weisen überdies gelbe Schilder den Weg zu den wichtigen Bauwerken.

Den Domplatz erreicht man in leicht erhöhter Lage. Unvermittelt steht die gotische Taufkirche aus weißem und grünem Marmor vor dem überraschten Blick – ein achteckiger Bau von edler Einfachheit. In ockergelbem Stein ragt der romanische Campanile in den Himmel. Nicht so rein erhalten wie das prächtige Innere der Kathedrale zu Prato, dessen säulengetragene Rundbogen aus hell und dunkel gestreiftem Stein an Córdoba und Vézelay erinnern, wurde der *Dom* von Pistoia im 16. und 17. Jahrhundert im Geschmack jener Zeit umgebaut. Ein romanisches Bogenfeld, in der Toskana äußerst selten anzutreffen, obendrein von Andrea della Robbia, ziert die Hauptpforte des mächtigen Gotteshauses. Dessen Prunkstück, ein Altar aus getriebenem Silber mit Bildwerken aus dem Alten und Neuen Testament, steht in einer Seitenkapelle, die der Sakristan auf Verlangen öffnet. Werke von Verrocchio und Benedetto da Maiano machen den Besuch zum Erlebnis. Palazzo Pretorio und Palazzo del Comune blicken auf den Domplatz als gute Beispiele profaner Baukunst des 14. Jahrhunderts.
Das berühmte *Ospedale* liegt beinahe um die Ecke an der Via del Ceppo. Wer die innige Kunst des Giovanni della Robbia liebt, findet hier einen ganzen Fries mit Reliefs aus Terrakotta, nebst einer Reihe buntbemalter Medaillons aus gebrannter, kunstvoll glasierter Erde. Dennoch wirkt der breitgelagerte Bau fast kastilisch karg; die Halbkreisbogen auf schlanken Säulen kommen infolge des darüberliegenden niedrigen Mezzanins unter flachgeschrägtem Dache nicht zur Geltung wie etwa die Loggien Brunelleschis am Findelhaus in Florenz. Die Kirche *Sant'Andrea* in Pistoia mit ihrer prachtvollen Kanzel von der Hand Giovanni

117 Die Außenkanzel am Dom zu Prato, ein Meisterwerk Michelozzos und Donatellos

Pisanos – entstanden in den Jahren 1297–1301 – liegt westlich vom Hospiz, an der Via Sant'Andrea. Deren Inneres verkörpert pisanische Romanik in höchster Stilreinheit. Sie begegnet dem Kunstfreund auch an der Nordfassade der Kirche *San Giovanni Fuorcivitas,* die sich indessen nicht etwa außerhalb der mittelalterlichen Mauern befindet, sondern bloß ein paar Straßen vom Domplatz entfernt besucht werden kann. Auch hier wohnt die Andacht Giovanni Pisanos und der Künstlerfamilie della Robbia. Die Kirche San Bartolomeo in Pantano, ein paar Häuser hinter dem Dom, besitzt die älteste Kanzel der an Kanzeln reichen Stadt – ein schönes Werk des Guido da Como, der hier Szenen aus dem Leben Christi in lombardischen Flachreliefs verewigt hat. Pisanischer Romanik verpflichtet sind fast alle Kirchen in Pistoia, selbst die weniger bedeutende Chiesa San Pietro.

Das Pistoriae der Römer, wo Catilina 62 vor Christi Geburt Schlacht und Leben verlor, gehörte im Mittelalter zur Markgrafschaft Tuscien, wurde 1115 freie Stadt und spielte im 13. Jahrhundert eine führende Rolle im abendländischen Bankwesen; 1295 von Florenz unterworfen, wurde Pistoia im Jahre 1530 der Toskana einverleibt. Zwischen Pistoia und Lucca, der unvergleichlichen Kunststadt, der Aristokratin unter den einstigen Republiken der nördlichen Toskana, ziehen ein paar steile burgengekrönte Hügel den Blick auf sich. Am Fuße des einen liegt gebettet in Hotelparks und Blumengärten der große Badekurort *Montecatini Terme.* Er verfügt über eine beachtenswerte Accademia di Belle Arti mit Werken moderner Italiener. Wer in Montecatini zur Kur weilt – man behandelt hier Magen-,

119 Schwebende Architektur toskanischer Renaissance: das Ospedale del Ceppo in Pistoia

CINEMA
VERDI

Darm- und Leberleiden –, hat nicht nur Prato und Pistoia, sondern Florenz, Lucca und Pisa in der Nähe, wenn ihn nach Abwechslung und Ausflügen gelüstet. *Montecatini Alto,* mit Zahnradbahn vom Badeort in der Ebene rasch erreichbar, bietet einen weiten Blick über das fruchtbare Valle di Niévole und die umliegenden Hügel; es ist ein altes Städtchen mit entzückender, an Capri gemahnender Piazza und einer schönen Promenade, die seine Wälle rings umkreist.

Bei Pinocchio zu Besuch

Besonders volkstümlich ist der Ausflug nach *Collodi,* der Heimat Carlo Lorenzinis, Schöpfer des weltbekannt gewordenen Kinderbuches «Pinocchio». Collodi, wie der Dichter sich später selbst zu nennen liebte, besitzt in dem kleinen Ort ein Denkmal und einen Kinderpark mit Souvenirläden, wo hölzerne Hampelmänner jeglicher Größe und Ausstattung das Herz der kleinen Besucher höher schlagen lassen. Villa Garzoni in Collodi entzückt durch terrassenartig angelegte Gärten à l'italienne, reichlich mit Statuen und Grotten ausgeschmückt; die Gebäude stammen aus dem 18. Jahrhundert. Auf dem Rückweg wird *Pescia* durchfahren, Mittelpunkt reicher Blumenkulturen, dessen Großmarkt durch Einkäufer von nah und fern, selbst aus dem Ausland, besucht wird und jeden Vormittag einen farbenprächtigen Anblick bietet. Über Berg und Tal gelangt man von Montecatini auf verhältnismäßig kurzer Fahrt in den toskanischen Apennin hinauf, nach den Höhenkurorten *San Marcello Pistoiese*

120 Pistoia. Die Marmorfassade von San Giovanni Fuorcivitas, ein Juwel romanischer Baukunst

und *Abetone*, das sich, auf 1400 Metern über Meer zum bedeutenden Wintersportplatz entwickelt.
Wer Bergfahrten liebt, kann der Emilia schon in Modena den Rücken kehren und auf der Strada Statale Nummer 12, der Fortsetzung der Brennerstraße von Trento und Verona gen Süden, nach Abetone, Lucca und Pisa gelangen. Die großartige Apenninstrecke der A 1 muß er dann freilich links lassen; doch gibt es jetzt einen kurzen Weg ans Tyrrhenische Meer: die schon erwähnte neue Autobahn von Fornovo di Taro bei Parma über den *Cisa-Paß* nach La Spezia, von wo aus die Seebäder der Versilia schnell erreicht werden können.
Dem Land der Etrusker kann dieser Nordwestzipfel der heutigen Toskana kaum mehr beigezählt werden. Dennoch möchte ich nicht verfehlen, Liebhaber abgeschiedener Idyllik auf *Bagni di Lucca* hinzuweisen, einen bezaubernd am Bergbach gelegenen Thermalkurort, voll eines altmodischen Charmes, der ein bißchen an Ischl erinnert. Heine hat ihn in seinem Reisebuch «Die Bäder von Lucca» bei jedem Literaturfreund bekannt gemacht – zu einer Zeit, da Montecatini Terme kaum ein Hotel besaß. Von Bagni di Lucca aus locken *Barga* mit bemerkenswertem romanischem Dom sowie die «Burg des Ariost» in *Castelnuovo Garfagnana.* Alte Kirchlein wie im Tessin findet der Kunstfreund in den einsamen Tälern der *Alta Versilia,* in Seravezza, Stazzema, Cardoso. Lohnend ist schließlich die an Kunstschätzen reiche *Villa Mansi* bei Lucca, die samt ihrem gepflegten Park zugänglich ist und im Sommer ein Restaurant unterhält.

Mauerumgürtetes Lucca

Lucca bleibt das Kronjuwel nordtoskanischer Kathedralstädte. Ihr vornehmes Weichbild, ein Hort des Adels und überlieferungsreicher Harmonie, nimmt jedermann gefangen, der seine Mauern betritt. Der Ausdruck ist hier nicht allegorisch, sondern wörtlich zu verstehen; denn Lucca, «città dell'arborato cerchio», wird heute noch von seinen Stadtwällen aus dem 16. und 17. Jahrhundert völlig umschlossen. Sie bilden eine vier Kilometer lange baumbestandene Promenade, die man langsam im Wagen befahren oder auf einem Spaziergang erleben kann, der unvergeßlich bleiben wird. Befestigt war der Platz schon in römischen Tagen. Im 11. Jahrhundert selbständige Gemeinde, geriet Lucca zweimal unter pisanische Herrschaft, was sich auf die Formen seiner historischen Bauten ausgewirkt hat. In spätern Jahrhunderten entwickelte sich in der reichen Handelsstadt ein eigener Möbelstil, Settecento Lucchese, dem man in den Edelsitzen der Gegend noch begegnet. Die Stadt ist ein bedeutender Wallfahrtsort; die Prozession des Volto Santo di Lucca, am 13. September, zieht Schaulustige von nah und fern in die ehrwürdigen Mauern.

San Frediano ist eine der ältesten Kirchen der Toskana. Das romanische Mosaik der schlichten Fassade wurde zwar erneuert; aber zwei Grabmäler im Innern stammen von Iacopo della Quercia; vom hohen Campanile genießt einen weiten Blick über das Dächermeer, die Türme und Mauern der Stadt, wer Treppensteigen nicht scheut, die Torre Guinigi mit Bäumen auf schwindelndhoher Plattform zeugt von dem Machtanspruch dieses alten Luccheser Geschlechts. Überragt von der flachen Kuppel der Chiesa dei SS. Giovanni e Reparata samt romanischem Glockenturm steht noch der schöne Palazzo Micheletti am Domplatz, Piazza San Martino geheißen. Die Kathedrale von Lucca mit ihren Arkadenreihen über drei mächtigen romanischen Narthexbogen zählt zu den vollkommenen Sakralbauten der Toskana. Luftig durchbrochen durch schmale Rundbogenfenster, deren Zahl sich nach oben vermehrt, ragt der Glokkenturm, an den nebenstehenden Palast gelehnt, in den Himmel.

Heinrich Heine, dem Katholizismus ebenso ein Greuel war wie der aufrührerischen Jugend unserer Zeit das Establishment – nebenbei bemerkt, ein der anglikanischen High Church entlehnter Allerweltsbegriff –, Heine beschreibt im Reisebild «Die Stadt Lucca» den Dom als «schöne, einfache Kirche, deren buntmarmorne Fassade mit jenen kurzen, übereinander gebauten Säulchen geziert ist, die uns so witzig trübe ansehen». Im Innern jedoch ergreift den melancholischen Spötter dennoch ein Wandbild der Hochzeit von Kana, gemalt von Schülern Andrea del Sartos, das Heine mit der ihm eigenen Anschaulichkeit vor dem Leser lebendig werden läßt. Beim Wiederbegegnen alter Reisebücher, die längst zu Klassikern deutschen Schrifttums geworden sind, mag der Leser des 20. Jahrhunderts sich wundern, wie achtlos überragende Geister an Kunstwerken vorbeigingen, die heutzutage von Touristen in hellen Scharen aufgesucht und gebührend bewundert zu werden pflegen: Goethe, ganz vom Ideal Winckelmanns erfüllt, mag die gotischen Kirchen von Assisi überhaupt nicht sehen; Heine, des weisen Kunstgreises von Weimar respektloser Gegenpol, geht in Italien zur Messe, um sich über Prälaten und Pfaffen lustig zu machen. Wie wird das Jahr 2000 über die Kathedrale von Lucca urteilen? Mir brennen stets die Finger, wenn mir, widerwillig genug, das Wort «Sehenswürdigkeit» in die Feder gleitet: Nichts ändert so schnell wie der Geschmack. In Lucca wäre noch die Kirche *San Michele* vorzustellen, falls dürre Worte es vermöchten, den Einklang dieser Marmorfassade in ihrer Reinheit wiederzugeben,

125 Klargegliedert ragt die Fassade des Doms zu Lucca samt romanischem Glockenturm in den toskanischen Himmel

die pisanische Romanik mit dem Goldglanz lucchesischen Reichtums vermählt. Eine Pinakothek ist im ehemaligen Regierungspalast untergebracht. Legendären Ruhm aber besitzt das Grabmal der Ilaria del Carretto von der Meisterhand Iacopo della Quercias im Dom. Schade, daß Heine das nicht bemerkt hat: seine blühende Einbildungskraft würde die Tote, deren marmorkalte Schönheit anscheinend manche Leidenschaft in jugendlichen Betrachtern zu entflammen vermochte, zweifellos besungen und nochmals unsterblich gemacht haben...

DER SCHIEFE TURM VON PISA

Erbe einer Seemacht des Mittelalters

Prato dei miracoli – Torre pendente und Camposanto – Die Schönheit der Lungarni – Die neueren Stadtviertel

Wer einmal den Domplatz von *Pisa* mit seinen wundersamen Bauten aus weißem Marmor auf zartgrünem Rasenteppich erblickt, spürt, auch ohne Geschichte oder Kunsthistorie zu kennen, daß sich auf diesem Boden Großes ereignet hat. Im Zweiten Weltkrieg beschädigte eine Brandbombe das Innere des Alten Friedhofs samt seinen berühmten Fresken; die Stadt selbst wurde stark hergenommen, doch ist davon kaum mehr etwas zu bemerken. Das Schicksal der pisanischen Seerepublik erinnert von ferne an das der Etrusker, wobei Genua die Rolle des Alten Rom zukäme. Im Altertum lag Pisa am Meer. Griechen sollen die Stadt nach der Sage gegründet haben; später, wenn auch lange vor unserer Zeitrechnung, gehörte es zum alten Etrurien. Mit dem Vormarsch der jungen römischen Republik wurde Pisae zur Colonia Iulia Pisana. In jahrhundertelangem Kampf gegen die Sarazenen erstarkte die Stadtrepublik im Mittelalter und errang nach dem Seesieg über die Rivalin Amalfi im Jahre 1137 die Vormacht im westlichen Mittelmeer. Wer Sardinien kennt, wird sich mit Staunen der Sakralbauten pisanischen Stils erinnern, die er auf der Insel der Nuragen antraf: der Kathedralen von Cágliari und Porto Torres sowie der einsamen Chiesa della Santissima Trinità di Saccargia. Im 11. Jahrhundert hat Pisa auf Sardinien, Korsika und den Balearen Fuß gefaßt, während sich

das Gebiet der dynamischen Seerepublik auf dem Festland der ligurischen Küste entlang ausdehnte.
Auf der Höhe ihrer Macht rauschte der Ruderschlag pisanischer Galeeren bis nach Tunis, Konstantinopel und zu den Häfen des Heiligen Landes, von wo über fünfzig Schiffsladungen geweihte Erde für den Camposanto herbeigeschafft wurden. Die Auseinandersetzung mit der aufstrebenden Republik Genua ist unvermeidlich: im Jahre 1284 wird die Flotte der Pisaner in der Seeschlacht von Meloria vernichtet, was den Verlust Korsikas bedeutet. Pisa hat stets eine kaiserfreundliche, ghibellinische Politik betrieben; das bringt die Seerepublik in Gegensatz zu der reichgewordenen Geld- und Handelsmacht Florenz, die 1406 die Herrschaft über Pisa erringen wird. Damit geht das Schicksal der Republik in der Geschichte der Toskana auf. Sardinien und die Balearen fallen dem Königreich Aragonien zu, und in die Macht über das Mare Nostrum teilen sich fortan Genua und Venedig.
Der Blütezeit der glänzenden Handelsrepublik an der Mündung des Arno, deren Hafen längst versandet ist, verdankt die Nachwelt eine der schönsten Städte Italiens. Durch den wunderlichen Umstand, daß der marmorweiße, im 12. Jahrhundert begonnene Glockenturm auf Sand gebaut ist und in seinen Grundfesten wankt, ist Pisa zu einer der berühmtesten Siedlungen des Erdballs geworden: Jedes Kind kennt den Schiefen Turm, von dessen Spitze aus Galilei seine Fallversuche anstellte, und immer wieder beunruhigen Gerüchte die Weltpresse, wonach sich der Campanile weiter zur Seite neige.

129 Apotheose pisanischer Romanik: der schiefe Campanile des Doms zu Pisa

Prato dei miracoli

Nicht auf Sardinien allein, auch auf dem italienischen Kontinent begegnet man pisanischem Einfluß, wie in den Abschnitten über Prato, Pistoia und Lucca erwähnt. Das prächtigste Beispiel einer Kirchenfassade pisanischen Arkadenstils wird in diesem Reiseführer im Kapitel über die toskanische Stadt Arezzo vorgestellt werden. Der Domplatz, die Zona monumentale di Pisa, «prato dei miràcoli» genannt, ziseliertes Filigranjuwel aus strahlendweißem Carraramarmor, gebettet in die lichtgrüne Samtschatulle eines ausgedehnten Rasenplatzes, lohnt allein den Weg zur Arnomündung. Armin Kesser, der den Geist der Stadt visionär beschwor, lenkt den Blick auf das Fehlen jeglicher Landschaft hin: «Bäume, Wasser, Hügelzüge sind aus dem Blickfeld des Betrachters verbannt, was den Eindruck der Traumszenerie, des Überwirklichen erhöht. An Stelle der Vedute und der pittoresken Durchblicke, die Florenz und Siena reichlich gewähren, herrscht hier die steingebildet reine Form.» Der Domplatz von Pisa ist ein Spiegelbild antiker Fora und Märkte aus dem spätern Mittelalter. An Ebenmaß und Einklang des künstlerischen Ausdrucks übertrifft er Florenz und Venedig. Erdenschwer entsteigen die Rundbogen am Battistero dem flachen Boden, um sich im ersten Stock als zierliche Säulenarkade fortzusetzen, als hätten die Erbauer anschaulich darstellen wollen, wie toskanische «Gotik» aus dem von der altrömischen Architektur beeinflußten «romanischen» Stil erblühte. Das Fenstergeschoß des Rundbaus mit seinen spitzen Giebeln, die gleich den Zacken einer marmornen Königskrone zum Dach emporstreben, verliert sich harmonisch in die durch Rippen gegliederte Kuppel mit vieleckigem Aufsatz, der zuoberst nochmals durch eine kleinere Kuppel bedeckt wird. Diese Form ist orientalischen Ursprungs, was jedoch in der herben Luft der

Renaissance-Brunnen und Baptisterium aus weißem Marmor auf dem Prato dei miracoli in Pisa; rechts der Camposanto

Toskana nicht so deutlich zutage tritt wie in dem Dunst der adriatischen Lagune, nicht so schwelgerisch wuchern konnte wie in Venedig, dessen Großmacht sich auf eine viel längere Zeitspanne erstreckte, die Renaissance schöpferisch miterlebte und sich im Rokoko nochmals zu erlesenem Glanz erhob.

Am *Dom,* 1118 geweiht, bewundert man meist nur die lichtvoll durchbrochene Vorderseite, worin der pisanische Baustil sich selbst ein unvergleichliches Denkmal schuf. Erstaunlicher noch ist der kunstreiche Aufbau seiner streng romanischen, von antikisierenden Säulenreihen durchbrochenen Apsis. Im Innern dominiert die Marmorkanzel Giovanni Pisanos. Den Auftrag zu diesem Werk erhielt er 1302 von der Pisaner Dombehörde. In neunjähriger Arbeit wurde es vollendet. Die Kanzel ist in Gestalt und Ausdruck noch vollkommener gegliedert, bewegter als das «púlpito» Nicola Pisanos im Baptisterium. Infolge der nicht weniger als hundert Fenster des hundert Meter langen Kirchenschiffs fällt so viel Tageslicht ins Innere, daß die Kanzel und die importierten antiken Säulen, die Gemälde von Sodoma und Andrea del Sarto sowie der berühmte Bronzeleuchter aus dem 16. Jahrhundert gebührend betrachtet werden können. Von Giovannis Pisaner Kanzel sagt Michael Ayrton: «Keiner der Zeitgenossen, auch nicht Arnolfo di Cambio, hat etwas annähernd so Kühnes in der Reliefplastik unternommen.»

Torre pendente und Camposanto

Der *Campanile* wurde in romanischer Zeit begonnen und 1350 fertiggestellt. Fast dreihundert Stufen führen zur obersten Säulengalerie empor, von wo der Blick, sofern nicht durch Schwindel getrübt, frei über die Stadt schweift. Millionen von Honeymooners haben den Schiefen Turm von Pisa erstiegen, einige unglückliche Liebespaare stürzten sich von seiner Spitze in die Tiefe. Die vergeistigte Schönheit der Anlage weist ja über den Tag und die Stunde, über das Erdenleben hinaus; der Wiesenplan der Wunder, die «santi marmi», die d'Annunzio in einem Gedicht besingt, sie sind nicht ganz von dieser Welt. Der *Alte Friedhof* birgt hinter seiner Mauer aus weißem Marmor, zart gezeichnet durch leichte romanische Blendarkaden – contradictio in adiecto – eine Stätte des Todes, der Vergänglichkeit, ja der Verwesung. Deren unentrinnbare Macht tritt dem Besucher kraß entgegen in dem Fresko der nördlichen Galerie: Trionfo della Morte. Von unbekannter Hand gemalt, zeigt das Wandgemälde die Eitelkeit alles Irdischen. Ihm hat Gabriele d'Annunzio den Titel seines Jugendwerkes entliehen, eines grausam-eindringlichen psychologischen Romans. Wer dem Domplatz spät den Rücken kehrt, während Abendschatten sich über diese Zauberbühne senken und der Campanile gleich einem Elfenbeinturm in den dämmernden Himmel ragt, wird das Bild des Todes tiefer empfinden und mit sich forttragen als die schneeige Weiße der vier Monumente, die ihm bei der Ankunft wie ein Fest des Lebens erschienen sein mögen.

Von der Piazza del Duomo ist es nicht weit bis in die Stadtmitte. Pisa, das im Hochmittelalter zweihunderttausend Einwohner zählte, weist heute rund die Hälfte dieser Zahl auf. Man mag seine Schritte westwärts richten, um der Kirche Santa Caterina einen Blick zu gönnen. Sie verkörpert vorbildlich den Baustil des «gotico pisano». Über die Piazza Santa Caterina gelangt man an der Kirche Santo Stefano vorbei auf den Hauptplatz des alten Pisa, die Piazza dei Cavalieri. Giorgio Vasari hat ihr Antlitz geprägt; der vom Prato dei miracoli zum Platz der Ritter von Sankt Stefan schlendernde Spaziergänger hat ein paar Jahrhunderte durchwandert und sieht sich nun dem Geist des florentinischen Cinquecento gegenüber; denn von Vasari stammt auch der Palazzo Conventuale dei Cavalieri. Dem bunten Treiben, Promenieren, Kommen und Gehen, dem gestikulierenden Parlando und selbstgefälligen Sichzurschaustellen, untermalt durch das Kindergeschrei und den Motorlärm einer südlichen Stadt, steht auch hier eine Erinnerung gegenüber, die den Sinn jedes Lesers der «Göttlichen Komödie» zu verdüstern droht: Der Barockpalast, der heute als Schule dient, steht an der Stelle des mittelalterlichen Turms, worin Ugolino della Gherardesca, dessen Adelsgeschlecht im 13. und beginnenden 14. Jahrhundert zweimal die Herrschaft über die Stadtrepublik ausübte, samt seinen Söhnen den Hungertod erlitt. Im 33. Gesang des Inferno trifft der Dichter auf zwei Verräter, die sich ineinander verbissen haben: Graf Ugolino und den damaligen Erzbischof von Pisa, Ruggieri. Die Stelle zählt zu den erschütterndsten Visionen Dantes. In Italien kennt jedes Schulkind die Verse, die mit dem grausigen Bild anheben: «La bocca sollevò dal fiero pasto.» Rodin hat die Szene im Hungerturm von Pisa in einer meisterhaften Bronzegruppe verewigt.

Die Schönheit der Lungarni

Weiter westlich steht die gotische Kirche San Francesco mit anmutigem Glockenturm. Doch wird es den Spaziergänger von der Piazza dei Cavalieri eher südwärts locken, um endlich des Anblicks teilhaft zu werden, der ihm die Stadt erst ans Herz wachsen läßt: der schönen Flußufer, der Lungarni.

In mächtigem Bogen durchfließt der Strom die helle Stadt. Von der Franziskanerkirche ist es nicht weit bis zum Lungarno Mediceo, von wo aus der Blick den gegenüberliegenden, nach dem großen Sohn der Stadtrepublik, Galilei, benannten Kai mit seinen Palastfassaden, dem Ponte di Mezzo und dem Ponte della Fortezza umfaßt. Leopardi schreibt darüber begeistert in einem Brief: «Questo Lung'Arno è uno spettacolo così bello, così ampio, così magnifico, così gaio, così ridente che innamora.» Auch Shelley ist diesem Zauber verfallen, der 1820 mit seiner Gattin Mary nach Pisa zog und am Arno den Palazzo Lanfranchi für Lord Byron mietete, wo dieser wie gewohnt den Aufwand eines Renaissancefürsten trieb. Die Contessa Guiccioli wurde samt ihrem Vater in der Nähe ebenfalls standesgemäß untergebracht. Durch britische Freunde, die am Golf von La Spezia die romantische Villa Magni bewohnten, lernten die beiden Dichterfreunde den Seebären Trelawny kennen, der Shelley, den Nichtschwimmer und zartbesaiteten Lyriker, zu abenteuerlichen Segelpartien auf dem Tyrrhenischen Meer verleitete. Im Juli 1822 kenterte Byrons Yacht «Don Juan» – die gleichnamige Monsterepopöe entstand im Palazzo Lanfranchi – mit dem Dichter der «Beatrice Cenci» an Bord, und Byron, Trelawny sowie Leigh Hunt verbrannten den ans Ufer geschwemmten Leichnam Percy Bysshe Shelleys am Strand von Viareggio. Wunderbar beschwört Shelley in seinem Gedicht «Evening: Ponte a Mare, Pisa» die Abenddämmerung am Arno, in dessen Fluten er einmal um ein Haar ertrunken wäre: «The sun is set; the swallows are asleep...»

Am Lungarno gibt es viel zu sehen; da strömt das Leben der meernahen Stadt zu bunt, um die Nase in verstaubte Bücher zu stecken und sich in alte Verse zu versenken, die geschrieben wurden, als Pisa eine verschlafene, heruntergekommene Provinzstadt des Großherzogtums Toskana war. Am Lungarno Mediceo hat die Denkmalpflege der einst so stolzen Meeresbeherrscherin im frühern Kloster *San Matteo* den ganzen Reichtum pisanischer Kunstschätze in geschmackvoll erneuerten Sälen zum Museo Nazionale vereinigt. Hier lebt vor allem Giovanni Pisano, der bedeutende Sohn des großen Erneuerers der Bildhauerkunst, Nicola, in seinen Werken; Masaccio ist mit einem Polyptychon vertreten, Andrea Pisano durch die prachtvolle Holzskulptur einer Verkündigungsgruppe. Großen Malern der Florentiner Schule begegnet der Kunstliebhaber im ersten Stock des Nationalmuseums. Folgt man dem Lauf des breiten Stromes über die Piazza Garibaldi hinaus zum Lungarno Pacinotti, dann zieht nahe dem Ponte Solferino am gegenüberliegenden Ufer die entzückende Kirche *Santa Maria della Spina* die Aufmerksamkeit auf sich. Ihren eigentümlichen Namen erhielt sie von den Dornen aus der Marterkrone Christi, die hier aufbewahrt wurden; der plastische Schmuck verrät die Schule der jüngern Meister aus dem Hause der Pisani. Nach dem Überqueren des Stroms führt die Via San Paolo von der Piazza A. Saffi den Spaziergänger aus dem Reich der Gotik in die Welt des «romanico pisano» zurück, die ihm in der dreischiffigen Kirche San Paolo a Ripa d'Arno nochmals entgegentritt. Die Innenstadt besitzt übrigens ihrerseits einen schiefen Turm: den achteckigen Campanile von San Nicola aus dem 13. Jahrhundert.

Die neuern Stadtviertel

An den Lungarni kann man sich kaum satt sehen. Statt durch die Via Crispi zu dem lebhaften Mittelpunkt der modernen Handelsstadt zu gelangen, ist es ergiebiger, dem Lungarno Gambacorti gemächlich zu folgen, um vom Ponte di Mezzo, der mittleren Brücke, in den breiten Corso Italia einzubiegen. Wahrscheinlich ist über all dem Erschauten und Bestaunten der Abend hereingebrochen; das Auge, der Sinn wendet sich gern von der heroischen Vergangenheit der einstigen Seerepublik und ihren glanzvollen Bauten ab. Noch locken in den Winkeln und Gassen der Altstadt die Kirchen San Casciano, Sant'Andrea, San Frediano, San Pierino: tanti santi, troppi santi! Von weltlicher Macht künden der vornehme Palazzo della Corovana und der Palazzo Agostini, wovon jedoch nur die Fassade übrigblieb. Wer gedenkt hier noch Lord Byrons, des Palazzo Lanfranchi, Shelleys oder gar Leopardis, der doch gerade in Pisa die vielleicht einzigen Lichtblicke seines unglücklichen Dichterdaseins erleben durfte! Am Corso gibt es Trottoircafés, Bars, Trattorie, an der Piazza Vittorio Emanuele II Ristoranti, Birrerie, Pizzerie. Dem Bahnhof gegenüber steht jetzt das moderne Hotel dei Cavalieri mit über hundert Zimmern, wie auch das noch größere Albergo Pace, während in der Nähe des Domplatzes das traditionelle Grand Hôtel Duomo zu finden wäre, falls man gerne die Kathedrale und den schiefen Turm im Mondschein nochmals betrachten möchte; denn da glaubt man erst recht an die weiße Magie dieser überwirklich-hinreißenden Architektur.

Als gastronomische Etappe kann Pisa nicht gelten; aber toskanische Küche und ihre schmackhaften, niemals fetten Gerichte erhält der Reisende hier im Restaurant wie im Hotel meist mit so viel Grazie empfohlen, bereitet und aufgetischt, daß selbst ein landläufiges Mahl zum Vergnügen werden kann. Wenige Kilometer entfernt liegt Marina di Pisa, freilich kaum als Seebad anzusprechen, und nur zweimal so weit ist es bis Viareggio, falls man Lust auf Fisch und Meeresfrüchte hat. Die Kunst zu reisen besteht ja nicht bloß im Schauen – sowenig sie sich anderseits damit begnügen könnte, vom Brot allein zu zehren, obwohl in Italien pane und panini und vor allem knusprige grissini unbedingt zu den Mahlzeiten gehören und fast immer vorzüglich schmecken, sei es zur Suppe, zum Hauptgericht oder zum Käse.

FIORENZAS STOLZE RIVALIN: SIENA

Stadt der Helden und Heiligen

Sienesisches Triptychon: Presto – Andante con anima: Piazza del Campo, Duomo, Paläste und Brunnen – Tempestuoso

In diesen Gassen lebt der Geist des Mittelalters: Nicht sie allein, die manchmal steil wie Treppen zu erklimmen sind, selbst die Plätze sind in *Siena* abschüssig, uneben, irrational. Um so tiefer beglückt der Einklang alles dessen, was in die Höhe ragt, den Blick des Betrachters an Häusern und Türmen nach oben zwingt. Es gibt keinen allgemeingültigen Rundgang von einer Sehenswürdigkeit zur andern wie in Florenz; die erhabenen Kunstdenkmäler stehen hier nicht auf einem Wiesenplan nah beisammen wie in Pisa. Kein Flußlauf mit Kais und Brücken durchzieht oder umströmt die auf steilem Dreiberg thronende Stadt; umsonst sucht sich der Fremde an eine Hauptstraße, einen baumbestandenen Corso oder Stadtpark zu halten: Das grüne Dreieck von La Lizza, durch Cosimo I. aus dem Hause Medici angelegt, liegt zwar innerhalb der Ringmauer, zeigt sich jedoch nur dem Neugierigen, der seinen Entdeckergang bis zu der gewaltigen Feste *Santa Barbara* ausdehnt. Auch sie ist ein Werk der Mediceer und trägt die Kartusche mit den fünf Kugeln, von zwei Riesen flankiert, unter ihren wehrhaften Zinnen. Siena kann nur als Ganzes genommen werden.

Es ist seiner selbst auf jene Weise sicher, die eine große Vergangenheit voraussetzt. Und diese Stadtrepublik hat ihre Freiheit und Unabhängigkeit jahrhundertelang fast bis auf den letzten

Blutstropfen verteidigt. Ihre Geschichte ist erfüllt von innerem Zwist, heftigen Stammesfehden, grausamen Kriegen wider die mächtige Arnostadt. Ich werde mich hüten, sie im einzelnen diesem Abschnitt voranzustellen: sie wären geeignet, die Freude am beglückenden Durchstreifen der wundervollen Hügelstadt erheblich zu beeinträchtigen. Schließe ich die Augen, um das Bild Sienas aus dem Nebel tausendfach übereinander lagernder Gesichte, den wir Gedächtnis nennen, ins Licht des Bewußtseins zu beschwören, dann sind es drei voneinander grundverschiedene Eindrücke, obwohl alle im Frühjahr entstanden sind. Langsamer alternd als die Sterblichen, wirken Städte als lebendige Körperschaften dennoch auf den Besucher wie Persönlichkeiten: einmal trübe und verschlossen, einmal heiter erregt, ja golden strahlend – dann wieder tief in sich gekehrt, schirmbewehrt vor dem sturmgepeitschten Regen in die triefenden Häuser flüchtend, als suche der genius loci, die Seele des Ortes, Zuflucht vor den Augen der Welt.

Sienesisches Triptychon: Presto

Auf der Fahrt von Rom über die Via Cassia nach Norden verdüsterte sich der klare Maitag des Jahres 1939 bei dem Übergang von den weichen Hügeln Umbriens zu der härter gezeichneten Landschaft der Toskana auf unheildrohende Weise. Bisher hatte auf jener ausgedehnten Reise das sonnigste und mildeste Frühlingswetter geherrscht, das mir in Mittelitalien jemals beschieden war. In Amalfi, Ravello, auf Capri war es sommerlich

140/141 *Zypressen und Oliven prägen die toskanische Landschaft. Im Dunst erkennbare Umrisse des Stadtbildes von Siena*

warm, die Tempel von Poseidonia, der einst mächtigen Hafenstadt der Magna Graecia – Paestum stand hell vor dem Hintergrund einer fast hellenisch leuchtenden See. In Rom hatte bloß die groteske Maskerade faschistischer Luftschutzübungen die strahlenden Maitage mit Uniformen und Sirenen vergällt. Nach Orvieto, damals eine tote Stadt, drang keine Vorahnung kommenden Völkermordens und Rassenhasses, obwohl auch hier die prahlerischen Drohsprüche aus dem Munde des «Duce» an den Mauern, längs der Straßen keineswegs fehlten. Aber die Nähe der Berge, die hohe Kette des Appennins, in deren Wall man allmählich eindrang, machte sich durch rauhe Winde, graue Wolken am bisher samtblauen Himmel auf jene unfreundliche Art bemerkbar, die dem Leser von den Alpen her nur allzubekannt sein dürfte. Man war nicht weit von den längsten Tagen des Jahres entfernt, und dennoch dämmerte es schon um vier Uhr, als wir uns, wiederum auf der Via Cassia, Siena näherten. Es war, als ginge es aus dem Paradiso terrestre geradewegs zurück in Dantes finstersten Läuterungsberg, in dessen 27. Gesang der Warnruf ertönt: «Non v'arrestate; ma studiate il passo mentre che l'Occidente non s'annera...» Man hatte zu jener Zeit die Landstraße auf weite Strecken ganz allein für sich, und in den steilen Gassen der stolzen Hochburg der Ghibellinen kam man auch mit einem breiten Wagen ohne Akrobatik am Lenkrad gut voran und ließ ihn vor Kirchen und Palästen, beim Museum und Restaurant kurzerhand stehen. Nie ist Siena mir seither so wahr, so echt, so streng erschienen wie an jenem düstern Nachmittag im Mai 1939. Die Vorderseite des Doms erschien nach dem reinen A-Dur-Dreiklang der Kathedrale von Orvieto überladen mit Zierat aus Marmor und Gold; über den Campo warf der Palazzo Pubblico samt dem himmelhohen Turm drohende Schatten – hätte man den fragwürdigen Begriff des «finstern Mittelalters» nicht gekannt, man wäre versucht gewesen, ihn hier parthenogenetisch zu prägen. Der winddurchbrauste Platz, die abschüssigen Gassen fast leer; die wenigen Menschen, die es alle eilig hatten, rasch unter Dach und Fach zu kommen, samt und sonders in wollene Mäntel und dicke Schals gemummt. Die seltenen Schaufenster, die wenigen Kaffeehäuser trüb erleuchtet. Nach einer Rundfahrt und kurzem Besuch der Gebäude, die ihre Pforten noch nicht geschlossen hatten, kehrte man der unwirtlichen Stadt gerne den Rücken, um auf sturmgepeitschter Landstraße in der immer tiefer niedersinkenden Dämmerung als Nachtquartier Florenz zu erreichen, das freilich in jenen schlimmen Jahren viel von seinem Charme als Engländerkolonie und Treffpunkt einer kosmopolitischen Gesellschaft eingebüßt hatte.

Andante con anima

Im April 1967 nahm ich an einem internationalen Kongreß in Rom teil und fuhr von dort nach Florenz, um darüber in einer großen Tageszeitung zu berichten. An einem Frühjahrsmorgen, wie er so beglückend nur in Gegenden mit unbeständiger und eher rauher Witterung empfunden wird, benützte ich die Gelegenheit, um Siena wiederzusehen: Mittägliche Stille in den Gassen, die in der nachfolgenden Stunde der Siesta fast vollkommen wurde. Noch waren keine Touristen zu sehen. Aber in der Via di Città, in den Banchi di sopra vor der *Loggia della Mercanzia* tummelten sich, bei leisem Lautenspiel, verstreute Gruppen von Schülern mit langen Nasen aus farbiger Pappe und lustigen Hüten, die ihr bestandenes Schlußexamen feierten: Sie hätten auch gleich eine Commedia dell'Arte zum besten geben können; eine wirkungsvollere Bühne dazu ließe sich nicht denken.

Bei der Anfahrt steht der Besucher ganz im Banne der gewaltigen Ringmauer von rötlicher Farbe, die den steilen Stadthügel stolz abweisend krönt. Auf gewundener Straße kann man sie teilweise umfahren; sie ragt indessen meist zu schroff in die Höhe, als daß von dort aus mehr als ein paar Wehrtürme und Zinnen zu erblicken wären. Innerhalb der Porta Pispina – es kann auch ein anderes Stadttor sein, sie übertreffen sich gegenseitig an strenger Pracht –, intra muros, ist die toskanische Landschaft mit ihren zypressengekrönten Höhenzügen, goldbraunen Weingütern auf fast jeder Kuppe, ihren einsam das olivenreiche Tal der Chiana überschauenden Klöstern aus dem Bewußtsein weggewischt. In der Innenstadt wächst kein Baum, kein Grün. Siena ist Menschenwerk, Stein gewordener Kommunalgeist, Urbanität auf die Spitze getrieben. Aber seine Mauern, seine Häuser und Kirchen sind gewachsen, aus gemeinsamem Empfinden geboren, worin hochfahrender Patrizierehrgeiz sich mit kirchlicher Demut eindringlich vermischen. Wieder entsteht im Betrachter das Bild eines Ganzen, eines in sich geschlossenen Gemeinwesens. Der Fuß steigt weder auf Asphalt noch auf Kopfsteinpflaster bergan und bergab, sondern auf rötlichen Ziegeln. Es ist der rote Backstein auf Plätzen und an den Palastfassaden, der dieser engen Hochburg mittelalterlichen Geistes die Düsterkeit nimmt.

Piazza del Campo

Siena liegt wenig mehr als dreihundert Meter über Meer; aber seine Architektur ruft etwas Schwebendes, Unwirkliches im Beschauer hervor – er fühlt sich in diesem Juwel toskanischer Gotik, dem Geburtsort der heiligen Katharina und San Bernardinos, dem Himmel näher als im romanisch-erdgebundenen Pisa. Auf dem *Campo,* dem unvergleichlichen Mittelpunkt, dieser Riesenmuschel aus rötlichem Stein, vollführt die Frühlingssonne auf der Vorderseite des *Palazzo Pubblico* ihre pastellzarten Farbenspiele. Nirgendwo hat ritterlicher Stolz sich mit soviel städtischem Raffinement in einem Bauwerk verewigt wie in diesem burgartigen Rathaus. Überhöht von der 88 Meter hohen *Torre del Mangia,* beherrscht der Palazzo Pubblico den abschüssig-fächerförmigen Campo vollkommen, obwohl er an dessen unterem Rande steht. Steigt man die hohle Muschel des rötlichen Pflasters hinauf, dann sieht man sich einem Halbrund älterer Häuser gegenüber, die ungeachtet ihrer Stilmischung den Platz wundervoll umschließen. Hier oben sprudelt die *Fonte Gaia,* dem Meisterwerk eines von Iacopo della Quercia zu Beginn des Quattrocento gemeißelten Marmorbrunnens kunstvoll nachgebildet. Die Reste des Originals können in der großen, auf den Marktplatz offenen Loggia im Obergeschoß des Palazzo Pubblico bewundert werden, wo auch die berückende Caritas des Meisters steht. Mit den Malern Duccio und Simone Martini bildet Iacopo das Dreigestirn der Schule von Siena, die innerhalb der toskanischen Kunst einen hohen Rang einnimmt. Beide Maler waren Zeitgenossen Dantes und stehen würdig neben Giotto und Cimabue, wie denn Siena im ausgehenden Mittelalter in dauerndem Wettstreit zu Florenz stand, dessen Truppen 1260 in der berühmten Schlacht von Montaperti vor den Toren der Hügelstadt durch die Sienesen vernichtend geschlagen wurden. Der mächtig aufstrebenden Arnometropole mußte die hochgemute Rivalin auf die Dauer dennoch unterliegen. Mitte des 16. Jahrhunderts, als Spanier und Franzosen das Geschick der Apenninhalbinsel bestimmten, wird Siena dem Großherzogtum Toskana eingegliedert. Ihren Reichtum verdankte die stolze Dreihügelstadt dem Privileg, Münzen zu prägen; im Ge-

146/147 *Die edle Piazza del Campo in Siena während des Palio delle Contrade, aufgenommen vom Turm des Palazzo Pubblico*

biet der Republik befanden sich Silberminen. Ein Finanzgenie vom Format der Medici brachte Siena freilich nie hervor; aber ihre Bürger hatten immer viel für äußern Aufwand übrig. Von der Renaissancekapelle, der Capella di Piazza, am Fuße des Rathausturms aus predigte der heilige Bernhardin wider Hoffart und weibliche Eitelkeit; selbst Dante ergrimmt sich darüber im 29. Gesang des Inferno mit dem Ausruf: «Or fu giammai gente si vana come la sanese?» An der Palastfassade schaut die Wölfin mit Romulus und Remus von hoher korinthischer Säule über den Platz. Sie ist nicht allein das Wahrzeichen Roms, sondern gleichfalls Sienas, das seine Ursprünge auf einen Sohn der legendären Gründer der Ewigen Stadt zurückführt. Zweimal im Jahr, am 2. Juli und am 16. August, wird der Campo Schauplatz des vielleicht farbigsten Volksfestes der Apenninhalbinsel, mit prächtigem Umzug in historischen Kostümen, bunten Fahnen und wildem Pferderennen rund um den Platz: der berühmte Palio delle Contrade.

Außer an Kapitellen und Fenstersäulen herrscht der rote Backstein auch im Innenhof des Rathauses, des *Palazzo del Podestà*. Man durchschreitet prächtige Säle zu ebener Erde und im ersten Stock, wo als Paradestück die «Maestà», eine heilige Jungfrau mit Heiligen, prangt, 1315 von Martini gemalt. Von Ambrogio Lorenzetti stammen die Fresken der Sala della Pace. Undenkbar, die Kunstschätze dieses Museo civico aufzuzählen, die in einem Stadthaus lebendiger wirken und sich tiefer einprägen als in den immer ermüdenden Räumen eigentlicher Museen. Es gibt zu denken, daß die Renaissance in Italien mehr vollendete Meisterwerke hervorgebracht hat, als unsere gehetzte

149 *Siena. Die reine Schönheit toskanischer Gotik strahlt aus der Fassade des Palazzo Pubblico*

Zeit zu genießen erlaubt. Das mächtigste Beispiel in Siena ist der *Palazzo Piccolomini* an der Westecke des Campo, im Stil florentinischen Quattrocentos aus gewaltigen Quadern gefügt. Der vielgepriesene Anstieg auf die Turmspitze zahlt sich nur bei klarem Wetter aus: Das ebenmäßige Dächermeer aus römischen Rundziegeln, mehr gelblich als rot getönt, worauf das Sonnenlicht zauberhaft spielt, verdichtet sich, aus solch schwindelnder Höhe betrachtet, im Kranze mittelalterlicher Mauern wenn möglich zu noch stärkerer Geschlossenheit.

Duomo

Bei schönem Wetter kann man im Freien vor einem der zahlreichen Restaurants an der Piazza del Campo im Angesicht des Palazzo Pubblico speisen: Tortellini e bocconcini «alla Mangia», Pollo allo spiedo, Scaloppine di vitellina alla senese. Siena rühmt sich nicht allein der reinsten Aussprache der wohllautenden «lingua toscana», sondern ebenso einer feinen, schmackhaften, mit wenig Öl zubereiteten Küche, die dem anspruchvollsten Gaumen zu schmeicheln vermag. Außerhalb der Mahlzeiten kann man den Anblick des anmutigen Platzes bei einer Tasse Kaffee in sich aufnehmen. Denn der Campo ist das Herz der ritterlichen Stadt. Der strahlendweiße Marmordom hingegen verrät die Neigung der Sienesen zur Hybris. Nicht von ungefähr soll Richard Wagner im Angesicht seiner Fassade ausgerufen haben: «Hier müßte mein Parsifal aufgeführt werden!»
Wer in den Gassen von Siena lustwandelt – trotz Anstieg und

150 *Die Säle des Palazzo Pubblico in Siena atmen die strenge Pracht patrizischer Vergangenheit einer mächtigen Stadtrepublik*

Gefälle steigert sich hier, expressis verbis, Wandeln zur Lust –, hat schon eine Ahnung des Wunderbaus, weil ein Zipfel seines Firstes oder der weiß und grün gestreifte Glockenturm immer wieder für einen Augenblick das Dächergewirr überragt und unvermutet ins Blickfeld tritt. Auf dem Stadtplan sieht es aus, als läge der Dom gleich über dem Campo; in der Wirklichkeit wird man sich in Siena kaum so rasch zurechtfinden. Nähme man sich für dieses Juwel einer Kunststadt eine Woche Zeit, wie das auf dem Grand Tour des 18., den Bildungsreisen des 19. Jahrhunderts der Brauch war, dann würde dies wie in Venedig den heimlichen Reiz des Suchens und Sich-überraschen-Lassens nur erhöhen. Doch dieser Reiseführer ist für das 20. Jahrhundert verfaßt, dessen Ehrgeiz es bleibt, möglichst vieles im Zeitraffer zu absolvieren, statt die Seele einer Landschaft, den Geist einer Stadt auf sich wirken, in sein Herz dringen zu lassen – nach dem Ratschlag der Alten: multum, non multa!
Kein Geringerer als Giovanni Pisano gilt als Schöpfer der Domfassade, deren Dekoration der höheren Ehre der Jungfrau Maria bestimmt war. Seit der Restauration fehlt diesem Wunder der Polychromie ein bißchen Patina, was die Zeit von selbst bringen wird. Der Campanile verkörpert vielleicht das edelste Beispiel eines romanischen Kirchturms mit nach oben je um einen Bogen sich verbreiternden Fenstern. Ganz auf kirchenfürstliche Repräsentation ausgerichtet die breite Treppe, die nicht nur zu den Hauptpforten, sondern auch zu dem Langhauseingang emporführt. Mit mystischer Gewalt empfängt uns das Innere, dessen weißer, mit Mosaik und eingelegten Figuren geschmückter Steinboden auf Erden nicht seinesgleichen hat. Die Marmorkanzel ist ein Werk der Pisani. Über die beginnende Arbeit des jungen Giovanni Pisano in der Werkstatt seines Vaters schreibt Ayrton: «Der am 29. September 1265 zwischen Nicola und Fra Melano geschlossene Vertrag bestimmt Form und Material der

prächtigen neuen Kanzel für den Sieneser Dom. Sie sollte mit sieben Relieftafeln, statt mit fünf wie die in Pisa, geschmückt und aus carrarischem Marmor von genauest bezeichneter Beschaffenheit ausgeführt werden. Für diese Arbeit hatten Nicola, magister Lapidorum, acht pisanische Soldi täglich zu erhalten, seine beiden Schüler Arnolfo di Cambio und Lapo jeder täglich sechs Soldi, und – falls er arbeitete – sollte Iohannes filius ipsius magistri Nicoli vier Soldi täglich bekommen, zahlbar an seinen Vater. Er hat gearbeitet. Und so geschah es, daß Giovanni im Geburtsjahr Dante Alighieris zum ersten Mal kontraktlich dem Handwerk der Marmorbildhauerei verpflichtet wurde.» Die Libreria Piccolomini ist ein Capolavoro Pinturicchios; Duccio beglückt durch eine berühmte «Maestà» im *Museo dell'Opera del Duomo*. Aber man muß gar nicht alles sehen; dieser himmelstürmende Bau überwältigt den Betrachter wiederum als Ganzes, als Einheit, als Nobilissima Visione. Er sollte an Pracht und Größe jedes andere Gotteshaus auf Erden übertreffen – nur die Pest von 1348 setzte dem Anbau eines neuen Langhauses ein jähes Ende. Es war so gedacht, daß der Dom, wie er steht, nur noch das Querschiff des geplanten Riesenbaus gebildet hätte; einen Begriff von den ungeheuern Maßen des erträumten – und sogar begonnenen – Werkes vermittelt der Anbau, der das Dommuseum birgt. Das Battistero *San Giovanni* mit schönem Taufbrunnen von Iacopo della Quercia war ursprünglich als Krypta der glanzvollen, menschliches Empfinden für Weihe und Andacht fast sprengenden Kathedrale gedacht. Prächtige Bronzereliefs von Donatello und Lorenzo Ghiberti zieren das Ciborium.

Paläste und Brunnen

Wie Siena auf drei Hügeln erbaut ist, die auf dem Campo zusammenstoßen, so ruht auch die Anziehungskraft der einzigartigen Kunststadt auf drei Hauptsäulen: Rathaus, Dom und Pinakothek. Diese leuchtende Schatzkammer der Schule von Siena ist in den hohen Sälen des Palazzo Buonsignori untergebracht, eines strengen Baus des Trecento, den man durch die Via del Capitano und ein Stück der Via San Pietro vom Dom aus erreicht. Am Ende der Via San Pietro weitet sich der Prato *Sant' Agostino* mit der gleichnamigen Kirche aus dem 13. Jahrhundert. Das im Settecento erneuerte Innere überrascht durch ein paar unerwartet reiche Kunstschätze: Gemälde von Simone Martini, Lorenzetti, Sodoma, ja eine «Kreuzigung» Peruginos. Gegenüber steht das Naturhistorische Museum mit Botanischem Garten, der bis an die Wehrmauer reicht. Die alte *Fontebranda,* die gemäß einschlägigen Reiseführern angeblich in der Divina Commedia erwähnt wird, obwohl Dante im 30. Gesang des Inferno von einem Bächlein, einem Quell, «fonte» Branda im Casentino, spricht: Das zisternenartige Gewölbe stammt aus den heroischen Tagen, da Siena mancher Belagerung standhalten mußte, erhielt jedoch ihre heutige Form mit dreifacher Spitzbogenarkade im 13. Jahrhundert. Am einfachsten fragt man sich bei Einheimischen nach der Fonte Branda durch. Dahinter steht *San Domenico,* die Kirche, wo Santa Caterina ihren Verzückungen anheimfiel – Sodoma hat diese und andere Episoden ihres Lebens in mehreren Fresken verewigt. Das festungsähnliche Gotteshaus ragt mit stumpfem zinnengekröntem Glockenturm kahl wie eine kastilische Dorfkirche über die Dächer. Nicht weit davon kann das Geburtshaus der Stadtheiligen, die Pius XII. zur Schutzpatronin Italiens erhob, besucht werden. Dieses bescheidene Haus der Handwerkerfamilie Benincasa wurde schon im

15. Jahrhundert durch Papst Pius II. Piccolomini im Stil der Renaissance zu einem zweistöckigen Oratorium ausgebaut. Caterina lebte von 1347 bis 1380. Sie ist eine der bedeutendsten Gestalten des ausgehenden Mittelalters und eine der bewundernswürdigsten Frauen der italienischen Geschichte. Ihre Briefe, die sie an Fürsten und geistliche Würdenträger schrieb, sind in die Literatur eingegangen. Die Nonne Katharina kämpft um den Frieden der zerstrittenen Geschlechter und erreicht, daß der Papst aus seiner Babylonischen Gefangenschaft in Avignon auf den Heiligen Stuhl zurückkehrt, obwohl es damals dem Statthalter Christi an der Rhone, wo sich unter der pontifikalen Tiara ein wahrer Musenhof entfaltet hatte, ausgezeichnet zu behagen schien.
Von der Via Santa Caterina zweigt die steile, von Stützbogen überwölbte Via Galluzza ab. Rechter Hand gelangt man durch die Gasse Sant'Antonio und über Treppenstufen in die Via della Sapienza. Neben der reichhaltigen Biblioteca Comunale degli Intronati ist jetzt in den Sälen, die früher die Nationalgalerie beherbergten, das *Museo Etrusco Senese* untergebracht, mit elf Ausstellungsräumen eine der wichtigsten Sammlungen Italiens. Der etruskische Ursprung der Stadt ist unbestritten; hingegen wird der Name auf gallische Eroberer, wohl vom Stamme der Senonen, zurückgeführt. Als römische Colonia hieß sie Saena Iulia. Ihre Bürgerschaft hielt im Mittelalter zu den Ghibellinen, woraus der erbitterte Gegensatz zum guelfischen Florenz erwuchs. Neben einer prähistorischen Abteilung enthält das Museum griechische und etruskische Vasen, Skulpturen und Schmuck nebst römisch-hellenistischen Kopien, wie den sogenannten Kopf des Seneca. Die Via della Sapienza führt nun unmittelbar nach dem Hofe des mächtigen *Palazzo Salimbeni,* der Erinnerungen an die heldenhafte Zeit heraufbeschwört, da der Patrizier Salimbene Salimbeni sein ganzes Vermögen opferte,

um die Söldner zu entlöhnen, die das gefährdete Siena vor den Florentinern erretten sollten. Das geschah 1260, im Jahre der Schlacht von Montaperti, «lo strazio e 'l grande scempio che fece l'Arbia colorata in rosso», wie Dante im 10. Gesang des Inferno klagt.

Der Siegestaumel dauerte nicht lange – und heroische Zeiten sind nie Höhepunkte der Kultur: Erst als Karl von Anjou zehn Jahre später Siena zwang, seine ghibellinische Politik aufzugeben und dem guelfischen Städtebund der Toskana beizutreten, begann die Blüte der innerlich unabhängig gebliebenen Republik, wie sie uns in Kunstwerken und Bauten heute noch glanzvoll entgegentritt. Der gotische Patrizierpalast der Salimbeni, flankiert von den Renaissance-Palazzi Tantucci und Spannocchi, ist seit 1472 Hauptsitz des Monte dei Paschi di Siena, eines der ältesten Bankinstitute Italiens. Vom Archäologischen Museum und von der Piazza Salimbeni aus ist die eindrucksvolle Ruine der Fontenuova auf verhältnismäßig kurzem Weg zu erreichen. Auch sie entstand um das Jahr 1300. Man lasse sich indessen vom Stadtplan nicht täuschen: Infolge des abschüssigen Geländes, das nicht einmal die Anlage eines ebenen Platzes ermöglicht, scheint jede Strecke doppelt so lang. Zudem schreitet der Kunstpilger meist zwischen hohen Hauswänden, in drangvoll gewundener Straßenschlucht, von wo aus nur selten ein Durchblick auf den Campanile des Doms oder die Torre del Mangia einigermaßen die Richtung weist. Sämtliche Denkmäler sind vorzüglich auf Wegweisern in schwarzer Schrift auf gelbem Grund bezeichnet; aber das nützt freilich mehr dem Fußgänger als dem Automobilisten, der in den alten Städten Umbriens und der Toskana oft über weite Einbahnstrecken im Kreis und an der Nase herumgeführt wird.

Eine dritte Brunnenanlage in Form einer Loggia gotischen Stils steht außerhalb der Ringmauer und wäre durch die Porta Ovile von der Fontenuova aus leicht zu erreichen, ehe man unmittelbar innerhalb des Stadtwalls *San Francesco* besucht. Die im 19. Jahrhundert erneuerte Franziskanerkirche erhebt sich als gotische Basilika am Ende des gleichnamigen ausgedehnten Platzes und enthält bedeutende Fresken von Ambrogio Lorenzetti und Francesco di Giorgio. Der angebaute Kreuzgang stammt aus der Renaissance. Wichtiger ist das rechts vor der großen Kirche stehende *Oratorio San Bernardino*. Eher weit davon entfernt und in dem angedeuteten Rundgang nicht leicht unterzubringen ist die *Basilica dei Servi di Maria*. Trotz unvollendeter Fassade bleibt sie eine der schönsten Kirchen Sienas; zwischen hohen Zypressen leuchtet der goldgelbe Stein des romanisch begonnenen, im späten 15. und frühen 16. Jahrhundert vergrößerten Sakralbaus. Der quadratische Campanile entzückt durch seine ausgewogene Einfachheit. Nur die breiten Treppenstufen, die zu der kleinen Pforte emporführen, hat die Basilika mit den kirchlichen Prachtbauten der stolzen Stadt gemeinsam. Von gleicher Reinheit und Strenge romanischen Stils zeugt die *Porta Romana* gleich südlich der «Servi di Maria» – ein von zweifachem Fries edler Blendarkaden gekröntes Stadttor, das den auf der Via Cassia ankommenden Besucher höchst repräsentativ empfängt. Wenn er Siena am entgegengesetzten Ende wieder verläßt, um auf der alten «Cassia» oder der neuen Superstrada del Palio Florenz zuzusteuern, dann sollte er der *Porta Camollia* einen längern Blick gönnen. Es ist ein burgartiges Vorwerk mit schmucklosen Zinnen über mächtigen Torbogen, das seine Poesie durch die Wipfel alter Bäume erlangt. Im Jahre des Heils 1451 hat an dieser Stelle Enea Silvio Piccolomini, der spätere Papst Pius II., in seiner Würde als Bischof von Siena, Kaiser Friedrich III. dessen königliche Braut Eleonora von Portugal zugeführt – eine der unvergeßlichen, durch den Pinsel Pinturicchios verewigten Sternstunden der Republik.

An den großen Prälaten gemahnen in Siena der erzbischöfliche Palast, der eine stillende Muttergottes Ambrogio Lorenzettis besitzt, und die *Logge del Papa* gleich unterhalb des Piccolomini-Palastes am Campo, die dem ernsten Weichbild des alten Ghibellinenhorts das heitere Lächeln der Rinascita entgegensetzen. Im Volksmund heißt die eine «Loggia delle Papesse», weil sich offenbar unter ihren luftigen Bogen die Schwester des Kirchenfürsten mit andern Damen des Patriziats in jenem üppigen Staat zur Schau stellte, wogegen der heilige Bernhardin vergeblich gepredigt hatte...

Tempestuoso

Anfang Juni 1971 sah ich die unvergleichliche Stadt wieder, entschlossen, mich durch den Ernst ihres strengen Antlitzes nicht davon abhalten zu lassen, endlich ihre unsterbliche Seele zu entdecken. Aus dem heitern Perugia kommend, dessen Trottoircafés am Corso Vannucci von Studenten und studentesse aller Völker wimmelten, hatte sich schon am Frühnachmittag der Trasimenische See in bedrohlich schwefligem Lichte gezeigt, während in Cortona ein Platzregen niederging. Unvorstellbar, wie düster ein wolkenverhängter Tag selbst kurz vor der Sommersonnenwende auf der braungrünen Erde Mittelitaliens lasten kann. Auf der neuen Schnellstraße von Sinalunga erreichte ich über Rapolano Terme gegen Abend die Stadt der großen Heiligen. Es dämmerte schon, als ich beim Park Hotel Marzocchi, einer stilvoll zum Hotel umgebauten Villa, vorfuhr. Von einem Hügelkamm im Nordwesten der Stadt überschaut das aus dem Quattrocento stammende Hauptgebäude den grünbepflanzten Abhang. Kaum sichtbar hinter alten Wipfeln verbirgt sich ein neuzeitlicher Anbau. Dunkel, fast schwarz gebeizte toskanische Möbel im hohen Zimmer, Majolikakacheln im geräumigen Bad; klösterliche Stille unter der gewölbten Decke des Speisesaals, wo rasch und leise aufgetragen wird. Gute Gemälde an den Wänden der herrschaftlichen Räume zu ebener Erde, die auf einen schönen Arkadenhof blicken, wo an warmen Tagen im Freien gegessen wird. Als der Hausherr erfährt, was mich an diesem unwirtlichen Abend hergeführt, läßt er es sich nicht nehmen, den Gast zur Stadt zu fahren, um ihm die Stolze, Unnahbare im Dämmer regennasser Mauern und Straßen zu zeigen. Und seltsam: Statt mit diesem Gedicht aus edlen Steinen vertraut zu werden, Wiedersehen zu feiern mit einer Stätte hoher Kunst, die man bisher stets viel zu hastig erlebt hatte, glitt ihre magische Kulisse gotisch streng und mittelalterlich ernst vor dem Fensterchen des italienischen Kleinwagens vorüber, den der Fahrer virtuos über das nasse Backsteinpflaster hetzte. Plötzlich dem Gassendüster entfliehend, weitet sich ein Platz mit breitem Treppenaufgang. Darüber, hell angestrahlt, mystisch-marmorweiß der Dom. Dann wieder hinein ins gewundene Gewirr enger Gassen, die sich neuerdings öffnen, um eine helle Fassade dem überraschten Auge preiszugeben: Palazzo Salimbeni im Flutlicht. Abermals durch tiefe Straßenschluchten, auf glitschigem Pflaster, zum Campo, eher trübe schimmernd im Schein der Laternen und matt erleuchteter Fenster; aber gerade dadurch von überwirklichem Zauber, antikes Forum im Mummenschanz des Mittelalters, Essenz und Extrakt der hoheitsvollen Polis, die einst Civitas Virginis hieß.

Anderntags endlich im Kunstmuseum. Die *Pinacoteca Nazionale* geht auf private Stiftungen zurück, wie sich dies für die stolze Stadtrepublik gehört. Wohl nannte sich Pandolfo Petrucci um 1500 «Magnifico», aber ein zweiter Lorenzo de' Medici war er nicht. Der *Palazzo Buonsignori* gilt als schönster Privatpalast Sienas. Skulpturen und Sarkophage im Atrium bereiten auf die

Kunstschätze vor, die in den hohen Sälen des mächtigen Patrizierhauses hängen. Simone Martini fehlt in der Pinacoteca; sie beginnt im zweiten Geschoß mit Guido da Siena und dessen Gehilfen. Andacht und Einkehr durchdringt die schweigenden Räume, Goldgrund leuchtet märchenhaft durch den trüb verhängten Vormittag. In verhaltener Süße, innig und klar, schaut Duccios Madonna dei Francescani aus dem Rahmen. Man steht ergriffen vor Gemälden, die in jeder Kunstgeschichte zu finden sind: Die Verkündigung des Ambrogio Lorenzetti, seine Madonnen col Bambino. Siena wurde nicht, wie Florenz, in der Dichtung verewigt: Kein Dante, kein Boccaccio wurden der stolzen Dreihügelstadt geboren; kein Villani, Guicciardini oder Machiavell hat ihre heroische Geschichte aufgezeichnet – Siena erleben wir deshalb am tiefsten im Werk seiner großen Maler: Bártolo di Fredi, Taddeo di Bartolo, Giovanni di Páolo nebst vielen weniger bekannten Künstlern. Das Mittelalter machte kein besonderes Wesen aus der Person, dem Namen des Urhebers. Sie fanden die sanfte Größe ihrer Bilder in der reinen Hingabe an das Göttliche. Dennoch befreiten auch sie die bildende Kunst von der Starre des Byzantinismus, dem archaisierenden Expressionismus altchristlicher Steinmetzarbeit, über die sich die Schöpferkraft eines Iacopo della Quercia hoch erhebt. Die Schule von Siena erlebt ihre Morgenröte im spätern Dugento und erfüllt sich im 13. Jahrhundert, der Blüte höfisch-urbaner Gesittung. Ihren höchsten künstlerischen Ausdruck findet sie im Kult der Madonna, der holdseligen Jungfrau der Gotik, die hier wie in den Kathedralen der Champagne zur reifen Frau, zur Dame und Repräsentantin geworden ist.
Zuviel des edlen Goldgrundes, zuviel überirdisch verklärte Schönheit! Ein Blick aus dem Fenster bringt den träumenden Sinn in die Wirklichkeit zurück, die sich mir an jenem Vormittag immer noch grau, triefend vor Nässe, zeigte. Das gelobte

Sonnenland Italia hatte es darauf abgesehen, meine alte Liebe auf eine harte Probe zu stellen. Schwarzglänzende Regenschirme, lächerlich groß, balancierten sich in der schmalen Gasse aneinander vorbei. Nichts Unbeholfeneres als ein Südländer mit Regenschirm – Italien kennt das Wort nicht, man will das groteske Gestell nicht wahrhaben und nennt es mit hartnäckiger Euphemie ombrella, als ob es vor dem Sonnenbrand schützen sollte. Während der bescheidenste Brite noch seinen straff gerollten Schirm mit vollendeter Eleganz spazierenführt und ihn übrigens grundsätzlich nie öffnet, wird selbst der bestangezogene Römer oder Florentiner zur unglücklichen Figur, sobald er gezwungen ist, Zuflucht bei der ombrella zu suchen – und das widerfährt ihm leider ziemlich oft. Er trägt dann das Monstrum mißmutigen Gesichts über dem Arm wie einen unförmlich geratenen Gipsverband, oder er hält das beständig auseinanderflatternde, zeltartige Unding feierlich vor sich her wie eine Monstranz: Ganz so ist es ihm auch zumute; denn er möchte sich ja am liebsten samt seinem Regenschirm begraben lassen. Ich holte den meinen aus der hiezu bestimmten Ablage und trat ins Freie, mich nun tatsächlich in der dantesken Hölle wähnend:

al terzo cerchio, della piova
eterna, maladetta, fredda e greve.

Aber ich hatte einen Blick in die Seele der alten Stadt zwischen Elsa und Arbia getan, in zarten Farben auf Goldgrund, dem Sinnbild des Ewigen, gemalt.

SAN GIMIGNANO DALLE BELLE TORRI, VOLTERRA ETRUSCA, BOCCACCIOS CERTALDO

Die Legende der heiligen Fina – Piazza della Cisterna – Auf dem Backsteinpflaster von San Gimignano – Das mittelalterliche Volterra – Porta all'Arco und Museo Guarnacci – Die Casa Boccaccio in Certaldo

Die Legende der heiligen Fina

Sankt Germinianus war im frühen Mittelalter Bischof von Modena; wie die burgartige Stadt diesseits des Apennins zu ihrem Namen kam, ist unbekannt. Keine Kirche in *San Gimignano* nennt sich nach dem Stadtheiligen; der *Dom* aus dem 12. Jahrhundert wurde als Collegiata der Santa Maria Assunta geweiht. San Gimignano aber hat eine Schutzpatronin, die vom Volke innig verehrt wird: die heilige Fina, die 1253 im Alter von 15 Jahren starb. In der Cappella di Santa Fina im Dom ihrer Heimatstadt wurde sie 1475 durch die Meisterhand Domenico Ghirlandaios in einem köstlichen Freskenzyklus verewigt. Sie weilte nicht ganz in der Welt der Lebenden; ihre Füße berührten kaum den Boden, wenn sie über den Markt ging. Ihre einzige Sünde bestand darin, daß sie schwach genug war, sich von einem verliebten Jüngling eine Orange schenken zu lassen, ohne ihm mehr als ihr verwirrtes Lächeln dafür zu geben. War es das Entsetzen ihrer Mutter über den unziemlichen Vorfall, der die kleine Fina so früh in sich gehen hieß? Eine geheimnisvolle Krankheit bemächtigte sich ihres zarten Körpers, den Ghirlandaio ätherisch schlank in den leuchtenden Farben der Renaissance gemalt hat. Fina harrte mit der Geduld eines Engels auf hartem Eichenbrett ihres frühen Todes, tat Wunder und hatte Gesichte, wie sich das für eine angehende Heilige gehört. Als man die federleichte Leiche hinwegtrug, sprossen Veilchen aus dem Holz des Lagers – und alle Glocken von San Gimignano läuteten ganz von selbst, was niemand wunderte, war doch der kleinen Fina acht Tage vorher der heilige Gregorius erschienen, um ihr zu verkünden, daß die Seligkeit des Paradieses auf sie warte.

Piazza della Cisterna

Draußen auf den steilen Gassen, den von Palästen umstandenen Plätzen der Stadt ging es damals anders zu und her: Da tobten die heftigen Fehden der Adelsgeschlechter, da bekämpften sich Guelfen und Ghibellinen bis aufs Blut. Von den beiden mächtigsten Patrizierfamilien, den papstfreundlichen Ardinghelli und den kaiserlichen Salvucci zeugen je zwei Adelstürme, wie sie heute noch den Kern des Städtchens beherrschen. Siena soll im Mittelalter weit über hundert solche hochragenden Stadtburgen mächtiger Geschlechter besessen haben; San Gimignano rühmte sich eines steinernen Waldes von 72 Befestigungstürmen. Um die Mitte des 14. Jahrhunderts erlag die eigenwillige Stadtrepublik, ungeachtet ihrer schwer einnehmbaren Hügellage, der Übermacht der Florentiner. Ein bedeutender Sohn der Stadt der schönen Türme, wovon dreizehn wehrhafte Zeugen zum Teil noch gut erhalten sind, ist Fólgore, ein toskanischer Dichter des 13. Jahrhunderts. Er gehörte zum sinnenfrohen Kreis sienesischer Literaten, den Dante unter dem Namen «brigata spendereccia» unnachsichtig in die Hölle verbannt. Der gestrenge Schöpfer der Divina Commedia weilte im Jahre 1300 als Gesandter der florentinischen Republik in San Gimignano, um dessen Stadtväter für einen guelfischen Bund wider die Ghibellinen zu gewinnen. Folgore di San Gimignano hat bestimmt an seine Heimatstadt gedacht, als er im Monatssonett «Giugno» schrieb:

Con trenta ville e dodici castelli
Che siano intorno ad una cittadetta,
Ch'abbia nel mezzo una sua fontanetta...

Der Mittelpunkt des Fleckens heißt wirklich *Piazza della Cisterna.* Ihr einziger Schmuck ist der alte Ziehbrunnen aus dem Jahre 1273. Er steht ganz allein auf dem schräg abfallenden Backsteinpflaster, auf sechseckigem Stufenpodest, überhöht durch zwei Pfeiler mit steinernem Gebälk, woran einst das Kettenrad für den Wasserbehälter befestigt war. Verglichen mit der Fonte Gaia im benachbarten Siena oder dem prachtvollen Brunnen zu Perugia wirkt die Cisterna von San Gimignano schmucklos und schlicht. Aber man erinnert sich bei dem Anblick der Uranfänge menschlicher Baukunst der klassischen Regel von Stütze und Last, Säule und Gebälk, wie griechische Tempel sie in göttlicher Reinheit offenbaren. Auch die kleine Hügelstadt der Toskana, wo diese bewundernswürdige Zisterne steht, muß ursprünglich von Etruskern besiedelt und befestigt worden sein; Funde haben es bewiesen. Wie sahen wohl etruskische Tempel aus? Wir wissen nur, daß sie, auf steinernem Unterbau, wie ostasiatische Heiligtümer aus Holz errichtet waren. Die Römer haben jede Opferstätte des ältern Kulturvolkes zerstört gleich den Hainen der Druiden im unterworfenen Gallien. Der mittelalterliche Ziehbrunnen auf der Piazza della Cisterna besitzt etwas von der absoluten Schönheit, dem Ebenmaß und Einklang der platonischen Idee eines pozzo. Der weite baumlose Platz ist von Adelstürmen und Patrizierpalästen umstanden. Nur die Restaurants, mit Tischen im Freien unter rotweiß gestreifter Markise, erinnern an warmen Tagen daran, daß die Zeit seit dem Entstehen dieses edlen Stadtbildes um etliche Jahrhunderte weiterschritt. Wie der Campo zu Siena ist die Piazza della Cisterna weder eben noch rechtwinklig angelegt – auch sie macht das abschüssige Gelände des Hügelrückens mit und entzückt gerade dadurch das Auge als wahres Inbild mediävaler Civitas und Architektur.

Auf dem Backsteinpflaster von San Gimignano

San Gimignano zeigt noch das Antlitz des 13. und 14. Jahrhunderts. An die Piazza Cisterna stößt gleich der Domplatz mit dem Palazzo del Podestà. Die Hauptkirche blickt ebenfalls in schmuckloser Schlichtheit über den Platz, der nach jedem Regenschauer rot aufleuchtet. Im romanischen Innern der Kathedrale sind Fresken von Taddeo de Bartolo und Benozzo Gozzoli nebst Werken von Iacopo della Quercia zu bewundern. Ein schöner Kreuzgang schließt sich an. Wer Zeit hat, wird auch dem Museo d'Arte Sacra nebenan an der Piazza Pécori einen Besuch abstatten; die bedeutende Kunstsammlung der Stadt befindet sich im *Palazzo Comunale*, dessen Torre del Popolo 54 Meter hoch zum Himmel ragt. Außer den beiden im Dom vertretenen Malern glänzt die Pinacoteca Civica di San Gimignano durch Meisterwerke von Mainardi, einem Sohn der Stadt, Filippino Lippi und Pinturicchio.
Durch die gewundene Via San Matteo geht es an gotischen Palastfassaden vorbei zu dem gleichnamigen Stadttor und rech-

166/167 San Gimignano dalle Belle Torri: toskanische Hybris im Einklang mit der hochgemuten Landschaft

ter Hand zu der unregelmäßig angelegten Piazza Sant'Agostino mit der äußerlich unscheinbaren, dem großen Augustinus geweihten Kirche aus dem 13. Jahrhundert. Im Chor ein berükkender Zyklus von 17 farbensatten Freskogemälden Benozzo Gozzolis, ein Hochaltar mit heiliger Jungfrau von Pollaiolo und ein Altar Benedetto da Maianos. Aber selbst der flüchtige Besucher, der nicht alle mit Stern versehenen Werke der bildenden Kunst in düstern Kirchen aufstöbern mag, der lässige Schlenderer, der nicht jeden Turm mit berühmter Aussicht erklimmen will und davor zurückschreckt, sich in kaum endenwollenden Museumsälen die Beine in den Leib zu treten – selbst der heiter schweifende, leichten Sinnes genießende Toskanafahrer ist von San Gimignano hingerissen. Wer im Frührot eintrifft, wo der warme Backsteinton des Pflasters und der meisten Hauswände am reinsten erklingt, wird sich im Spiel scharfgezeichneter Schatten, grellen Sonnenlichts auf Mauern und Dächern weitweg versetzt glauben; im Abendschein wiederum überfällt ihn dieses städtebauliche Kleinod goldüberhaucht, warm durchglüht von den Strahlen des untergehenden Gestirns – und wer San Gimignano dalle Belle Torri, abschiednehmend, von der Rocca, der Stadtfestung, oder von der Landstraße nach Certaldo aus erblickt, glaubt vollends einer Vision anheimzufallen: dem Abbild gotischer Vergangenheit, ins Surrealistische erhöht. Die alten Bürger, die sich plaudernd in der Sonne vor der Kirche Sant'Iacopo wärmen, die Wäscherinnen unter den prächtigen Arkaden der Fonti, gleich außerhalb der Stadtmauer im Osten, werden den träumenden Reisenden in die Wirklichkeit zurückrufen, in den Alltag eines weltabgeschiedenen Marktfleckens der Toskana, woran Jahrhunderte scheinbar spurlos vorbeigegangen sind.

Das mittelalterliche Volterra

San Gimignano liegt nur wenige Kilometer von der Superstrada del Palio, Firenze–Siena, entfernt, die man bei *Poggibonsi* im Herzen des Chianti verläßt; von Siena aus ist es ein Halbtagesausflug. *Volterra* wiederum liegt so nah, daß die Fahrt dorthin, die teilweise über die Staatsstraße Nummer 68 führt, den Umweg reichlich lohnt. Es ist nur ein Sprung von San Gimignano, 50 Kilometer sind von Siena aus zurückzulegen; dennoch betritt der Reisende, der gen Volterra fährt, eine andere Welt. Die weichen Hügelwellen mit Zypressen und Pinien, die Olivenhaine und Weinberge des Pratomagno, des Casentino, der Monti del Chianti, die grünen Ebenen des Arnotales, des Val di Chiana weichen hier einer unheimlichen Landschaft. Volterra stand im Mittelalter als Stadtrepublik beständig im Krieg mit San Gimignano. Auf 530 Metern Meereshöhe kühn erbaut, ist auch Volterra von mächtigen Ringmauern jener Zeit umgeben. Aber in Volterra weht uns ein Hauch uralter Überlieferung, tief vergangener Tage entgegen. Obgleich das antike Volaterrae auch in der römischen Geschichte eine wichtige Rolle gespielt hat, spürt man hier auf Schritt und Tritt, heilige Erde betreten zu haben – heilig allerdings in heidnischem Sinne verstanden. Es ist, als langte ein Arm über Jahrtausende in unsere Gegenwart, als würde ein längstvergessenes Vermächtnis hoher Kultur im mythischen Rahmen dieser alten Stadt zum Leben erweckt: das Erbe der Etrusker.

Velathri war eine der mächtigsten Lukumonien des Zwölfstädtebundes. Der noch erkennbare Mauergürtel der Antike mißt sieben Kilometer, der mittelalterliche Wall nicht einmal die Hälfte davon. Reich wurde die etruskische Stadt durch ihre Alabasterbrüche, die immer noch abgebaut und an Ort und Stelle kunstgewerblich behandelt werden. Die Etrusker haben aus diesem weichen, gelblich schimmernden «Volterramarmor» ihre Aschenurnen geschnitten. Der römische Feldherr Sulla, der in Italien «Silla» genannt wird, belagerte Volaterrae zwei Jahre lang, ehe es sich ergab, und im ausgehenden Mittelalter bot die hochgelegene Stadtrepublik am Ostrand der Maremmen den Florentinern erbitterten Widerstand. Erst im 16. Jahrhundert geht auch Volterra im Schoße der toskanischen Geschichte auf. Außerhalb des mittelalterlichen Walls, aber ehedem geschützt durch die antike Ringmauer, wurde ein *römisches Theater* ausgegraben, das der Zeit des Kaisers Augustus zugeschrieben wird. Man erreicht es von der Porta S. Francesco aus. Nördlich der alten Porta Diana erstreckt sich die etruskische *Nekropolis* über den Hügel.

Der Charakter Volterras erscheint mittelalterlich; aber die frühgeschichtliche Vergangenheit ist hier stärker als die Gegenwart düsterer Fassaden an Plätzen und Gassen. Der *Dom* entstand im pisanisch-romanischen Stil, wurde jedoch im 19. Jahrhundert umgestaltet; er wird vor allem wegen bedeutender Fresken Gozzolis in der Marienkapelle besucht. Das achteckige Baptisterium stammt aus dem späten 13. Jahrhundert. Der strenge Palazzo dei Priori am gleichnamigen Platz besitzt eine Gemäldesammlung, die durch das Museo Diocesano di Arte Sacra im Bischofspalast durch wertvolle Stücke ergänzt wird. Die Casa-torre, das «Turmhaus» Buomparenti, ist ein Beispiel toskanischer Baukunst des Dugento und zieht den Blick auf sich durch Fensterchen, die eigens für Kinder in die ernste Fassade eingefügt wurden – eine von den Fremden gern auf den Film gebannte Besonderheit Volterras.

171 Machtvoller Zeuge etruskischen Städtebaus: Porta all'Arco in Volterra mit drei steinernen Köpfen

Aber es sind weder diese paar Bauten aus dem Mittelalter, noch ist es die ungeheure Fortezza, die den Umweg nach Volterra zum Erlebnis werden lassen. D. H. Lawrence, der die Toskana kurz vor seinem Tode bereist hat und 1928 in dem Buch «Etruscan Places» auf unvergeßliche Weise beschrieb, wandte sich davon mit ebensoviel Unmut ab, wie Goethe auf seiner Italienreise von den gotischen Kirchen zu Assisi: Das mediäval vergeistigte Volterra störte den englischen Schriftsteller in seinen Träumen, in seiner Sehnsucht nach der freien und erdnahen Lebenskunst der Etrusker. Eindringlich erzählt Lawrence den Apriltag, der ihn und seine Begleiterin mit eiskaltem Regen empfing. Ich hatte, Jahrzehnte später, mehr Glück mit dem Wetter; rufe ich jedoch den milden Nachmittag im April 1968 ins Gedächtnis, dann erscheint Volterra ungeachtet des Sonnenscheins, der kurz zuvor Siena und San Gimignano verklärt und vergoldet hatte, zwielichtig, nebelhaft, melancholisch. Unter dem Arco Etrusco steht man gebannt. Obwohl die Archäologie erklärt, das zyklopische Stadttor mit den unkenntlichen drei Köpfen sei zu römischer Zeit wieder aufgebaut worden, überwältigt der wuchtige Bogen doch als einziger aufrecht stehender Zeuge etruskischer Architektur. Mehr als ein Tor, ragt diese *Porta all'Arco,* wozu man durch eine abschüssige Gasse gelangt, die selbst wie ein Torweg wirkt, als Sinnbild und Wahrzeichen eines städtegewaltigen Volkes – wie das Löwentor zu Mykene, die Mauern von Termessos oder von Tiryns. Die heutige Stadt besitzt hier im Viale dei Ponti ihren breiten Corso, von wo der Blick weit über

173 Licht und Schatten einer toskanischen Hügelstadt: die Piazza dei Priori in Volterra

das trostlose Land bis zu den Montagne Metallifere schweift. Wesentlicher ist der Ausflug in nördlicher Richtung, über die mittelalterliche Porta San Francesco hinaus, den etruskischen Mauerresten von Santa Chiara entlang zur Porta Menseri, wo sich urplötzlich ein dantesker Anblick dem Auge darbietet: Einem gigantischen Steinbruch gleich stürzt hier der Stadthügel jäh in die Tiefe; weiße, rote, schwärzliche und schwefelgelbe Abgründe gähnen zu Füßen des Wanderers – die berühmten *Balze,* die Klippen von Volterra. Durch Korrosion entstanden, reißt die rastlos gewordene Natur Stück um Stück der steilen Anhöhe herunter. Längst sind Häuser, Kirchen, Gärten im Abgrund versunken, man bangt um den Bestand des Camaldolenserklosters, la Badia, deren Umrisse sich unheimlich-nebelhaft abzeichnen: Ein Kreuzgang mit schönem Ziehbrunnen und das Refektorium sind davon erhalten geblieben.

Ganz am entgegengesetzten Ausgang der Stadt betritt der Besucher das *Museo Guarnacci,* dessen Sammlung ihn so unwiderstehlich auf diese unwirtliche Höhe emporgezogen hat. Der Archäologe Mario Guarnacci lebte von 1701 bis 1785; die Ursprünge des erstaunlichen Museums gehen auf das Jahr 1732 zurück. Seltsam zu denken, daß auf diesem weltabgeschiedenen Hügel schon im 18. Jahrhundert Liebhaber und Gelehrte sich um etruskische Fundstücke kümmerten, deren Anblick uns heute stärker zu fesseln, ja zu erregen vermag als so viele marmorglatte Abbilder klassischer Statuen aus hellenistischer Zeit. Da liegen die Nachfahrn Tyrrhenos' auf dem Deckel tönerner und alabasterner Aschenurnen, die oft die Größe von Steinsärgen haben; dickbäuchig, halbnackt, träge und genießerisch, meist zu zweit und oft mit Wein- oder Opferschale, tranken doch die Alten den Rebensaft aus irdenem Gefäß. Die Köpfe sind nur selten schön, nie stilisiert; sie zeigen ausgeprägte Porträtzüge alter Leute, Ehepaare, die endlich den Frieden gefunden haben, wie die

Lebenden ihn umsonst erstreben. Die oft von Genuß und Leidenschaft gezeichneten Gesichter der lieben Verstorbenen blikken ins Leere, in die Ewigkeit, vielleicht auch ins Nichts – mit dem rätselhaften Lächeln von Menschen, denen längst alles einerlei zu sein scheint. Wie verträgt sich diese unförmige Sattheit und Erdenschwere mit der Feinheit des Geschmeides, des künstlerischen Schmucks und der Geräte des Alltags, die sie hinterließen, wie mit der schmalhüftigen Schmiegsamkeit der Tänzerinnen und Flötenspieler auf etruskischen Fresken? Es ist das Abbild jeder saturierten Gesellschaft, der leicht komische Gegensatz zwischen den Modebildern in «Vogue» oder «Bazaar» und der Mehrzahl ihrer Leserinnen in den Hallen großer Hotels, in Badekurorten, städtischen Cafés und Konditoreien. Der Wohlstand, dem fast immer die Selbstzucht fehlt, sich schlank und geschmeidig zu erhalten, umgibt sich mit Jugend und Schönheit, soweit sich diese kaufen läßt, und sie läßt sich gerne kaufen, zur Zeit der Etrusker und Römer wie im Mittelalter und in der Renaissance. Auf rätselvolle Weise zieht es sie zueinander, suchen Anmut und Geld sich gegenseitig; und zu guter Letzt ist es der solide Handelsgeist des alten Seefahrervolkes, ist es das Eisenerz der etrusko-toskanischen Insel Elba, dem die Nachwelt die Pracht und die Herrlichkeit verdankt, die im Schoße tyrrhenischer Totenstädte verborgen und erhalten sind. Das Museo Guarnacci zeigt auch bedeutende römische Mosaiken, Bronzen, Vasen und Münzen griechischer und tyrrhenischer Herkunft.

Man tritt auf die stille Gasse hinaus in den toskanischen Tag und gesteht sich, daß man der etruskischen Frage nicht nähergekom-

176/177 Widder und Schafe mit ihrem Hirten in den toskanischen Hügeln – wie im Gedicht von Giovanni Pascoli

men ist. Dieses Volk wird um so geheimnisvoller, je tiefer der Geist sich mit der spärlichen Spur seiner Erdentage befaßt. Gabriele d'Annunzio, nach dem hier ein weitausschwingender, an der Porta di Dócciola beginnender Viale heißt, hat dem etruskischen und gotischen Volterra ein eigenartiges Denkmal gesetzt in seinem wie immer stark autobiographischen Roman «Forse che sì, forse che no». An der Piazza Mártiri della Libertà steht noch der Palazzo Inghirami: Der Dichter hat der Heldin seines Werkes den Namen dieses edlen Volterraner Geschlechts gegeben – Isabella Inghirami war einmal in literarischen Kreisen der Apenninhalbinsel eine vielbesprochene Gestalt. Im Zyklus «Le città del silenzio» hat d'Annunzio zudem der Hügelstadt ein Sonett gewidmet, dessen düstere Moll-Tonart die beklemmende Stimmung, die zu seiner Zeit in der einstigen Lukumonie herrschte, unvergeßlich beschwört: «Su l'etrusche tue mura, erma Volterra...» Wie vor ihm Carducci war auch sein Jünger d'Annunzio von der Kultur und dem Schicksal der Rasenna fasziniert. Sein Roman beschreibt mit der Genauigkeit der naturalistischen Schule, der er sich verpflichtet fühlte, die Balze und die Nekropolis außerhalb der Stadt. Treffend hat D.H. Lawrence in seinen Reisebildern bemerkt, daß die heutigen Italiener viel mehr vom Charakter der Etrusker als von der Härte der Römer in sich tragen, was gerade bei dem eitlen, hochbegabten Dichter der *Laudi* auffallend zutrifft.

Die Casa Boccaccio in Certaldo

Certaldo liegt an der Straße von Empoli nach Poggibonsi; von dem Hügelstädtchen erblickt man die Türme von San Gimignano am Horizont. Wer Certaldo von Florenz aus besucht, das 40 Kilometer weit entfernt liegt, begegnet hier der ersten, ganz aus rosafarbenem Backstein erbauten Siedlung mit Ziegelpflaster – ein Siena en miniature. Aus den neuen Vierteln in der Ebene führt eine ziemlich steile Gasse schnurstracks ins Mittelalter empor. Zuhöchst endet sie auf einem kleinen Platz mit der majolikageschmückten Fassade des Palazzo Pretorio. Er besitzt einen hübschen Innenhof und Turm, von dessen Zinnen der Blick weit über das Val d'Elsa schweift. Die danebenstehende Kirche Santi Michele e Iacopo stammt aus dem 13. Jahrhundert; aber niemand würde sie und den Ort überhaupt aufsuchen, lägen hier nicht die Gebeine Giovanni Boccaccios begraben, der in Certaldo seinen Lebensabend verbrachte. Geboren wurde er zwar 1313 in Paris, wo sein Vater damals geschäftlich zu tun hatte; der jedoch, ein erfolgreicher Kaufmann, war in Certaldo zu Hause. An der Via Boccaccio, der schon beschriebenen Hauptader des Fleckens, steht denn auch das väterliche Haus, das der Dichter später bewohnt hat. Hier ist der Schöpfer des «Decamerone» im Jahre 1375 gestorben.

Außerhalb der Hauptreisezeit öffnet die Besitzerin des nebenstehenden Kramladens mit «Olio e vino» auf Verlangen die Casa del Boccaccio. Obwohl im letzten Weltkrieg durch eine Bombe zerstört und wieder aufgebaut, ist der Besuch des traulichen Stadtpalais patrizischen Einschlags dennoch für jedermann ein Erlebnis. Gedämpft hallt der Schritt auf dem Backsteinboden, der selbst im Innern vorherrscht. Alles ist eng und knapp bemessen, die Treppen steil und schmal; dennoch atmet das Haus eine signorile Würde. Luftig empfängt die große Loggia im Obergeschoß den Besucher: Hier soll Boccaccio seine letzten Werke, wohl auch die Dante-Biographie, in beneidenswerter Stille verfaßt haben. Vom Turm – denn das Haus besitzt seinen Patrizierturm – gewahrt man die rötlichen Dächer der mittelalterlichen *Bourgade* und das lachende Hügelland des Elsatals, das beinahe schon zum bekannten Weingebiet des Chianti gehört.

Wie in dem Hügelstädtchen Vinci ein Hauch vom Genius Leonardos weht, so umfängt in der Bibliothek der Casa Boccaccio zu Certaldo das Staunen über die weltweite Verbreitung des heitern Erzählers den Besucher. Die hundert Novellen Giovanni Boccaccios sind in alle Sprachen übersetzt. Das gilt selbstverständlich auch von Dante, dessen bescheidenes Vaterhaus heute noch in Florenz besichtigt werden kann; aber die Kenntnis der Göttlichen Komödie erfordert ein fast lebenslängliches Studium des schwierigen Textes, während die zierliche Prosa des Halbfranzosen von jedermann verstanden wird, der des Italienischen mächtig ist. Aus der mittelalterlichen Enge der Behausung tritt man wieder auf die Gasse, die noch aussieht, wie Boccaccio sie einst vor Augen hatte – eine Kleinwelt, wo die Zeit stehengeblieben ist und wo immer wieder eine der unvergeßlichen Novellen sich ereignen und mit den Worten Dióneos beginnen könnte: «Certaldo, come voi forse avete potuto udire, è un castel di Val d'Elsa...»

WO DER CHIANTI WÄCHST

Sansepolcro und Città di Castello – Arezzo und die Aretiner – Cortona im Zwielicht – Trasimenisches Intermezzo – Etruskische Hochburg Chiusi – Das Kloster von Monte Oliveto Maggiore – Montalcino und die Abteikirche Sant'Antimo – Pienza und Montepulciano als Stätten toskanischen Geistes

Sansepolcro und Città di Castello

Die *Monti del Chianti* bilden einen Höhenzug, der sich bis gegen 900 Meter über Meer zwischen Florenz, Siena und Arezzo erstreckt. Da der Reisende auch südlich und südöstlich dieses Dreiecks manche Tafel mit dem werbekräftigen Rotweinnamen inmitten ausgedehnter Rebberge erblickt, darf man das Gebiet verstreuter Städte und historischer Flecken, dem dieser Abschnitt vorbehalten ist, getrost in jenem bacchischen Zeichen unter einen Hut bringen. Allein durch ihre Farbe stehen sie in reizvollem Gegensatz zu den backsteinroten Hügelstädtchen Siena, Certaldo, San Gimignano westlich der Autostrada del Sole; Arezzo, Cortona und Chiusi waren mächtige Lukumonien des Etruskerreiches.

In der Einleitung wurde beiläufig die Via Tiberina als dankbare Strecke für die Herfahrt von der obern Adria in das Tal des jungen Tibers empfohlen. Die erste Kunststadt der Toskana, die uns dort begegnet, heißt *Sansepolcro,* die Heimat Piero della Francescas, dessen Elternhaus besichtigt werden kann. In der

Pinacoteca des Palazzo Comunale steht der Kunstfreund ergriffen vor der Ausdrucksgewalt der «Auferstehung», der Madonna della Misericordia und dem Bildnis Ludwigs des Heiligen von Piero della Francesca. Obgleich in der Umgebung schon Zypressen und rötliche Ziegeldächer das Landschaftsbild bestimmen, empfängt Sansepolcro den Besucher wie ein norditalienisches Städtchen. Die Rundbogenlauben mit kräftigen Pfeilern erinnern an Piemont, die Piazza di Berta an Aosta, obwohl Sansepolcro bloß 330 Meter über Meer liegt. Aber der Apennin ist zu nah, die Gegend zu gebirgig, um jenes Glücksgefühl hervorzubringen, das den Reisenden aus dem Norden erfaßt, wenn ihm auf dem Weg von Bologna nach Florenz mit einem Male die Herrlichkeit toskanischer Hügel zu Füßen liegt. Bewunderer des Großmeisters manieristischer Kunst werden die Via Tiberina – Strada Statale Nummer 71, dann 3 *bis* – schon weiter nördlich in Pieve Santo Stefano verlassen, um nach dem weltabgeschiedenen Dorfe *Caprese Michelangelo* zu gelangen, wo das Geburtshaus Buonarrotis, als Gedenkstätte hergerichtet, Besuchern offensteht. Völlig mittelalterlich thront der Borgo *Anghiari,* wenige Kilometer westlich von Sansepolcro an der Strecke nach Arezzo, über dem obern Tibertal.

Die Via Tiberina führt über die toskanisch-umbrische Grenze talwärts nach dem römischen Tifernum/Tiberinum hinunter, das heute *Città di Castello* heißt und vielleicht kaum einen Umweg, wohl aber einen Halt verdient, falls die gewählte Route den Ort berührt. Der Palazzo Comunale mit zierlichen Spitzbogenfenstern ist ein Geschenk des 14. Jahrhunderts. Der Bau des Doms erfolgte in romanischer Zeit [1012]. Im Innern steht ein bemerkenswerter Altar des 12. Jahrhunderts aus Vermeil. Eine städtische Gemäldesammlung mit bedeutenden Werken fehlt auch in Città di Castello nicht; sie befindet sich im alten Palazzo Vitelli alla Cannoniera.

Arezzo und die Aretiner

Die meisten Reisenden werden von Florenz ohne Halt nach *Arezzo* fahren. Es liegt nahe der A 1 und ist eine der prächtigsten, eigenartigsten Städte Italiens. «Bruna ti miro dall'aerea loggia», huldigte d'Annunzio ihrer Schönheit. Tatsächlich ist es der Goldton ihrer ockerbraunen Mauern und Pflaster, der im Gedächtnis des Besuchers einem Akkord altitalienischer Streichinstrumente vergleichbar nachklingen wird. Wie alle binnenländischen Lukumonien ist das antike Aretium auf stolzem Hügel erbaut. Vom hochgelegenen Passeggio del Prato und von den Zinnen der Fortezza aus genießt man denn auch beglükkende Rundsichten in das weite Land. Es ist toskanische Landschaft mit bewaldeten Kuppen und bebauten Ebenen. Dunkle Haine krönen manchen Grat. Der silbrige Schimmer Tausender Olivenbäume liegt über der fruchtbaren roten Erde. Pinienwipfel setzen den Gegenakzent zu der ernsten Vertikalen der Zypressen – Toskanas ureigenster Baum. Wie zu Siena sind Straßen und selbst Plätze abschüssig und uneben; aber statt des gotischen Ogivals prägen die Rundbogen romanischer Kirchen und Loggien der Renaissance das Antlitz Arezzos.

Die der heiligen Jungfrau geweihte Pfarrkirche, Pieve di Santa Maria oder *Santa Maria della Pieve* genannt, verrät in ihrer Fassade pisanischen Einfluß. Aber wie man infolge des ganz andern Lichts, des Altgoldscheins seiner Steine, auf der Piazza Grande kaum an den Campo denkt, so liegt auch der schneeige Marmortraum des «Prato dei miracoli» außerhalb jedes Vergleichs. Tauben netzen den Schnabel im Becken des Brunnens, der aus dem groben Pflaster des Platzes ragt. Häuser mit Rundbogenfenstern umstehen das unregelmäßige Geviert. Die Säulenfront von Santa Maria della Pieve schaut samt ihrem massigen romanischen Turm auf die enge Via de' Pileati und kann nur in erkürzung aus der Gassenschlucht betrachtet werden. artigen Kirche gegenüber stehen alte Paläste, darunter des einstigen Capitano del Popolo und das *Geburtshaus* *co Petrarcas.*

den großen Söhnen der Stadt ist Petrarca die fesselndste lt. Hatte Italien in Dante schon seinen erhabenen Dichter, chenkt Arezzo, wie de Sanctis bemerkt, der italienischen ache ihren vollendeten Künstler. Petrarca lebte am päpstlien Hofe zu Avignon, zog sich nach Vaucluse zurück, erblickte aure de Noves in der Kirche und besang ihre Schönheit in den unsterblichen Versen des «Canzoniere» mit ähnlicher Glut wie vordem Dante seine Beatrice in der «Vita Nuova», freilich mit erleseneren Stilmitteln. Als Verfasser der großen vaterländischen Epopöe «Africa» wurde Petrarca auf dem Kapitol mit dem Lorbeer des Dichterfürsten gekrönt. Wenn Steine reden, dann tun sie es in den alten Städten der Toskana wie nirgends sonst. Fast auf Schritt und Tritt stößt der hellhörige Besucher auf die Spuren großer Geister. War der römische Satiriker Persius ein Sohn der Stadt Volterra, so der berühmte Maecenas – italienisch Mecenate – ein Aretiner. Wenigen Sterblichen war es wie diesem Förderer der Künste beschieden, zum Begriff zu werden und mit seinem Namen in Geschichte und allgemeinen Sprachgebrauch einzugehen. Im 11. Jahrhundert schuf Guido d'Arezzo die musikalische Tonleiter. Großen Ruhm genossen schon zu Lebzeiten zwei Bürger der Stadt, beides echte Renaissancemenschen, doch auf verschiedenem Gebiet schöpferisch tätig: Giorgio Vasari, der als Maler, Architekt und Künstlerbiograph bereits erwähnt wurde, und Pietro Aretino, mit Fug «der

185 Arezzo. Die ockerbraune Fassade von Santa Maria della Pieve in pisanischem Stil

erste Journalist» genannt – wenn auch nicht im besten Sinne des Wortes. Seine spitze Feder war an Fürstenhöfen ebenso gefürchtet wie im Rat der Stadtrepubliken; manche Zeitgenossen zitterten davor, durch Aretinos satirische Episteln der Lächerlichkeit preisgegeben zu werden, und zahlten ihm hohe Pensionen. Aretin verfaßte auch Komödien und Piacevoli Ragionamenti, antikisch-unbedenkliche Kurtisanengespräche, wo das Kind bei seinem Namen und «un chat un chat» genannt wird, ganz wie in der heutigen Literatur, wenn auch mit mehr Geist. Weltbekannt wurde der zutiefst amoralische Literat durch die 36 Sonette zu erotischen Zeichnungen Giulio Romanos, die ewigen Variationen des Liebesspiels frei darstellend.

Pietro, den Baudelaire «le divin Arétin» nennt, hat an seinem Geburtsort keine Spur hinterlassen; er war ein Weltstädter und Gesellschaftsmensch, der seine glänzende Karriere im Vatikan Leos x., in Florenz und Venedig machte, wo er mit Tizian befreundet war, der ihn konterfeite: Das Bildnis dieser schrankenlosen Persönlichkeit des Cinquecento hängt in den Uffizien. Vasari hingegen baute die Loggien der Piazza Grande und besaß ein Haus in Arezzo, das er eigenhändig mit mythologischen und allegorischen Fresken schmückte. Die Casa di Vasari liegt im Nordzipfel der Stadt an der Via xx Settembre. Unweit davon reckt der flache Campanile von *San Domenico* seine offen zur Schau hängenden Glocken zum Himmel. Der schlichte Bau mit abgeschrägter Vorderseite steht weihevoll auf einem stillen Platz mit schönen Bäumen. Das gotische Schiff überrascht durch ein prachtvolles Kruzifix von Cimabue am Hochaltar.

Aus neuerer Zeit stammt die Domfassade; doch der Bau erhebt

186 Der Geist der Protorenaissance weht durch das Haus Petrarcas in Arezzo

sich in edlen Verhältnissen über mächtigen Treppenstufen. Der Chor ist dem Passeggio del Prato zugewandt, dem höchsten Punkt der Stadt; der ockerbraune Stein dieser gotischen Kathedrale leuchtet golden über das Dächermeer. Auf einem Fresko im Innern erkennt man die Meisterhand Piero della Francescas, in den Glasfenstern den Genius Guillaume de Marcillats. Im Palazzo Bruni aus dem 15. Jahrhundert ist die städtische Kunstsammlung untergebracht, die Werke von Signorelli und Sellaio aufweist. Bleibt die etwas grob gemeißelte, aber in ihrem Aufbau großartige Santa Maria della Pieve unauslöschlich im Gedächtnis jedes Besuchers haften, so bildet die gotische Kirche S. Francesco nahe der zentralen Piazza del Popolo den künstlerischen Höhepunkt Arezzos dank ihrer kostbaren Wandgemälde der Legende vom Kreuz. Piero della Francesca hat sie von 1452 bis 1466 in den ihm eigenen kühlen, fast nüchternen Farben gemalt.
Im Süden der Altstadt stößt der Kunstpilger auf die Reste eines *Amphitheaters*, dessen Größe beredt auf die bedeutende Colonia Aretium in römischer Zeit hinweist. Es wurde samt Tempeln, Thermen, Theater und Basiliken durch die Langobarden zerstört. Die Stadt war jedoch noch im 13. Jahrhundert so stark befestigt, daß ein Angriff florentinischer und sienesicher Truppen von den Aretinern abgeschlagen wurde. Ein Jahrhundert später fiel indessen auch Arezzo unter die Botmäßigkeit der aufstrebenden Republik Florenz. Dem Erbe der Etrusker begegnen wir im Museo Archeologico beim Amphitheater der Römer. Neben Bronzestatuetten und Mosaiken entzückt diese wertvolle Altertumssammlung durch die einzigartigen Bruchstücke tiefroter Tongefäße, der berühmten «Vasi corallini aretini», die unter der Herrschaft Roms durch etruskische Kunsttöpfer geformt und mit Reliefs geschmückt worden sind. Wer vom Museum unmittelbar südwärts die Stadt verläßt, erblickt bald die be-

rückende Säulenvorhalle, die im Stile des Quattrocento die Kirche Santa Maria delle Grazie umkränzt: «l'aerea loggia che t'alzò Benedetto da Maiano», wie Gabriele d'Annunzio sie in seinem Gedicht besang.

Cortona im Zwielicht

Um von Arezzo nach *Cortona* zu gelangen, lohnt es nicht, die A 1 zu benützen, obwohl es einer der schönsten Abschnitte der Autobahn ist, das *Val di Chiana*. Auch auf der alten Statale Nummer 71 sind die 33 Kilometer rasch zurückgelegt. Cortona ist vielleicht die einzige Stadt der Toskana, deren wehrhafter Anblick selbst den Bahnreisenden stark beeindruckt. Einst zu der etruskischen Dodekapolis gehörend, liegt Cortona 650 Meter über Meer; auf weitausladenden Kehren klimmt die Straße zur Porta Sant'Agostino empor. Dort oder auf dem Piazzale del Mercato unterhalb der Stadtmauer läßt man den Wagen mit Vorteil stehen; denn die auf schroffer Bergkuppe thronende und aus alter Zeit zeugende Civitas wird am besten zu Fuß erkundet. Gegenüber dem Goldbraun aretinischen Mauerwerks wirkt Cortona dunkel, tief in Rotbraun getaucht wie die «argilla roggia», die rote Erde der Felder, Äcker und Fluren zu Füßen der stolzen Stadt. Der 2600 Meter messende *Mauergürtel* aus dem Mittelalter, dessen Mauerfuß teilweise auf die Etrusker zurückgeht, ist der Siedlung längst zu weit geworden, wie in Volterra. Die Sehenswürdigkeiten drängen sich um die Piazza Signorelli und die Piazza della Repubblica zusammen, von wo aus der am Steilhang erbaute Dom ebenfalls rasch zu erreichen ist.

Cortona ist ein Sinnbild, Urerlebnis der Romantik, eine unüberhörbare Warnung davor, Dinge, die von weitem verlockend sind, aus der Nähe zu betrachten. Oft hatte ich vom Aussichtswagen des «Settebello» auf der Fahrt von Rom nach Florenz die burgartig in den toskanischen Himmel ragende Stadt erschaut – mit um so tieferem Verlangen, um so größerer Sehnsucht, als die hohe Geschwindigkeit des Zuges die Vision alsbald wieder von den Augen wegriß. Mit dem Wagen jedoch führte der Weg mich nie über Arezzo und Siena hinaus; Fahrten nach Umbrien hatte ich mit dem Besuch von Urbino, Orvieto, Rom verbunden. Kurz: Cortona schlummerte als unerfüllter Wunschtraum. Als ich endlich die Gestade des Trasimenischen Sees berührte und zu der Hügelstadt hinauffuhr, schienen die totgeglaubten Götter des alten Etrurien sich wider mich verschworen zu haben: Es regnete nicht, es goß aus Kübeln. Die spärlichen Wagen, denen man begegnete, hatten an diesem Mittag im Mai ihre Lichter eingeschaltet. Über bleiernem Seespiegel zuckte es schwefelgelb unter pechschwarzem Gewölk. Die Gassen von Cortona glichen Bächen; naßkalt, menschenleer, feindselig empfing die stolze Schöne ihren Anbeter, der jahrelang auf diesen Augenblick gewartet hatte. Cortona ist mir offensichtlich als lebenslängliches Trauma von der bösen Fee Calabosse in die Wiege gelegt worden.

Virgil hat die mythisch-mystische, ursprünglich wohl umbrische Stadt Corito besungen; mit Rom war sie seit dem vierten vorchristlichen Jahrhundert verbündet. Ihre große Zeit erlebte die Stadtrepublik während des Rinascimento, als Meister der Schule von Siena und Fra Angelico in ihren Mauern malten. Luca Signorelli [1445–1523] und Pietro da Cortona [1596–1669], der große Künstler des Cinquecento, kamen hier zur Welt. Das *Museo Diocesano* am Domplatz versöhnt sogleich mit dem ernsten Anblick der Stadt durch die Farbenpracht beseelter Gemälde von Fra Angelico, Ambrogio Lorenzetti, Signorelli und anderen. Im *Palazzo Pretorio,* mit mächtiger Treppe und einer Fassade, der nur das unübersetzbare Prädikat «aus-

tera» gerecht wird, gelangt der Kunstpilger durch einen kahlen Hof über eine gedeckte Treppe zum Piano nobile. Dort empfängt ihn der lichte Saal des Museo dell'Accademia etrusca, erst recht dazu angetan, jede wettermäßige Unbill vergessen zu lassen, falls man gerade einen Regentag erwischt haben sollte wie der Verfasser dieses Reisebuches.
Rings an den hohen Wänden hängen Werke großer Maler. Glaskästen zeigen Funde aus dem Altertum, deren Glanzstück der berühmte *Lampadario etrusco* aus dem fünften vorchristlichen Jahrhundert darstellt. Dieser sechzehnarmige Bronzeleuchter, der 1840 bei Straßenarbeiten gefunden wurde und fast 58 Kilogramm wiegt, ist verziert mit ithyphallischen Silenen, Sirenen und Achelooshäuptern. Bronzestatuetten und Buccherogefäße vervollständigen die kleine aber außergewöhnliche Antikensammlung. Von den Kirchen verdienen San Francesco, San Domenico und das Santuario Santa Margherita, oben bei der Fortezza Medicea, mit der Aufmerksamkeit des Kunstbeflissenen bedacht zu werden. Ein Besuch der Renaissancekirche Santa Maria del Calcinato außerhalb der Mauern läßt sich mit demjenigen eines am untern Stadtberg liegenden etruskischen Grabes verbinden, das im Volksmund, seltsam genug, «Tomba di Pittágora» heißt – eine gewaltige Gewölbekammer aus dem 4. Jahrhundert vor Christus.

192/193 Cortona auf schroffem Hügel über der weiten Ebene des Chiana-Tals

Trasimenisches Intermezzo

Arezzo ist eine Stadt zum Schlendern und Herumstreifen. Dabei gerät man leicht ins Träumen. Von Cortona hat man vielleicht geträumt; aber der Gang durch die düsteren Gassen ruft den schweifenden Geist unnachsichtig in die Wirklichkeit zurück. Unerhörtes hat sich auf diesem Pflaster schon im 13. Jahrhundert ereignet, als die siegreichen Aretiner fast die gesamte Bevölkerung Cortonas zum Auszug zwangen und sie ins Elend schickten. Erst das Eingreifen Sienas ermöglicht ihr drei Jahre später die Rückkehr in die heimatlichen Mauern. Wir können uns toskanisches Mittelalter nicht grausam genug ausdenken. Eine kurze Fahrt südwärts führt nach *Passignano sul Trasimeno*. Auch dieser Name erzeugt gelinde Schauer, sobald man die Erinnerung an die Punischen Kriege heraufbeschwört. Im kurzen Geschichtsabriß, der dieses Buch einleitet, wurde bereits auf die berühmte Schlacht am Trasimenischen See hingewiesen. Nichts gemahnt heute an seinen flachen Gestaden, in den Sommerkurorten am lieblichen Ufer, an das Blutbad des XXIV. Iunius CCVII ante Christum; nur die Ortsnamen Sanguineto und Ossaia – Schädelstätte – künden davon. Die Auguren hatten umsonst vor dem Ausgang des Gemetzels gewarnt; der römische Konsul Flaminius ließ sich und sein Heer in den Hinterhalt locken, den der geniale Feldherr der Karthager, Hannibal, seinen Feinden am Nordostufer des Trasimenus listig gelegt. Dieser größte See Mittelitaliens, der auch Lago di Perugia genannt wird, verströmt bei Sonne eine Ruhe, eine Heiterkeit, einen Frieden, die an das Galiläische Meer, den See Tiberias, erinnern, sofern man sich als Hintergrund die flachen Felsenrücken von Golan dazudenkt. Wie bei den Seen der Alpen ist die Rundfahrt um den Lago di Trasimeno beliebt. Über *Magione*, mit mächtiger Burg, und Monte Buono geleitet das Südufer wieder auf die SS 71, der man nordwärts bis zu dem reizenden Landvorsprung von *Castiglione del Lago*, einem umbrischen Städtchen mit mittelalterlichem Kastell, oder in südlicher Richtung gen Chiusi folgen kann. Eine Abzweigung führt den Automobilisten nach der Südspitze des traumverlorenen Seeleins von Chiusi. Mitsamt dem winzigen *Lago di Montepulciano* bildet er hier die toskanisch-umbrische Grenze. Wer von Cortona geradewegs Orvieto und Rom zustrebt, sei auf die hochgelegene Stadt *Città della Pieve,* wenige Kilometer südlich von Chiusi, hingewiesen, berühmt als Geburtsort Pietro Vannuccis, des Großmeisters der umbrischen Malerschule, genannt il Perugino. Città della Pieve besitzt alte Paläste und Kirchen, mit Fresken ihres berühmten Sohnes in Santa Maria della Mercede.

Etruskische Hochburg Chiusi

Die uralte Stadt *Chiusi* liegt auf einem weich gebreiteten Hügel etwa 400 Meter über Meer. Sie ist auf der Autostrada del Sole sehr schnell von Florenz oder Arezzo aus erreichbar und wird vorwiegend wegen ihres bedeutenden etruskischen Museums besucht. Der klassizistische Bau aus dem letzten Jahrhundert ist baufällig geworden und mußte 1971 zwecks Erneuerung geräumt werden; es steht zu hoffen, daß die Sammlung beim Erscheinen dieses Reiseführers wieder zugänglich sein wird. Dem giebelgekrönten Atrium des Museo Archeologico Nazionale gegenüber rundet sich ein kleiner Stadtpark mit prachtvollen Wipfeln. Baumbestanden empfängt schon die Auffahrt nach Chiusi den Reisenden. Es ist, als hätte man in Cortona die stolze, von kriegerischer Vergangenheit beherrschte Toskana weit hinter sich gelassen. Lindere Lüfte wehen hier – bei klarem Himmel badet Chiusi im Licht des Südens; seine Häuser sind hell und freundlich. Vierschrötig, ein gewaltiger Klotz, ragt einzig der Glockenturm der Kathedrale zum Himmel. Er erhebt sich freistehend auf zyklopischen Grundmauern; darunter befinden sich, zwölf Meter tief, zwei Tonnengewölbe samt Mittelpfeiler, worin die Altertumswissenschaft Reste etrusko-römischer Thermen zu erkennen glaubt. Der Dom selbst, eine dreischiffige Basilika des 13. Jahrhunderts, überrascht durch achtzehn antike Säulen. Der zierliche Vorbau mit ionischen Pfeilern wurde im Cinquecento hinzugefügt.

Die Antikensammlung enthält reiche Funde aus der Nekropolis des etruskischen Kamars, nach der Legende das Haupt des mächtigen Zwölfstädtebundes. Hier hielt im 6. vorchristlichen Säkulum Porsenna glanzvoll Hof. Von Kamars aus griff er Rom selbst an, um den gestürzten Tarquinius Superbus wieder auf den Thron zu setzen. Der besondere Ruhm von Chiusi sind die Kanopen, etruskische Aschenkrüge aus rötlichem Ton mit Menschenköpfen und -gestalten auf dem Deckel. Sarkophage, griechische Vasen, etruskisches Geschmeide und Funde des römischen Clusium runden die wertvolle Sammlung ab. Um zu den Grabkammern im Gebiet der Seen von Chiusi und Montepulciano zu gelangen, ist ein Fremdenführer unerläßlich. Man findet ihn im Museum und nimmt ihn gleich im Wagen mit, um die teilweise guterhaltenen Wandmalereien in äußerlich unscheinbaren Grabkammern zu bewundern. Diese sind vor allem durch die poetischen Namen bekanntgeworden, die man ihnen verliehen hat: Tomba della Pellegrina, Tomba del Leone, Depósito del Granduca mit zweiflügeligem Tor aus Travertin sowie die Tomba della Scimmia mit dem Fresko aus dem fünften Jahrhundert vor Christo, das ein niedliches, an einem Baumstamm festgebundes Äffchen aufweist.

Das Kloster von Monte Oliveto Maggiore

Die stazione, das Wegkreuz der Autostrada del Sole, heißt «Chiusi-Chianciano» ; die Autobahn überquerend erreicht man auf kurzer Fahrt in einsamem Tal den großen Badeort *Chianciano Terme*. Gepflegte Alleen und Blumengärten verteilen sich am Steilhang. So weit vom Apenninbogen entfernt, ist hier dennoch wieder Bergluft zu spüren: Der höchste Gipfel der Toskana, *Monte Amiata,* und dessen Ausläufer riegeln das Tal der Orcia gegen die Maremmen ab. Mit zahllosen Hotels sämtlicher Kategorien ist Chianciano einer der bedeutendsten Thermalkurorte Italiens; als Standquartier in der südlichen Toskana wurde er in der Einleitung bereits empfohlen. Kuriert werden in modernsten Trinkhallen Leber- und Gallenleiden. Abends ist es hier, auf 500 Metern über Meer, immer kühl; wohltuende Ruhe erfüllt den Ort, der ganz im Grün der Bäume und Rasenflächen aufgeht. Einen Abstecher in das unverfälschteste Mittelalter bedeutet der Besuch des alten *Chianciano,* eines echt toskanischen Borgo mit steilen Gäßchen und engen Plätzen.

Wie Montecatini Terme liegt auch dem Badeort im Süden der Toskana ein Teppich vielgestaltiger Ausflugsmöglichkeiten zu Füßen. Im Süden, an der Via Cassia, lockt die in den Himmel ragende Burg von *Radicófani* romantisch veranlagte Touristen; westlich davon lagert sich, ebenfalls auf über 800 Metern Meereshöhe, das mittelalterliche Bergnest *Abbadia San Salvatore,* ein Luftkurort mit uralter Abtei, Krypta aus dem achten Jahrhundert und Kreuzgang des Cinquecento. Abbadía San Salvatore kann samt dem Kloster gleichen Namens auf der vielgelobten Rundfahrt um den Monte Amiata besucht werden. Über *San Quirico d'Orcia,* mit prächtiger Kollegialkirche und alten Palästen, führt die SS 2, die Via Cassia der Römer, nach Buonconvento, wo eine schmälere Landstraße sich in eine dramatische

Hügelgegend emporschlängelt, bis die ziegelroten Mauern der ausgedehnten Klosteranlage von *Monte Oliveto Maggiore* aus Olivenhainen und einem ganzen Wald von Zypressen leuchten. Die Abtei gehört zur Provinz Siena, von wo aus sie gleichfalls leicht zu erreichen wäre. Überwältigend wirkt der Anblick bei der Anfahrt von Osten, von Asciano herkommend, weil sich dann die wildzerklüfteten Kalksteinklippen, tiefen Schründe und schroffen Grate einer Landschaft aus Dantes Purgatorio gleich dem Betrachter darbieten. Immer noch von Mönchen bewohnt und betreut, ist Monte Oliveto eine Stätte der Einkehr, des Geistes und der Stille. Die Abtei wurde im Jahre 1313 von sienesischen Adligen gegründet, die ähnlich wie zuvor Franziskus von Assisi oder Bernhard von Clairvaux der Welt entsagten, um sich in Einsamkeit und Gebet zurückzuziehen. Heute beschäftigen sich die Olivetaner im Mutterkloster ihres Ordens mit dem Wiederherrichten beschädigter Bücher und Pergamente. Unter Zypressen wandelt man auf das langgestreckte Bauwerk zu, um durch einen wehrhaften Torweg in die kuppelgekrönte Kirche mit prachtvollem Chorgestühl zu gelangen, der ein schöner Campanile zur Seite steht. Andacht und Weihe umfängt den Besucher im lichten Kreuzgang, dem Chiostro grande, geschmückt mit Fresken von Sodoma und Signorelli, die in erfrischender Natürlichkeit das Leben des heiligen Benedikt von Nursia darstellen. Unmittelbar südlich von Buonconvento verläßt man die SS 2, um geradewegs nach Montalcino hinaufzufahren, einem toskanischen Hügelstädtchen voller Poesie. Seine Burg aus dem 14. Jahrhundert, mit mächtigem Hof, Türmen und Zinnen, ragt derart wirkungsvoll und ist so rein erhalten, daß der römische Regisseur Zeffirelli sie als Hintergrund für seinen San Francesco-Film benutzt hat.

Montalcino und die Abteikirche Sant'Antimo

Auch *Montalcino* umfängt den Besucher trotz mittelalterlicher Reste in südlicher Heiterkeit, hell und geräumig unter rosafarbenen Ziegeldächern, die von fern aus dichtem Grün hervorleuchten. Innerhalb der Mauern verdienen seine gotischen Loggien, der Palazzo Comunale und drei Museen – civico, archeologico und diocesano – die Aufmerksamkeit des Kunstfreundes. Das Schönste ist ein Gang kreuz und quer durch die abschüssigen Gassen und hellen Plätze des ursprünglich von Etruskern, dann von Römern besiedelten Stadthügels. Mitte des 16. Jahrhunderts errichteten hier flüchtige Sienesen nach der Niederlage ihrer stolzen Stadt die «Repubblica di Siena in Montalcino» als letztes Bollwerk freien toskanischen Bürgersinns. Nur wenige Kilometer südlich erwartet den Wanderer eines der schönsten Gotteshäuser Toskanas: die einsam in grüner Tallandschaft ruhende Abteikirche *Sant'Antimo*.

Sant'Antimo ist die reinste romanische Kirche der sonst so sehr vom gotischen Spitzbogen und den klassischen Formen der Renaissance beherrschten Toskana. Als ich die Abteikirche besuchen wollte, war sie von einer Wagenkarawane umstellt, die Rundbogenfenster und die Pforte schwarz verhängt, der Zutritt laut Anschlag Unbefugten verboten. Gewillt, das nicht auf meine Person zu beziehen, mischte ich mich unter allerhand zerlumptes wie auch höfisch aufgeputztes Volk, um unbehelligt durch die Seitentür in das Innere zu dringen. Unvergeßlicher Anblick! Nie hätte ich diesen Kirchenraum herrlicher erleben können als im Flutlicht zahlloser Jupiterlampen der italienischen Filmequipe, die gerade das Zeichen zur Dreharbeit erwartete. Buntgekleidete Gestalten am Boden, Jünglinge im Barett schlank an Säulen gelehnt, deren Alabasterkapitelle bernsteingelb über ihren Locken leuchteten. Üppige Komparsen in Samt und Seide neben ausgemergelten Mönchen und Büßern: So werde ich das hohe Langhaus samt Seitenschiffen und Chorumgang in mir bewahren als ein unwirkliches Traumgesicht. Denn Sant'Antimo wirkt fremd, der romanische Baustil unvertraut in diesem Kronland des Rinascimento, bleibt jedoch gerade dadurch tief im Gedächtnis haften.

Pienza und Montepulciano als Stätten toskanischen Geistes

Auch *Pienza*, fast 500 Meter hoch gelegen, ist auf einer Kuppe des toskanischen Hügellandes erbaut worden: «Campagna nuda, povera, grigia, triste, chiusa, senza lussi, senza sfoggi di tinte, senza odori e festoni pagani, ma così intima, così familiare, così adatta alla sensibilità delicata, al pensiero dei solitari» – wie Giovanni Papini, der große Florentiner, in seinem «Uomo finito» es wundervoll beschrieben hat. Im Frühjahr verschönt der Ginster, der von Leopardi besungene «fiore del deserto», erhellt das frische Grün den asketischen Anblick. Die Auffahrt nach Pienza gemahnt ein wenig an Assisi. Prächtig thront die kleine Stadt mit goldbraunen Mauern über einem Kranz von Zypressen, worunter sich auf roter Erde Olivenhaine silbrig über den Hang ergießen. Pienza ist ein künstliches Gebilde, eine Herrenlaune, im Kopf eines Kunstmäzens und Prälaten sowie auf dem Reißbrett hochbegabter Baumeister entstanden: eine Stadt aus der Retorte des Rinascimento.

Man schreitet über das hallende Pflaster und staunt, falls man sich diese schätzenswerte Fähigkeit zu erhalten wußte. Wenn nicht, ist es denkbar, daß man sie in Pienza wiedererlangt. Auf dem breit gelagerten Hügel stand bis im 15. Jahrhundert ein bescheidenes Dörfchen, Corsignano, an dem die Geschichte

Kleinod toskanischer Städtebaukunst: Piazza Pio II in Pienza

achtlos vorbeigegangen wäre, hätte es nicht, wie Vinci und Caprese Michelangelo, eine überragende Gestalt hervorgebracht: Enea Silvio Piccolomini, den Humanisten, Diplomaten und Schriftsteller des Quattrocento. Wie vordem Petrarca, war Äneas Sylvius mit dem Dichterlorbeer bekränzt worden – durch Kaiser Friedrich III. –, wie der große Aretiner bestieg auch Piccolomini Berge, ein Alpinist avant la lettre. Seine anschauliche Beschreibung des Monte Amiata, wohin er mit Vorliebe der

Sommerhitze der Stadt entfloh, ist ein berühmtes Stück italienischer Prosa. Unter dem Namen Pius II. wurde Äneas Sylvius 1458 Papst. Er beauftragte den bedeutenden Maler und Baumeister Bernardo Gamberelli, genannt «il Rossellino», mit Entwürfen zu einer Idealstadt auf dem Hügel seines Heimatdorfes. Enea Silvio sollte die Verwirklichung seines urbanistischen Traumes nicht mehr erleben. Nach Papst Pius nannte Corsignano sich sodann Pienza.

Der Flecken zählt heute nur ein paar tausend Seelen; aber die *Piazza Pio* II ist ein Kleinod rinascimentaler Baukunst. Ein wunderschöner Ziehbrunnen aus dem Mittelalter schmückt den trapezförmigen Platz, auf dem sich die ebenmäßigen Fassaden des Palazzo Piccolomini und der bischöflichen Residenz gegenüberstehen; Palazzo Ammanati und Rathaus wiederum blicken auf die Kathedrale mit klassischer Renaissancefassade. Das Innere versetzt den Besucher weit von der Toskana in nördliche Breiten, betritt er doch den lichterfüllten Innenraum einer hochgotischen Kirche mit bunten Glasfenstern. Der weiträumige Chor, der an englische Kathedralen erinnert, hat sich in seinen Fundamenten stark gesenkt, was gewaltige Verstärkungen zum Stützen der ungeheuern Pfeiler erforderte. Beträchtliche Kunstschätze sind im Dom, im Museo Diocesano nebenan und in den hoheitsvollen Sälen des Piccolominipalastes zu bewundern. Von dort tritt man unter die luftigen Loggien über den beschnittenen Taxushecken des Giardino pensile, von wo aus die toskanische Hügellandschaft sich wellenförmig in die Weite erstreckt. «Nata da un pensiero d'amore e da un sogno di bellezza» nannte Giovanni Pascoli das städtebauliche Schmuckstück.

Den grünen Höhenzügen entlang, meist mit prächtiger Fernsicht in Täler und Triften, windet die Landstraße sich ostwärts nach der großartig auf über 600 Metern Meereshöhe in den

Himmel ragenden Stadt *Montepulciano*. Gleichfalls ein Juwel toskanischer Renaissance, verdankt der nur 1500 Einwohner zählende Flecken sein Entstehen dem Einbruch der Barbaren. Ähnlich wie Venedig wurde Mons Politianus im sechsten Jahrhundert durch Flüchtlinge, hier aus dem zerstörten Chiusi, gegründet. Ihre Bürger werden danach «Poliziani» genannt. Der bedeutendste Sohn der Stadt ist unter diesem Namen in die Weltliteratur eingegangen: Angelo Poliziano, der Freund Lorenzo de' Medicis, der formvollendetste Lyriker des Rinascimento. Er lebte fürstlich in einer Villa bei Florenz, die ihm der dankbare Gönner geschenkt hatte. Am Stadttor angelangt, durchfährt der Ankömmling eine fast endlose, schmale Straße, die sich durch ganz Montepulciano bis zum entgegengesetzten Ende hinzieht. Alte Paläste links und rechts, am weiträumigen Domplatz, an der Piazza Grande; eindrucksvoll der Palazzo del Capitano und Palazzo Comunale. Ein prachtvoller Renaissancebrunnen fehlt so wenig wie ein Aussichtsturm auf dem Rathaus; die Spitze der Torre bietet einen außerordentlichen Rundblick über die Dächer und umliegenden Hügel. Die Meisterhand Michelozzos verrät die Renaissancefront der Kirche Sant'Agostino, dem Genius Antonio da Sangallos dankt die Stadt die luftigen Loggien der Canónica di San Biagio. Die gleichnamige Wallfahrtskirche Madonna di San Biagio, gleichfalls von Sangallo, steht am Hang unterhalb der Stadt. Der von 1518 bis 1537 entstandene Zentralbau zählt zu jenen kühl erdachten Sakralwerken einer Zeit, die den innigen Glauben des Mittelalters längst verloren hatte, als

204 *Stolze Toskana: Piazza grande in Montepulciano mit dem Palazzo Comunale*

205 *Montepulciano: Renaissance-Brunnen mit dem Wappen der Medici*

die Kirche nur noch auf weltliche Repräsentation bedacht war. Im Dom begegnet uns hingegen ein bedeutender Hochaltar mit einem Triptychon von Taddeo di Bartolo. Man müßte Zeit haben, Montepulciano in Ruhe zu durchstreifen, den alten Wehrmauern entlang zu schlendern, das Museo Civico und die stolzen Paläste Buccelli, Cervini, Avignonesi, Contucci, Tarugi betreten, die größten Baumeistern der Renaissance, wie Vignola und Sangallo zugeschrieben werden. An einem schmalen Hause aus dem 14. Jahrhundert weisen Inschriften darauf hin, daß hier der Dichter der Stanze, Schöpfer des «Orfeo» und berühmtester Sohn der Stadt, l'elegantissimo Poliziano, das Licht der Welt erblickt hat. Doch – wie in der Einleitung bemerkt, ist es undenkbar, in unsern Tagen noch alle Säle des ungeheuern, unabsehbaren Museums kennenzulernen, das Italien oder bloß Toskana und Umbrien heißt.

IM LICHTE UMBRIENS

Perugia

Ankunft in Perugia – Fontana Maggiore und Palazzo dei Priori – Die Fresken Peruginos im Collegio del Cambio – Oratorio di San Bernardino und Ipogeo dei Volumni

Ankunft in Perugia

Perugia war im Altertum eines der mächtigsten Glieder des etruskischen Zwölfstädtebundes; das offenbart sich dem Besucher heute noch unübersehbar in den Resten zyklopischer Wehrmauern und Tore. Doch schon um 310 vor Christi Geburt fiel die Lukumonie Perusia in die Hand der jungen römischen Republik. Die bedeutende, zur Augusta Perusia des Kaiserreiches emporgestiegene Stadt geht in die Geschichte Roms ein, bis sie nach langer Belagerung im Jahre 547 durch den Gotenkönig Totila zerstört wird. Nach den Stürmen der Völkerwanderung festigt sich im 11. Jahrhundert auf dem schwer einnehmbaren Hügel von Perugia eine Stadtrepublik, die im Trecento einen großen Teil Umbriens beherrscht. Blutrünstige Fehden zwischen den Geschlechtern der Oddi und Baglioni erschütterten das blühende Gemeinwesen im 15. Jahrhundert. Zu Beginn des Cinquecento wachten die siegreichen Baglioni über Stadt und Land; 1540 fiel Perugia an den Kirchenstaat, dem es bis im 19. Jahrhundert angehörte. Obwohl historisch und sogar geographisch ganz dem Land der Etrusker zuzuzählen – der Tiber als uralter natürlicher Grenzstrom fließt wenige Kilometer östlich an der Stadt vorbei –, obwohl auch hier im Mittelalter die Machtkämpfe zwischen Guelfen und Ghibellinen wüteten und die Gotik weitgehend das Bild der Altstadt bestimmt, fühlt der Reisende sogleich, daß er die Toskana hinter sich gelassen hat oder an ihr vorüberfuhr. Alles wirkt hier weit und prächtig, repräsentativ, von prallem Leben erfüllt. Ein anderes Licht liegt auf diesen Mauern, alles ist hier heller, weicher, versöhnlicher. Das Prädikat «dolce», das die Italiener auf Siena anzuwenden lieben, paßt vielmehr zu Perugia. Scheint sich schon bei Chiusi die stolze Toskana in südlicher Heiterkeit aufzulösen, so webt über der Hügelstadt Perugia etwas vom Goldglanz des päpstlichen Rom.

Den florentinischen Borghi, den sienesischen Contrade entsprechen in Perugia fünf Rioni, worin die Stadt sich aufteilt. Sie heißen nach den alten Toren Porta San Pietro, Porta Sole, Santa Susanna, Porta Eburnea und Sant'Angelo. Wirkt die Fahrt auf die schroffen Kuppen von Volterra oder Cortona fast beklemmend, so bereiten hier die mächtigen Schleifen des baumbestandenen Viale Roma dem Ankömmling einen geradezu festlichen Empfang. Mit 120000 Einwohnern, Hochschule und Universität für Fremde trägt die umbrische Kapitale auch dank ihrer bedeutenden Nahrungsmittelindustrie großstädtischen Charakter.

Da oben weht immer ein Wind, der noch im Mai empfindlich kühl sein kann; alles wirkt weltoffen, urban. Tief in das breite Tibertal und die umbrische Hügellandschaft dringt der Blick von der Balustrade der Giardini Carducci, die eine riesige Terrasse mit gepflegten Grünanlagen und Blumenbeeten bilden. An deren Rande steht auch das Brufani Palace, eines der schönstgelegenen Hotels der Halbinsel, das etwas von der Atmosphäre jener Zeit bewahrt hat, als Bildungsreisen noch zu den Vorrechten einer gehobenen Gesellschaftsschicht gehörten. Als Kunst-

stadt und Wegkreuz verfügt die bedeutende Provinzhauptstadt außerdem über drei Erstklaßhäuser, deren eines, «Rosetta» an der Via delle Sette, nahe der Piazza Italia, im «Michelin Italie» mit dem schwer zu erlangenden Blümchen, dem Zeichen für hervorragende Küche, ausgezeichnet ist.
Wie in der Einleitung für ganz Mittelitalien, möchte ich für den Besuch Perugias dem Leser am liebsten den Rat erteilen, den Wagen vor den Stadttoren stehenzulassen und die alten steilen Gassen, die breiten Straßen und Plätze nach Lust und Laune zu durchstreifen. Bei mildem oder warmem Wetter setzt sich der weise Flâneur jedenfalls erst einmal an das Tischchen eines der zahlreichen Trottoircafés am Corso Vannucci: Er heißt nach dem hochbegabten Sohn der Stadt, Pietro, dem Maler zarter Madonnenbilder, der unter dem Namen «il Perugino» seiner Heimat unsterblichen Ruhm errang. Und obgleich ringsumher Studenten verschiedener Hautfarbe und Zungen durcheinander reden, will es dem Ankömmling scheinen, als hätte er auf der Reise durch die Toskana einem ritterlichen Schauspiel beigewohnt, dessen stolze Bühne doch recht nordisch streng im Gedächtnis nachwirkt, während er erst jetzt, in Perugia, wirklich in Italien angelangt sei.
Man hat hier mehr Zeit; alles lädt dazu ein, es sich bequem zu machen. Es gibt in Umbrien auch nicht so viel zu sehen, wie in der unvergleichlichen Schatzkammer Florenz und Toskana. Um so tiefer nimmt der Fremde Anteil am Leben und Treiben der Bürger. Unvertraut gewordenes Wort: Bürger! Wer will heute noch ein borghese, ein cittadino sein? Doch Stadtgeist ohne Bürgersinn ist undenkbar – und in Mittel- und Süditalien ist die

210/211 Perugia im Flutlicht, mit der Fontana Maggiore vor dem gotischen Palazzo dei Priori

Familie, die Sippschaft, das Quartier, der Circolo, die Civitas immer noch alles; die Stadtrepublik bleibt seit den Etruskern und Römern ihr Lebenskreis. Über Rom, die Urbs sacra aeterna, schimpft man, um trotzdem hinzufahren, so oft sich dazu eine Gelegenheit ergibt. Kleiner als Bologna und Padua, ist Perugia dennoch in sichtbarerem Maße Universitätsstadt; die 1926 ins Leben gerufene Università per Stranieri umfaßt auch eine etruskologische Fakultät und bringt eine kosmopolitische Note in die etwas abgelegene Stadt. Diese Hochschule für Fremde ist in dem prächtigen Palazzo Gallenga aus dem 18. Jahrhundert untergebracht, der in dem nördlichen, vom Corso Garibaldi durchquerten Rione steht. Das Viertel nimmt für sich einen Hügel ein, samt der im einstigen Olivetanerkloster untergebrachten Universität und bedeutenden Kirchen.

Fontana Maggiore und Palazzo dei Priori

Zuerst ein Blick auf die Kirchen von Perugia: Ganz im nordwestlichen Zipfel bei dem gleichnamigen Stadttor, liegt *Sant'Angelo,* ein frühchristlicher, von Zypressen umstandener Rundbau des 6. Jahrhunderts, der im Trecento eine gotische Pforte vorgesetzt bekam. Das Innere empfängt den Besucher wie eine Miniatur von Santo Stefano Rotondo in Rom, jenes weihevollen, vom Verfall bedrohten und schwer zugänglichen Zentralbaus. Außerhalb der Porta Sant'Angelo, am Monte Rípido, sind Reste eines Aquädukts zu sehen. Durch den *Arco di Augusto* betritt man von Norden her die Innenstadt. Etruskische Quadern bilden den Unterbau des hochragenden, von einem römischen Rundbogen überwölbten Tores. Weitere römische Bauten türmen sich phantastisch darüber, während der gewaltige Viereckssturm zur Linken durch eine zierliche Loggia im Stile der Renaissance gekrönt wird. Eine steile, schluchtartige Gasse führt vom Augustusbogen, der auch Arco etrusco heißt, zur Piazza Danti hinter der Kathedrale empor. Mit etwas mehr Zeit kann vorher dem nordöstlichen Rione ein Besuch abgestattet werden. Von der Piazza Fortebraccio schlägt man in diesem Fall die Via Pinturicchio ein, die zur Kirche Santa Maria Nuova hinüberführt. Sie stammt aus dem 14. Jahrhundert, wurde jedoch vielfach umgebaut; beachtenswert der gotische Innenraum mit Chor und Kreuzgang. Außerhalb der Ringmauern steht schließlich, bei einem zur Poliklinik umgebauten Kloster des 13. Jahrhunderts, Santa Maria di Monteluce, mit einer Fassade zweifarbigen Marmors sowie einem Tabernakel aus der Renaissance. Anstatt geradewegs zum Domplatz – Piazza Danti und Piazza IV Novembre – hinaufzusteigen, sollte der wißbegierige Besucher sich nach der Via delle Volte della Pace durchfragen, einer engen Gasse mit Bogen, die noch ganz den Geist des Mittelalters bewahrt hat. Sie folgt der etruskischen Wehrmauer mitten durch die Altstadt und mündet in die langgestreckte Piazza Matteotti mit dem Palazzo del Capitano del Popolo und der Alten Universität. War all dies nur ein Vorhof und Vorgeschmack der erhabenen Schönheit der umbrischen Kapitale, so braucht es von hier aus bloß ein paar Schritte, um Perugia in ihrer ganzen Herrlichkeit zu erleben. Die *Piazza* IV *Novembre,* die bestimmt vordem einen poetischen Namen besaß, der ihr besser zu Gesicht stand, ist das Herz der reichen Stadt und einer der prächtigsten Plätze Italiens. Vor der Seitenfront des Domes sprudelt die *Fontana Maggiore,* ein Meisterwerk des 13. Jahrhunderts, aus weißem und rosafarbenem Marmor gemeißelt. Die Statuen am obern Becken werden Giovanni Pisano zugeschrieben, die Basreliefs des untern Bassins bilden ein Werk Nicola Pisanos. Wenn Einheit in der Vielfalt eine Definition der Schönheit ist, dann steht sie dem kunstsinnigen Beschauer hier in vollendetem Ebenmaß vor Augen. Der gotische Dom *San Lorenzo* von Perugia scheidet die Piazza Danti, der er seine Barockfassade zukehrt, von der Piazza IV Novembre. Im Kultraum hängen Werke von Agostino di Duccio, im Museo dell'Opera del Duomo findet sich unter andern bedeutenden Gemälden ein Signorelli. Toskanisch streng blickt der *Palazzo dei Priori* [Palazzo Comunale] über den weiten, meist buntbelebten Platz. An der gotischen Fassade halten zwei Wappentiere, Löwe und Greif, die Ketten der Stadt Siena, die dieser nach dem Siege von 1358 als Beute entrissen worden waren.

Hoheitsvoll empfängt uns das Innere mit der freskengeschmückten Sala dei Notari und den kostbaren Holzschnitzereien des Collegio della Mercanzia. Erst im dritten Stockwerk des Palazzo dei Priori, das ganz der umbrischen Nationalgalerie vorbehalten ist, wird der Besucher sich der gewaltigen Maße bewußt, die in diesen ehrwürdigen Mauern herrschen. Die Kunstsammlung der Stadt rechtfertigt allein eine Reise nach Perugia. Wer die reine Linie, die zarten Farben umbrischer Madonnen und Heiliger, vor dem Hintergrund liebevoll gemalter blauer Berge und smaragdner Triften an ihrem Urquell erleben will, sollte sich für den Salone und die 24 Säle einen Vor- oder Nachmittag vorbehalten. Fromm und innig auf Goldgrund gemalte Gestalten der biblischen Geschichte, mittelalterlich-anonym, dann aus der Schule des Cimabue und Duccios, eröffnen den Reigen. Über zahllose Meisterwerke der Gotik geht es weiter zu Gentile da Fabriano, Arnolfo di Cambio, Fra Angelico, Benozzo Gozzoli. Die umbrische Malerschule entstand aus der Kunst der Toskana, die Anfänge werden hier anschaulich dargestellt. Das

215 Gekrönter Greif am Portal des Rathauses zu Perugia aus dem Jahre 1281

Quattrocento ist hervorragend vertreten, den Höhepunkt bilden Pinturicchio und Perugino im Saal xv. Durch zahlreiche Bilder der umbrischen Schule wird die außerordentliche Sammlung, die auch bedeutende Skulpturen aufweist, sinnvoll abgerundet.

Die Fresken Peruginos im Collegio del Cambio

Am Beginn des Corso Vannucci betritt man das *Collegio del Cambio,* den Palast der Geldwechsler; das dunkle Gewölbe erhält um die Mittagstunde das beste Licht zum Bewundern der prachtvollen Fresken Peruginos mit Göttern, allegorischen Figuren, Sibyllen und Propheten. Ebenso reich ausgemalt haben Schüler Vannuccis die anschließende Kapelle. Ein Wandgemälde Raffaels, des Lieblingsschülers von Perugino, der den Ruhm umbrischer Malkunst nach Rom und in die Welt tragen sollte, muß in der uralten, später erneuerten Kirche San Severo, unweit von Santa Maria Nuova, gesucht werden.

Der Corso Vannucci weitet sich gegen Süden zuerst zur Piazza della Repubblica, um dann in die Piazza d'Italia zu münden, jene weite rechteckige Grünanlage, wovon zu Beginn dieses Abschnitts kurz die Rede war. Nach allen Seiten fällt das Gelände stark ab. Perugia ist terrassenförmig gebaut. Bei der Porta Marzia, einem weitern Zeugen der etruskischen Perusia, kann noch die Via Baglioni sopra besucht werden, die vollständig gedeckt, gesäumt von Häusern aus dem 15. Jahrhundert, angelegt ist. Der ausgedehnte Komplex des einstigen Dominikanerklosters enthält heute das *Museo Archeologico Nazionale dell'Umbria* mit Aschenurnen und Sarkophagen aus den umliegenden Etruskergräbern. Die Altertumssammlung wird durch römische und vorgeschichtliche Funde bereichert. Mächtig ragt daneben die gotische Klosterkirche *San Domenico* mit bemerkenswerten Glasfen-

stern des 15. Jahrhunderts in den Himmel, der uns von sovielen andächtigen Gemälden vertraut ist.
Durch die monumentale Porta San Pietro gelangt man einer Grünanlage entlang durch den Borgo XX Giugno – all diese Daten an Straßen und Plätzen, womit der Fremde nichts anzufangen weiß! – zum gewaltigen Bau des einstigen Klosters *San Pietro,* heute Hochschule. Durch den Hof betritt man die Basilika San Pietro, einen wirkungsvollen Bau des Quattrocento, ausgeschmückt mit vielen wertvollen Kunstwerken: Die Sakristei rühmt sich sogar dreier Peruginos. Zwei Kreuzgänge und das ehemalige Refektorium, heute Aula der landwirtschaftlichen Fakultät, sind zugänglich.

Oratorio di San Bernardino und Ipogeo dei Volumni

Kleinod umbrischer Sakralbaukunst ist jedoch das *Oratorio di San Bernardino* im Westen der vielverzweigten Hügelstadt. Von der Piazza IV Novembre, zwischen Dom und Palazzo dei Priori, geht man unter einem Torbogen hindurch die enge, gewunden-abschüssige Via Maestà delle Volte hinunter. Der fremde Besucher glaubt zuerst, ein privates Gäßchen zu betreten und schickt sich an, die alten Häuser, verwunschenen Winkel und lauschigen Brunnen in Ruhe zu betrachten; aber falls er angenommen hat, dieser Torweg sei etwa dem Fußgänger vorbehalten, dann wird er rasch eines Schlimmern belehrt, sobald ein hart an ihm vorbeibrausender Alfa Romeo oder Lancia ihn unter ohrbetäubendem Reifengekreisch in die erbarmungslose Wirklichkeit einer durchmotorisierten italienischen Stadt des spätern Novecento zurückschreckt. Unten weitet sich die Gasse, da wird das steile Gelände dieser phantasievoll angelegten Siedlung wieder

etwas ebener, und wenn der Kunstpilger schließlich – durch Erfahrung gewitzigt und fortan stets sprungbereit, seine Haut unter einen Türsturz zu retten –, auf einen weiten Platz am Stadtrand gerät, dann wird er für die ausgestandenen Strapazen reichlich belohnt durch einen Anblick, der seinesgleichen sucht. Die große Kirche San Francesco al Prato dürfte ihn nicht stark beeindrucken. Daneben jedoch steht die zartfarbige Fassade des Oratorio di San Bernardino, ein Meisterwerk umbrischer Renaissance von Agostino di Duccio, einem Künstler aus Rimini, dessen Malatestatempel er ausgeschmückt hatte. Über ein paar breiten Stufen ruht die ausgewogene Fassade zwischen Friedhofmauer und niedrigem Torbogen, der auf einem Rundpfeiler steht. Dicht daran drängt sich eine verwitterte Hauswand. Die giebelgekrönte Vorderseite des Bethauses überragt das dahinter verborgene Gebäude. Die Selbstverständlichkeit, womit hier antike Form mit der Andacht einer romanischen Kirchenpforte zu einem ebenmäßigen Ganzen vereint ist, erweckt das Entzücken jedes Kunstfreundes. Zauberhaft hebt sich das Himmelblau des Tympanons ab von dem warmen Ockerton der übrigen Teile, samt den edlen Standbildern in den Nischen. Das Innere ist ein schlichtes gotisches Gewölbe mit einem Sarkophag aus altchristlichen Tagen. Aus dem einstigen Convento dei Francescani wurde die Accademia di Belle Arti; Reste eines Kreuzgangs und eine Kapelle sind erhalten geblieben. Ein römisches Mosaik findet der Liebhaber in einem Palast der Via Santa Elisabetta, zu der die Via A. Pascoli in einem Bogen hinführt.
Wer vom Oratorio di San Bernardino zum Corso Vannucci hinaufgehen möchte, hat Gelegenheit, sich auf der hübschen Piazzetta della Madonna della Luce umzusehen. Die kleine Renaissancekirche gleichen Namens zeigt eine feingegliederte Vorderseite. An der nunmehr steil zur Stadtmitte emporstrebenden Via dei Priori fällt die Barockkirche San Filippo Neri ins Auge, de-

ren mächtige Fassade nach der kleinen Piazza Baldassare Ferri schaut.

Vielbesucht ist das *Kuppelgrab der Volumner,* sechs Kilometer außerhalb Perugias an der Landstraße nach Foligno. Ein aus dem Felsen gehauenes Gewölbe weist auf eine etruskische Nekropolis aus dem zweiten vorchristlichen Jahrhundert. Der Cippus des Ältesten der Volumner überragt die andern Sarkophage an Pracht und Größe. Der Ipogeo dei Volumni ist das bedeutendste Etruskergrab der Gegend; diejenigen von San Manno und Villa Sperandio werden vorwiegend von Archäologen aufgesucht. So weit, atmosphärisch betrachtet, die umbrische Hauptstadt von der Welt der Mediceer, von Siena und der übrigen Toskana entfernt zu sein scheint – hier, im Schatten des uralten Kulturvolkes, findet der Reisende wieder, was er in Fiesole, Volterra, Chiusi oder Cortona erahnte und was ihn, erregender, vollständiger noch in Cerveteri, Tarquinia und Veio vor den Toren Roms erwartet: den unentrinnbaren Sog Etruriens, den tiefen Zauber der Terra tosca.

AUF DEN HÜGELN
DES HEILIGEN FRANZISKUS

Assisi und der Eremo delle Carceri

Römische und romanische Bauwerke – Frate Sole, Suora Luna – Stätte des Geistes, Landschaft der Seele – Eremo, Porziuncola, San Damiano

Greift der Stadtplan von Perugia polypenartig über die etruskischen Wehrmauern hinaus nach allen Richtungen in hügelige Grate und Kuppen, so blickt *Assisi* nach innen. Stößt die Altertumskunde am Fuße der einstigen Lukumonie Perusia auf Totenstädte, Kuppelgräber, *ipogei,* dann reiht sich hoch am Berg und unten im Tal bei Assisi eine Gedenkstätte des großen Heiligen an die andere. Erblickt man Assisi an einem klaren Tag vom Giardino Carducci in Perugia – selbst Spello, Foligno und Trevi sind dann in der Ferne erkennbar –, erscheinen seine Häuser weiß, wie schon Heinrich Federer in einem seiner italienischen Wanderbücher anschaulich erzählt. Einmal in Assisis Mauern angelangt, zeigt sich der Baustoff je nach Einfall des Sonnenlichts elfenbeinfarben, hellgrau, rötlich bis ockerbraun. Diese seltsame Wirkung erzeugt der Subiaso-Stein, von dem 1290 Meter hohen *Monte Subiaso* im Osten der Stadt. Assisi liegt 200 Meter über dem Tibertal, die Rocca Maggiore erreicht 500, der Eremo sogar 800 Meter über Meer. Als weltbekannter Wallfahrtort besitzt Assisi ein paar ausgezeichnet geführte Hotels, die jedoch einen gewissen Hospizcharakter nicht zu verleugnen vermögen.

Römische und romanische Bauwerke

Um mit dem Wagen zum Hotel zu gelangen, empfiehlt es sich, schon am Stadttor Porta Nuova oder Porta San Pietro nach dem einzuschlagenden Weg zu fragen; denn das enge Labyrinth der Einbahngassen ist dem Ortsunkundigen ein Buch mit sieben Siegeln. Mehr als in toskanischen Hügelstädten beherrscht hier das Mittelalter den Baustil. Asisium wurde wahrscheinlich von Umbrern gegründet und weist keine etruskischen Spuren auf. Als Teil der VI. Region blühte die Stadt unter römischer Herrschaft; im ersten vorchristlichen Jahrhundert wurde der elegische Dichter Propertius in Asisium geboren. Der heilige Rufinus erlitt hier im Jahre 238 den Märtyrertod.

Die sechs korinthischen Säulen mit klassischem Giebel an der Piazza del Comune, die Goethe begeisterten, sind eines der besterhaltenen Bauwerke aus der Zeit der späten Republik oder des frühen Kaiserreichs. Im 16. Jahrhundert wurde in der einstigen Cella dieses *Minervatempels* eine Kirche eingebaut und im Seicento barock ausgeschmückt, was nun gar nicht in das gotisch-asketische Stadtbild paßt. Packend ist ein Besuch des einstigen Forums in der Krypta von San Nicolò: Das unterirdische Gewölbe besitzt noch römisches Pflaster und ist wirkungsvoll als Museum eingerichtet. Reste eines antiken Theaters sind beim Dom San Rufino zu sehen; von der Größe Asisiums zur Zeit der Cäsaren künden die Ruinen eines *Amphitheaters* zwischen Porta Perlici und Piazza Matteotti. Auf einer Bergeskuppe östlich davon steht die Rocca Minore, eine mittelalterliche Festung, von gleicher Höhe Stadt und Land überschauend wie im Norden die

222/223 *Assisi, die asketische Heimat San Francescos, in der weichen Hügellandschaft Umbriens*

Rocca Maggiore. Diese Zwingburg, von deren Zinnen der Blick weit über das Tal und zum Monte Subiaso schweift, spielte eine Rolle in der Geschichte des Heiligen Römischen Reiches Deutscher Nation: Dort wurde der junge Friedrich von Hohenstaufen, der spätere Kaiser, durch Herzog Conrad von Lützen in ritterlicher Tugend erzogen – wobei betont sei, daß der später auch von Machiavelli gebrauchte Ausdruck «virtù» nichts mit Enthaltsamkeit, aber um so mehr mit Kühnheit und Willen zur Macht zu schaffen hatte.

San Rufino ist eines der edelsten Beispiele umbrischer Romanik. Ein zierlicher Bogengang verbindet den obern Teil der Fassade und dessen drei prachtvolle Fensterrosen mit den darunterliegenden Pforten. Der mächtige Glockenturm mit Uhr und romanischen Blendarkaden, zuoberst von doppelten Rundbogenfenstern durchbrochen, steht gleich einem unerschütterlichen Beschützer neben der Basilika, deren Inneres freilich im 16. Jahrhundert umgestaltet wurde. Der heilige Franziskus, Santa Chiara und Kaiser Friedrich II. sind in dem Weihbecken des Domes San Rufino getauft worden. Zinnengekrönt und mehrfach durchbrochen wacht auch der Turm des Palazzo del Capitano del Popolo mittelalterlich-trutzig über den schönen Platz mit Fontäne und Rathaus. Der restaurierte Palazzo dei Priori aus dem 14. Jahrhundert beherbergt die städtische Kunstsammlung. Auf der stets belebten Piazza del Comune und dem anschließenden Corso Mazzini trifft sich ganz Assisi. An den Cafétischchen im Freien erholen sich die Fremden von der Mühsal steiler Gassen und Treppen. Die abschüssige Via San Francesco ist eine Einkaufsstraße für schöne Majolika aus Deruta und fromme Andenken jeder erdenklichen Art. Sonst trifft man nur ganz wenige Geschäfte, zwei versteckte Kinos, Restaurants und Bars in der zeitentrückten Stadt, auf deren Pflaster die Schritte jedes späten Heimkehrers hohl durch die langen Gassen hallen.

Frate Sole, Suora Luna

Sieht man von der Hochsaison im Sommer ab, wo die Autobusse mit Massenladungen Neugieriger auch in diese Stille einbrechen, so ist Assisi einer der ganz seltenen Wallfahrtsorte geblieben, die ihre Weihe, ihre Andacht, ihren tiefen Ernst bewahrt haben. Die Botschaft San Francescos klang heiter; aber sein Leben war schwer und entbehrungsreich. Wie der Gründer des Zisterzienserordens in Burgund, Bernhard von Clairvaux, stammt der heilige Franz von Assisi aus reichem Hause. Und wie später bei Ignatius von Loyola war es eine Krankheit, die den erst Zwanzigjährigen erleuchtete und zur Abkehr vom Kriegsdienst und von den Freuden irdischen Wohllebens bewog, denen er sehr jung schon mit allen Sinnen zugetan gewesen war. Wie in unsern Tagen so viele junge Leute sagte er sich von seinem Vater, einem begüterten Kaufmann, los und weihte fortan seine Tage der Barmherzigkeit und seine Nächte einsamem Gebet. In der Kirche San Damiano im Süden Assisis hatte er ein Gesicht, dort empfing Franziskus den heiligen Anruf, hinfort im Geiste zu wirken. Er auferlegte sich und seinen Genossen, die bald zu ihm stießen, härteste Entbehrung und Zucht, nahm die härene Kutte und baute seine Regel auf die drei Gebote der Armut, des Gehorsams und der Keuschheit. Papst Innozenz III. anerkannte um 1210 den neuen Orden der Frati Minori, der spätern Franziskaner. Francesco predigt im Geiste eines christlichen Pantheismus Liebe zu allen Geschöpfen, Frieden und Brüderlichkeit. Aus Assisi verbannt, wirkt er apostolisch in den umliegenden Städten Umbriens und Toskanas, tut einsam Buße auf einem Inselchen im Trasimenischen See, segelt 1209 nach dem Orient, reist nach Spanien, dessen Süden sich damals noch in den Händen der Mauren befand, sucht 1219 den ägyptischen Sultan persönlich auf, um ihn zum Christentum zu bekehren, setzt seinen Fuß auf die Erde des Heiligen Landes und empfängt, zurückgekehrt, im Kloster La Verna die Stigmata Christi... San Francesco starb 1226. Eine junge Mitbürgerin eiferte ihm nach und gründete den Orden der Klarissinnen: Santa Chiara. Die Kirche *Santa Chiara* reckt ihre breitausladende Fassade aus weißem und rosafarbenem Stein der Weite des gleichnamigen Platzes entgegen. Zu ihrer Seite genießt man, unter Bäumen wandelnd, einen herrlichen Blick auf das umbrische Land. Als einziger Schmuck über der strengen Rundbogenpforte eine prachtvolle Fensterrose unter dem Dreiecksgiebel. Wer von Foligno nach Assisi hinauffährt, hält unwillkürlich auf der Piazza Santa Chiara an und gerät so in den Bann der Stadtheiligen, ehe ihm der Geist San Francescos am andern Ende der langgestreckten Siedlung ungleich machtvoller offenbart werden wird. So kahl das Innere den Pilger empfängt, strahlt Santa Chiara dennoch weibliche Anmut, frauliche Weichheit aus. An die Kirchen burgundischer Winzerstädtchen erinnert der spitzbedachte Glokkenturm. Die Kathedrale San Rufino liegt höher, aber nah, und der Corso Mazzini führt von Santa Chiara geradeswegs zur Piazza del Comune empor, dem Mittelpunkt der Stadt. Westwärts verliert sie sich in enges Gassengewirr, bis die etwas breitere, abschüssige Via San Francesco gefunden ist. Sie vereinigt in ihren Häusern Mittelalter und Renaissance auf das Glücklichste. Über ihr ehrwürdiges Pflaster gelangt man unmittelbar zum *Sacro Convento,* dem Kloster und den übereinander gebauten Gotteshäusern des Heiligen, der Chiesa superiore und inferiore.

227 *Umbrischer Alltag: Piazza del Comune, der Treffpunkt Assisis*

RISTORANTE ITALIA
TABACCHI

Auf die nach allen Seiten vermauerte Piazza inferiore di San Francesco hinaustretend, ist kein Eindruck des Ganzen zu erhaschen: «Die ungeheuren Substruktionen der babylonisch über einander getürmten Kirchen, wo der heilige Franziskus ruht», wie Goethe sie in der Italienischen Reise schildert, sind nur aus der Tiefe, vom Fuße des Hügels, zu erfassen. Sie zählen zu den Höhepunkten mittelalterlicher Baukunst. Gerade das Ineinanderwirken romanischer Erdenschwere mit giebeliger Gotik, veredelt durch den Zierat renaissancehafter Balustraden an der großen Treppe und am Portikus der untern Kirche, wirkt überwältigend auf den Betrachter. Unvergeßlich ist auch hier der Baustoff, jener edle Subiaso-Stein, der die Lichtflut südlicher Landschaft wundervoll einfängt und widerstrahlt – rosig leuchtend im Morgenschimmer, weißlich grell im Mittagsglast, golden glühend im Schein der untergehenden Sonne.

Die Piazza inferiore empfängt uns nicht wie der öffentliche Markt einer Stadt; man fühlt sich innerhalb ihrer Bogengänge geborgen wie im Hof einer großen Pilgerherberge, einer Karawanserei des Morgenlandes. Die Kirchen Santa Chiara und San Francesco wurden im 13. Jahrhundert erbaut und geweiht. Noch war das Kreuzzugsfieber im Herzen der gläubigen Christenheit wach: Franz von Assisi, Friedrich II. zogen ins Heilige Land. Orient und Okzident beschenkten sich gegenseitig durch Einfluß und Austausch baulicher Formen. In einem ganz andern Sinne als Siena bildet Assisi eine Geburtstätte gotischen Geistes, gotischen Stils. Die Toskana ist die Hochburg der reinen Form; das kriegerisch stolze Siena etwa wirkt als Stein gewordene Civitas, Republik und Patriziat. Selbst toskanische Landschaft entzückt das Auge als Menschenwerk: Ursprünglich karg, gebirgig, Wind und Wetter preisgegeben, hat der Mensch mit seinem uralten, von den Etruskern ererbten Schönheitssinn diese Hügelkämme mit Zypressenreihen gekrönt, mit Villen überbaut, deren sanfte Dächer und ockergelbe Mauern menschenfreundlich ins Tal hinunter schauen – von den einsamen Klöstern, den Kirchentürmen auf düstergrünen Hügelwellen nicht zu reden. Sie scheinen sich ins Unendliche fortzusetzen; die Engländer haben dafür den unübersetzbar-anschaulichen Ausdruck «rolling hills». Toskanische Erde, toskanische Horizonte sind auch unter trübem Himmel, im Regen sogar, genießbar. Es ist eine männlich herbe Schönheit, vom Geist erschaffen, vom Geiste beherrscht.

Umbria jedoch, die südlich-sanfte Schwesterlandschaft mit dem Azur ihrer Bergesketten am fernen Gesichtskreis, die ihre Maler so zauberhaft auf die Leinwand bannten –, Umbrien mit dem weiten Tibertal, den am Gebirgshang klebenden alten Städten: Es bedarf der Sonne, des samtenen Himmels, der linden Luft, um seine echt weibliche Anmut ganz zu entfalten. So tritt dem Betrachter der gewaltige Aufbau der Franziskuskirchen zu Assisi nicht allein als Inbild mönchischer Zucht, asketischer Strenge entgegen. Wie die milde Lehre des Poverello di Dio umfängt uns hier ein Hauch ewigen Lichtes, versöhnlichen Geistes, seelenvoller Gotteskindschaft. Die Prachtliebe der römischen Kurie hat ihrem großen Sohn und Ordensstifter, der sich zeit seines Lebens der Armut vermählt hatte, ein Mausoleum und einen Tempel gebaut, in dessen Prunk und Kunstreichtum er sich bestimmt nicht wohlgefühlt hätte.

Unmöglich, auf diesem beschränkten Raum die Fülle hervorragender Gemälde und Bildnisse aufzuzählen! Das Sacro Convento wird ohnehin meist mit einem Führer besucht, der auf verborgenen Glanz und Zauber im weltumfangenden Werk Giottos, Cimabues, Simone Martinis und Pietro Lorenzettis hinweist. Dessen Madonna dei Tramonti ist eine Apotheose gotischen Marienkultes. Doch noch länger verweilt man vor dem unerhörten Porträt des Heiligen mit seinen vergeistigten Händen, von Cimabue, in der Basilika – wahrlich das Antlitz eines Menschen, der irdischer Eitelkeit entsagt und nochmals das Leiden der Welt auf seine ausgemergelten Schultern nahm, die sich eingefallen unter der härenen Kutte abzeichnen. Das allerschönste bleibt der *Antico Cimitero,* ein von zweistöckigen Arkaden umstandener Kreuzgang aus dem 15. Jahrhundert, mit grünem Rasen, Hecken, zum Himmel ragenden Zypressen. Eine Stätte der Stille, die Franziskus geliebt, wo er seinen kleinen Freunden, den Singvögeln, gelauscht und seinen Schöpfer gelobt hätte in frommer Inbrunst eines glaubensmächtigen Herzens: «Laudato si mi signore cum tucte le tue creature...» Auf die moderne Statue des Frate Sole würde man hingegen zur Not verzichten.

In der *Basilica Inferiore* umfängt wahrhaft byzantinische Pracht den Sinn des Besuchers. Jedes Mauerstück, jede Stelle des mächtigen Gewölbes ist mit Meisterwerken bildender Kunst bedeckt: Mit der Oberkirche zusammen eine ungeheure Biblia Pauperum, die fast die ganze heilige Geschichte und Legende farbenprächtig beschwört. Wieder im Freien, überfällt das innige Licht Umbriens den Beschauer, sobald er den gepflasterten Kreuzgang Sixtus IV. aus dem 15. Jahrhundert betritt. In abweisender Hoheit kehrt ihm die Basilika ihre asketische Apsis zu. So ist das Rinascimento hier dem genius loci dennoch treu geblieben, haben seine Baumeister, wenn nicht das Gelöbnis der Armut, so doch diejenigen der Keuschheit und des Gehorsams in vergeistigten Formen erfüllt. Aus dem 13. Jahrhundert stammt der Porticato im heiligen Kloster San Francescos: Durch diesen Gang von Spitzbogen in rötlichem und weißem Stein wandelnd, könnte man sich in die Ordensburgen des Morgenlandes versetzt wähnen.

Wie im burgundischen Wallfahrtsort Vézelay webt Kreuzfahrergeist um diese Mauern; aber das ist nicht der Aufruf St. Bernhards zum Schwert, nicht das Kriegertum des Hohenstaufen, wie es von der Rocca herunterweht, sondern die Friedenssehnsucht des heiligen Franz, die ihn aus der Heimat verbannte, jene verzehrende Glut, die ihn zur beschwerlichen Reise zum Sultan bewog, um den Islam mit dem Christentum auszusöhnen. So gibt es kaum einen Besucher Assisis, der nicht dankbar von dieser Stätte schied, der nicht einen Hauch vom Geiste San Francescos mit sich nähme in unsere hastige heillose Gegenwart. Besondere Andacht verströmen die Weihnachtstage, *Natale in Assisi;* lebendiges Echo ritterlicher Vergangenheit bildet das Fest des Calendimaggio, das alljährlich zwischen dem 30. April und dem 2. Mai in der umbrischen Hügelstadt gefeiert wird.

Eremo, Porziuncola, San Damiano

Ein paar Kilometer schmaler Naturstraße führen zum *Éremo delle Carceri* hinauf. Es ist ein waldreicher Talgrund voller Poesie. Die Einsiedelei, in rötlichem Naturstein erbaut, winklig und eng, niedrig und karg, bringt uns den Heiligen näher als die prunkvollen Kirchen samt seinem Grab, näher auch als die berühmte *Porziúncola* unter dem hohen Schiff der Basilica Santa Maria degli Angeli, in entgegengesetzter Richtung fünf Kilometer von der Stadt entfernt. Santa Maria degli Angeli ist ein repräsentativer Bau der Hochrenaissance von Alessi; mit dem einzigartigen Ambiente Assisis hat sie wenig gemeinsam, bleibt aber wegen ihrer Terrakotten von Andrea della Robbia sehenswert. Stimmungsvoller, in manchen Zügen an den Eremo gemahnend, empfängt die Stille des Klarissenklosters *San Damiano* im Süden der Stadt den Besucher. Die Bauten entstammen verschiedenen Stilepochen; San Damiano erhält seine Weihe durch die abgeschiedene Lage am Fuße des Hügels, inmitten blühender Natur, und durch die zahlreichen Erinnerungen an die «Braut Christi», Santa Chiara, la Sorella Luna. Der Weg ist nicht ganz leicht zu finden; man frage an der Porta Nuova beim Verlassen der Stadt nach diesem Pfad der Tugend, ehe man sich rettungslos auf Feldwege verirrt. Der Besuch von Santa Maria degli Angeli hingegen ist auf einem Umweg in der Richtung nach Perugia mühelos zu verwirklichen. Doch Mühelosigkeit ist auf einer Kunstfahrt nicht immer das erstrebenswerte Ziel. Lieber würde man eine Nacht auf hartem Lager im Eremo verbringen, wo ein Bächlein rauscht und der Schlag der Nachtigall melodisch den Talgrund durchklingt.

UMBRISCHES LAND
ÖSTLICH DES TIBERS

Gubbio, Hort der Ghibellinen – Foligno, Spello, Sassovivo – Umbriens Aussichtsterrasse Montefalco – Todi und der Quell des Clitumnus – Alte Herzogsstadt Spoleto – Auf der Via Flaminia nach Terni und Narni

Gubbio, Hort der Ghibellinen

Im Metropolitan Museum New York stehen aufmerksame Besucher überrascht vor einem wunderschönen Renaissance-Studio mit Schnitzereien und Intarsien höchsten künstlerischen Ranges: Einst Kabinett der Herzöge von Urbino, wurde es an die Neue Welt verkauft, nachdem der Palazzo Ducale zu Gubbio in Privatbesitz übergegangen war. *Gubbio*, im 11. und 12. Jahrhundert unabhängige Stadtrepublik und Hochburg der Ghibellinen, stand von 1384 bis 1508 unter der Botmäßigkeit der Montefeltro; 1624 fiel das einstige Iguvium an den Kirchenstaat. Von dem Herzogspalast zu Urbino war in der Einleitung die Rede, als die Fahrt nach Umbrien von der adriatischen Küste her als besonders lohnend empfohlen wurde. Der Bau des Palazzo Ducale in der hochgelegenen Stadt Gubbio geht jedoch gleichfalls auf Federico di Montefeltro zurück und ist dem berühmten Musenhof von Urbino nachgebildet, wovon das Ebenmaß des Innenhofes ebenso beredt kündet wie die prächtigen Kamine der Säle. Ich habe Gubbio kurz vor dem Kriege von Urbino aus besucht, als der noch nicht ausgebaute Colle di Scheggia ein staubiges Bergsträßchen war. Die Stille längst vergangener Zeiten lag über den beiden, einst so glanzvollen Residenzen der Montefeltro und delle Rovere. Nach der weichgezeichneten Hügellandschaft des Nordzipfels der Marken empfing Gubbio den Besucher wie ein stolzes Bergnest, wie ein Adlerhorst, trutzig überragt von dem Turm und den Zinnen seines *Palazzo dei Consoli*. Dieses Wahrzeichen der weltverlorenen Stadt, das sich mit dem Palazzo Vecchio in Florenz messen darf, nennt sich nach den Konsuln, die, altrömischem Vorbild nacheifernd, die mittelalterliche Republik verwaltet hatten. Er fällt auch dem von Perugia und Assisi herkommenden Reisenden von weitem ins Auge, obwohl dort der Gesamteindruck der bedeutenden Silhouette infolge neuzeitlicher Vorstadtviertel im Süden beeinträchtigt wird.

An den Fuß des *Monte Ingino* gelehnt, bietet die übereinander getürmte Ghibellinensiedlung einen unvergeßlichen Anblick, der als Inbild einer Civitas des italienischen Mittelalters im Gedächtnis haften bleibt. Wer es eilig hat, wird den Eindruck als Ganzes mitnehmen; ein Kunstliebhaber könnte sich hier tagelang aufhalten, um die Fülle eigenartiger Bauwerke zu entdekken und zu genießen. Gründer der Schule von Gubbio war Oderisi miniatore, im 11. Gesang des Purgatorio von Dante als «l'onor d'Agobbio» verewigt. Den Werken der Künstlerfamilie Nelli begegnet man in den freskenreichen Kirchen und im Museo Comunale des Palazzo dei Consoli; es besitzt auch eine bedeutende Sammlung altumbrischer Münzen und die im geschichtlichen Abriß dieses Reiseführers erwähnten Tavole Eugubine, ehrfurchterweckende Bronzetafeln mit umbrischem Text in etruskischen und lateinischen Lettern.

235 *Palazzo dei Consoli, das weithin sichtbare Wahrzeichen der umbrischen Stadt Gubbio*

Den Palast verlassend, steht der Besucher wieder auf der Piazza della Signoria, im Angesicht des Palazzo Pretorio. Es ist ein Meisterwerk des gotischen Baumeisters Gattapone. Das Innere des aus dem 14. Jahrhundert stammenden Rathauses ist zugänglich. Die großartige Platzanlage liegt erhöht über der Via Baldassini; von der Balustrade zwischen den beiden öffentlichen Palästen schweift der Blick zur weiten Piazza Quaranta Mártiri und zu der Kirche San Francesco, während im Hintergrund das Stufenhalbrund des römischen Theaters in die hier noch eintönig-umbrische Landschaft überleitet. Die gotischen Kirchen San Francesco, San Giovanni Battista, Sant'Agostino, San Pietro sowie der Dom besitzen Kunstwerke von Rang; aber am reizvollsten ist die Altstadt selbst, deren verwunschene Gassen zum Schlendern und Träumen verlocken. Die Via dei Consoli führt an mittelalterlichen Hauswänden und anmutigem Brunnen vorbei zum Palazzo del Bargello, einem stilreinen gotischen Profanbau. Voller Poesie sind die Ufer und Brücken des die Stadt durchfließenden Torrente Camignano.
Mehrmals im Jahr erwacht Gubbio aus dem Schlummer seiner Weltverlorenheit: Am 15. Mai sind seine Gassen erfüllt vom Volksfest der Corsa dei Ceri; Ende Mai findet ein traditionelles Armbrustschießen in farbenprächtigen Kostümen statt, der Palio della Balestra. Klassische Freilichtaufführungen im Teatro Romano und die Biennale d'Arte della Ceramica e del Metallo haben ihren festen Platz im kulturellen Veranstaltungskalender der Apenninhalbinsel.

Foligno, Spello, Sassovivo

Doch – so wenig wie in Umbértide oder Città di Castello fühlt der Fremde sich zu Gubbio wirklich in Umbrien. Die sanfte

Hügellandschaft, das weite Tal, die hold an den Sonnenhang geschmiegten Städte mit blauen Bergkämmen im Hintergrund, wie Perugino und dessen Schüler sie darzustellen liebten – diese Landschaft der Seele und Natur gewordenen Musik, sie umfängt ihn tiefer im Süden, bei Assisi, Spello und hoch oben auf dem «Balkon Umbriens», in den Mauern von Montefalco. Wer vom adriatischen *Fano* aus die Via Flaminia hinunterfährt, sei auf die im ursprünglichen Sinne malerischen Bergnester *Gualdo Tadino* und *Nocera Umbra* hingewiesen, die er rechts der Straße erblickt, ehe die gewerbefleißige Ebene mit der betriebsamen Stadt *Foligno* erreicht wird. Sie kann auf der fast schnurgeraden Schnellstraße Nummer 75 umfahren werden. Außerhalb der Stoßverkehrsstunden lohnt es, in die Stadtmitte vorzudringen; denn die historischen Gebäude stehen rund um die Piazza della Repubblica: Der Dom mit prächtig gegliederter Seitenfassade in romanischem Stil und Säulen aus dem 9. Jahrhundert in der Unterkirche; der Palazzo Trinci mit gotischem Hof, Pinakothek und archäologischem Museum, Palazzo Comunale und Palazzo Pretorio. An der Piazza San Domenico entzückt die kürzlich wiederhergestellte Chiesa Santa Maria Infraportas mit ihren wertvollen Fresken den Liebhaber romanischer Baukunst. Dank dreier größerer Hotels der Mittelklasse eignet sich Foligno als Standquartier für den östlichen Teil Umbriens.

Wenige Kilometer nördlich der Stadt ragt am Fuße des Monte Subiaso der Flecken *Spello* in den Himmel. Muß die verborgene Schönheit des alten Foligno im Kern der modernen Industriesiedlung gesucht werden, so überwältigt in Spello die Lage am Steilhang, der chevalereske Anblick als Ganzes. Die Römerstadt Hispellum stieg in den Rang einer Colonia empor und spielte eine bedeutende Rolle als religiöse Kultstätte der Region Tuscia et Umbria, wo zur Zeit des Kaiserreiches noch den alten Göttern der Umbrer und Etrusker geopfert ward. Von der Größe des antiken Spello, Flavia Constans genannt, künden die mächtigen Umrisse des Amphitheaters, unmittelbar an der Durchgangsstraße erkennbar. Man verläßt diese, um auf kurzem Weg zur Stadt hinaufzugelangen, die durch verschiedene Tore aus den Tagen der Römer: Porta Venere, Porta Consolare, Arco Romano betreten werden kann. Die Altstadt freilich ist vom winkligen Geiste des Mittelalters geprägt. Es genügt, die gewundene Via Consolare emporzusteigen, um die bedeutendste Kirche des Städtchens zu besuchen: Santa Maria Maggiore. Ungeachtet ihrer im Seicento aufgepfropften Barockfront und Zubauten läßt das Innere noch etwas von der Andacht des ursprünglich romanischen Kirchenschiffs erkennen; die Cappella Baglioni besitzt Fresken Pinturicchios, in der Cappella del Sepolcro ist ein kleines Museum mit Gemälden und Skulpturen untergebracht. Vom rund 300 Meter über Meer liegenden Belvedere bei der Rocca, der Stadtburg, erkennt das Auge an klaren Tagen die Hügel von Assisi und Perugia bis Montefalco. In ihrer Monumentalität die Enge des mittelalterlichen Marktflekkens sprengend, gewährt die in klassischem Ebenmaß ruhende Porta Venere mit den Torri di Properzio dem Straßenverkehr Durchlaß, wie in altrömischen Zeiten, als sie erbaut wurde. Ein kurzer Ausflug von Foligno in östlicher Richtung beschenkt den Reisenden mit dem wundervollen Kreuzgang der Benediktiner-Abtei von *Sassovivo,* 1229 von Pietro da Maria erbaut und samt hübschem Ziehbrunnen vollkommen erhalten: Man verläßt die Stadt in der Richtung nach Polentino, um nach einem Kilometer Fahrt rechts gen Sassovivo abzuschwenken.

Umbriens Aussichtsterrasse Montefalco

Während sich die herbe Schönheit toskanischer Landschaft dem Fremden beim Überschreiten des Apennins mit einem Male in ihrem unvergleichlichen Adel offenbart, wirkt Umbrien in der Gegend zwischen Perugia und Terni infolge starker Industrialisierung ernüchternd. Selbst die so berühmte Aussicht von Montefalco, der Ringhiera dell'Umbria, wird davon beeinträchtigt. Von Foligno aus gelangt man zuerst auf gerader Landstraße quer über die flache Talsohle des Topino nach *Bevagna.* Der Flecken genießt beträchtlichen künstlerischen Ruf dank des architektonischen Einklangs seiner Piazza Silvestri mit dem gotischen Palazzo dei Consoli sowie den romanischen Kirchen San Michele und San Francesco. Die ursprünglich umbrische Stadt Mevania findet sich bei lateinischen Autoren erwähnt und erlebte die blutigen Wirren des Mittelalters in ihren Mauern. Von Bevagna erreicht man sodann auf kurzer Fahrt *Montefalco,* auf 472 Metern Meereshöhe das umbrische Land wie von einem Falkenhorst aus überschauend.

Die Ruhe tiefvergangener Zeiten umfängt den Reisenden. Auf diesen lichten Höhen weht der Atem vergeistigten Rittertums. Kein Geringerer als der heilige Fortunatus, Schutzpatron aller Feinschmecker, bekehrte im Jahre des Heils 390 die im Sündenpfuhl des Unglaubens schmachtenden Heiden von Corcurione, wie der Borgo im Mittelalter hieß. Montefalco ist wahrscheinlich durch Römer gegründet worden; seinen klangvollen Namen erhielt es als freie Reichsstadt erst unter Kaiser Friedrich II. In geschichtlicher Frühzeit überließen die Etrusker das ganze Gebiet am Ostufer des Tiberis den Umbrern. Der Untertitel dieses Reiseführers bezieht sich deshalb nicht auf die Abschnitte über Assisi und die übrigen Stätten östlich des großen Stroms. Da von den Umbrern ebenso wenig auf uns gekommen ist wie von den

Ligurern, Sabinern und andern altitalischen Völkern, fällt hier das Erbe Roms stärker ins Auge als in der Toskana, zu Orvieto und in Latium, wo die Etrusker ihre unvergängliche Spur hinterließen.

Montefalco unterstand im ausgehenden Mittelalter dem mächtigen Herzogtum Spoleto, später dem Kirchenstaat unter der Oberhoheit des Pontifex Maximus – ein Titel, den die Päpste von den Imperatoren übernommen haben, die ihn ihrerseits den Etruskern entlehnten. Montefalco fesselt den kunstsinnigen Reisenden unserer Tage nicht so sehr um seiner mauerumgürteten Höhenlage und der vielgepriesenen Aussicht über die Täler des Topino und Clitunno willen; es sind kostbare Fresken, die in das weltabgeschiedene Hügelstädtchen locken. Im 14. Jahrhundert hielten hier päpstliche Rektoren einen wahren Musenhof, dessen Glanz das Mäzenatentum der Renaissancefürsten vorwegnahm und befeuerte. Die pontifikalen Bauten gingen in den spätern Wirren zugrunde; aber drei gotische Kirchen künden beredt von der künstlerischen Größe einer hohen Vergangenheit.

Von der fast kreisrunden Piazza della Repubblica, die einst etwas stilvoller Piazza dei Cavalieri hieß, liegt *San Francesco* nur ein paar Schritte entfernt. Hinter der kühlen Renaissancefassade verbirgt sich, wie bei zahllosen Kirchen der Apenninhalbinsel, ein andachtvoller Sakralbau des Trecento. Er dient heute als Museum umbrischer Kunst. Die Cappella San Girólamo sowie die mittlere Apsis wurden durch Benozzo Gozzoli, eine Nische des Hauptschiffes durch die Meisterhand Peruginos ausgeschmückt. Die Kirche Santa Chiara überrascht nicht nur durch reiche Wandmalereien des 14. Jahrhunderts in der Cappella di Santa Croce, sondern besitzt auch einen schönen Kreuzgang. Von Santa Chiara führt die kurze Via Verdi zur Renaissancekirche Santa Illuminata, deren einschiffiges Innere von Francesco Melanzio, einem Sohn der Stadt, Schüler Peruginos und

Pinturicchios, mit Fresken verschönt wurde. Durch Weinberge und Olivenhänge verläßt man das hochgemute Städtchen, sei es in der Richtung Foligno, sei's nach Spoleto oder Massa Martana und Todi. Am Wege wird der Fremde mit etwas Glück noch eines Bildes teilhaft, das er nicht mehr vergißt und dessen mythische Schönheit als Apotheose der bukolischen Landschaft Umbriens erscheint: ein Gespann weißer Ochsen vor dem hölzernen Pflug. Davor versinkt die Hast, verstummt der Lärm unserer Gegenwart; es ist, als vernähmen wir den Herzschlag der Jahrtausende, während derer diese heilige Erde gepflügt und gehegt ward, freilich immer wieder von der Furie des Krieges heimgesucht und verwüstet.
Wer Montefalco durch die Porta di Spoleto verläßt, achte auf das Sträßchen, das außerhalb des Fleckens links abzweigt: Von einem grünen Eichenwäldchen halb verdeckt, steht dort das Kloster San Fortunato mit einem zierlich auf antiken Säulen ruhenden Narthex des 14. Jahrhunderts. Das Bogenfeld der Kirchenpforte entzückt durch ein zartes Fresko Benozzo Gozzolis.

Todi und der Quell des Clitumnus

Die heiterste Stadt am linken Ufer des Tibers liegt, etwa 400 Meter über Meer, an der großen Nord–Südverbindung SS 3 *bis*, der Via Tiberina, die in der Romagna die Straßennummer 71 trägt. Wie der Name Assisi die Gesänge und Fioretti des heiligen Franziskus wachruft, so beschwört *Todi* den Ruhm seines berühmten Sohnes Iacopo Benedetti, des franziskanischen Dichters Fra Iacopone, eines Zeitgenossen Alighieris. Wie der große Ordensstifter von Assisi war Ser Iacopo einst dem Weltleben zugetan; als seine Gattin an einem Gastmahl vor seinen Augen starb, nahm er die Kutte. Iacopone da Todi, dem das Stabat Mater zugeschrieben wird, hinterließ Laudi lateinischer und italienischer Zunge, Verse voller Süße und Musikalität:

O figlio bianco e biondo
Figlio, volto giocondo,
Figlio, perchè t'ha el mondo
Figlio, così sprezzato?

Obwohl östlich des Tibers gelegen – er strömt allerdings wie in Perugia nahe an dem schönen Stadthügel vorbei –, gehört Todi geschichtlich und stimmungsmäßig dem weichen, verträumten, westlichen Teil Umbriens zu, wie er im Abschnitt über Perugia beschrieben wurde. Tatsächlich unterstand auch diese stolze Umbrersiedlung im fünften vorchristlichen Jahrhundert etruskischem Einfluß. Zur Zeit des Triumvirats wurde sie zwar als Iulia Fida Tuder römische Kolonie. Doch bedeutende etruskische Kunstwerke, die in Rom und Florenz zu sehen sind, wurden in und um die Stadt Todi ausgegraben; auch die antike Wehrmauer ist etruskischen Ursprungs.
Fährt man die Via Matteotti, dann Via Cavour geheißen, zur Piazza del Popolo empor, fühlt man sich an Montepulciano erinnert. Eine steinerne Bühne von toskanischer Stilreinheit, toskanischem Adel empfängt den Besucher auf dem langgestreckten Platz, woran sich die kleinere Piazza Garibaldi schließt. Den Eckbau bildet der Palazzo Comunale oder Palazzo del Capitano mit prachtvoller, von gotischen Triforen durchbrochener Außenwand. Im zweiten Stock befindet sich die Kunstsammlung samt archäologischem Museum. Lombardischer Gotik verpflichtet, ragt der Palazzo del Popolo in den sanften Himmel Umbriens. Die gotische Strenge des Palazzo dei Priori wiederum wird aufgeheitert durch Renaissancefenster, die Papst Leo x. aus dem Hause Medici 1513 einbauen ließ. Eine mächtige Treppe

führt am Nordende der Piazza del Popolo zum Duomo empor, dessen gotische Fassade einer dreischiffigen Basilika vorsteht, die noch eine romanische Apsis aufweist.
Über die Piazza Iacopone gelangt man zur Piazza – wie könnte sie heute anders heißen – della Repubblica, die größtenteils durch die breite, zu der gotischen Kirche San Fortunato hinaufführende Treppe eingenommen wird. Iacopone da Todi liegt hier begraben. Wer nicht darauf erpicht ist, mit dem aufgeschlagenen Reisehandbuch sämtliche Sehenswürdigkeiten zu absolvieren und mit gezücktem Bleistift anzuhaken, setzt sich in Ruhe an ein Kaffeehaustischchen der Piazza und läßt den Anblick dieses edlen mittelalterlichen Stadtkerns auf sich wirken, falls er nicht im berühmten Ristorante Umbria, da Todini, tagliatelle speisen möchte. Dann verliert man sich in die engen, steilen, gewundenen Gäßchen, teils von Stützbogen überwölbt, entdeckt die kleinen Ziehbrunnen, *pozzi* geheißen, bleibt vor den alten Häusern mit brauner Fassade stehen und erhascht dazwischen einen unerwarteten Fernblick hinaus über die umbrischen Hügel, das helle, weite, menschenfreundliche Land, um einen unauslöschlichen Eindruck mitzunehmen in den nordischen Alltag, der unser ja unweigerlich irgendwo harrt. Von keinem Geringern als Bramante stammt der *Tempio della Consolazione* am Südwestrande der Stadt. Von Todi führt jetzt eine panoramische Schnellstraße dem hübschen Stausee von *Corbara* entlang zur A 1, die man zehn Kilometer südlich von Orvieto erreicht.
Östlich des Tevere warten allerdings noch Spoleto und Narni des Besuches jedes gewissenhaften Kunstpilgers in Umbrien. Wer indessen von Perugia über Assisi und Spello nach dem

244/245 Santa Maria della Consolazione, ein Werk Bramantes, vor den Toren von Todi im Herzen Umbriens

Knotenpunkt Foligno reist, gelangt dort auf die Via Flaminia, amtlich bezeichnet als Strada Statale 3. Wenige Kilometer südlich zweigt ein Sträßchen nach links ab, das den Fremden, der über Zeit und Neugier verfügt, im Nu nach dem romantisch auf konischer Kuppe lagernden Flecken *Trevi* emporführt. Trevi besitzt romanische und gotische Kirchen, einen Palazzo Comunale aus dem 13. Jahrhundert samt Pinakothek.

Auf der Fahrt nach Süden lohnt sich ein Halt bei der Ortschaft *Pissignano*, die sich durch Gartenrestaurants unmittelbar an der Via Flaminia als touristische Attraktion ankündet. Umstanden von Pappeln und Trauerweiden leuchtet hier der Spiegel eines großen Teiches, dessen blaugrünes Wasser durch unwahrscheinliche Klarheit jeden Besucher entzückt. Der Quell war den alten Römern heilig und dem Clitumnus geweiht. Virgil, Properz und Plinius haben die zauberhafte Stätte besungen; im vierten Gesang von «Childe Harold's Pilgrimage» widmet Lord Byron dieser «sweetest wave» und dem zierlichen Tempel aus spätrömischen Tagen bewegte Verse. Er steht unterhalb der Via Flaminia, einen Kilometer nördlich der *Fonti del Clitunno*. Unter diesem Titel hat Giosuè Carducci in seinen berühmten *Odi barbare* das Naturwunder verherrlicht:

> Salve, Umbria verde, e tu del puro fonte
> nume Clitunno!

Alte Herzogsstadt Spoleto

Spoleto ist jedem Liebhaber von Oper und Ballett ein Begriff, seit Gian Carlo Menotti in dieser umbrischen Stadt das Festival dei Due Mondi schuf, das seither jeden Frühsommer in deren Theatern und im Freien mit Künstlern von Weltrang veranstaltet wird. Die Stadt, schon im Reiche der Umbrer bedeutend, wurde später zur römischen Colonia Spoletium und widerstand dem Ansturm Hannibals nach dessen Sieg am Trasimenischen See. Im sechsten Jahrhundert gründeten die Langobarden das Herzogtum Spoleto. In die blutigen Kämpfe zwischen Guelfen und Ghibellinen gerissen, fiel Spoleto im ausgehenden Mittelalter an den Kirchenstaat: Lucrezia Borgia, femme fatale par définition, weilte in ihren Mauern im Jahre 1499 als päpstliche Regentin. Bonaparte erhob Spolète, wie die Franzosen sagen, zur Hauptstadt des kurzlebigen «Département du Trasimène»...

So streng das mittelalterliche Stadtbild von Spoleto, gekrönt durch die gewaltige Rocca, dem Ankömmling erscheint, so unterscheidet es sich dennoch unverkennbar von umbrischen Hochburgen gotischen Stils wie Gubbio und Assisi. Spoleto lebt im Zeichen der Romanik und des Rinascimento. Wie in Spello und Assisi stößt der Spaziergänger an der alten Wehrmauer am Flüßchen Tessino auf die Reste eines römischen Amphitheaters. Der Gotenkönig Totila hat es um 545 zu einer Burg ausgebaut; heute verbirgt sich die traurige Ruine einer Ruine in kahlen Kasernenhöfen. Auch vom Ponte Sanguinario am Nordausgang der Stadt steht nur noch ein Pfeiler aus mächtigen Travertinquadern; der Name stammt wohl vom Blut christlicher Märtyrer, das im nahen Amphitheater einst reichlich in den gelben Sand strömte. Im südlichen Stadtteil stehen, an den gleichnamigen Gassen, zwei uralte Torbogen, Arco di Monterone und Arco delle Felici; auch der römische Drusus-Bogen hat der Straße, die seine gewaltigen Steinblöcke überwölben, den Namen geliehen. Gleich daneben betritt man unter der Kirche Sant'Ansano die Krypta von Sant'Isacco, die teilweise aus der Cella eines römischen Tempels besteht. Die Unterkirche selbst mag auf das 11. Jahrhundert zurückgehen; ihre Fresken sind aufgefrischt. Unterhalb des Palazzo Comunale in der Oberstadt, der die Gemäldesammlung beherbergt, steht ein altrömisches Wohnhaus pompeianischen Stils, dessen Atrium, Impluvium, Triclinium, Cubicula und Reste des Peristyls erkennbar sind; der Besuch erfolgt in Begleitung des Kustoden der städtischen Pinakothek. Das großartigste Bauwerk Spoletos bleibt der *Ponte delle Torri* aus dem 14. Jahrhundert. Von der Via del Ponte unterhalb der Rocca bieten die zehn Bogen dieser 80 Meter hohen und 230 Meter langen Brücke, die ursprünglich ein Aquädukt war, samt der dahinterliegenden Schlucht einen überwältigenden Anblick. Zu Fuß kann der Ponte dei Torri beschritten werden. Ergriffen steht man in dieser Stadt der südlichen Umbria, die so stark von der Nähe Roms beeinflußt ist, angesichts der schlichten romanischen Kirchen *San Gregorio Maggiore* an der Piazza Garibaldi und Sant'Eufemia beim Domplatz oben. Der *Duomo*, nach der Zerstörung der ältern Kathedrale durch Barbarossa in romanischem Stil erbaut, prägt sich dank seiner prachtvollen Fassade mit edlen Fensterrosen und dem Ebenmaß des Portikus aus der Renaissance jedem Besucher in die Seele, besonders dann, wenn er den Platz nicht über die Treppe zur Seite der Hauptfront, sondern vom entgegengesetzten Ende der Piazza aus durch die Via del Duomo betritt. Es ist eine der vollkommensten Platzanlagen Italiens. Zum Dom schaut man nicht empor, sondern ein sanft abfallendes Pflaster, gesäumt von Adelspalästen und Terrassengärten, führt zur Santa Maria Assunta hinunter. Der Betrachter erblickt sie deshalb in dem ausgereiften Ebenmaß ihres ockerbraunen Steins wie eine Bühnendekoration; hier finden während der Festspiele Konzerte und Aufführungen im Freien statt.

249 Andacht und Größe prägen das Antlitz des Doms von Spoleto

Auch außerhalb dieser buntbewegten Wochen, wo Spoleto Stelldichein einer kosmopolitischen Elite wird, verströmt sein Kern etwas Theatralisches – wobei dieser Ausdruck unter dem Himmel Italiens durchaus anerkennend zu verstehen ist. Selbst den Tieren haftet etwas davon an. In einem Wirtsgarten der Via del Duomo verzehrte ich an einem umbrisch milden Nachmittag der wie ausgestorbenen Stadt ein fast ländliches Mahl, als sich am andern Ende des Tisches lautlos etwas zu regen und zu bewegen begann. Alsbald hob sich dort das Tischtuch gleich einem Theatervorhang, und hervorlugte das spitzohrig-graugestreifte Köpfchen eines Kätzchens. Es war nicht allein ein vollkommen bühnensicherer Auftritt, das Spiel ging sogleich con brio weiter, indem die winzige Komödiantin als geborener Pantomime dem fremden Gast schöne Augen machte, ihm schmeichlerisch zuzwinkerte, verschmitzt sich wieder unter dem Leinen versteckte, um gleich darauf an der hölzernen Stuhllehne neuerdings emporzuklettern und von dort mit verdrehtem Hälschen kokett nach mir zurückzublinzeln, wie Colombina schamlos flirtend, schmachtend, mokant...
Stundenlang könnte man in den *viuzzi* dieser winkligen Altstadt flanieren, umherstreifen, sich verlieren; denn seit die Via Flaminia durch einen Tunnel unter der Rocca geführt wird, gehört Spoleto wieder dem Fußgänger. An der Via Fontesecca, der Via A. Saffi haben sich Kunsthandlungen, Antiquare und elegante Boutiques eingerichtet, die der mittelalterlichen Verträumtheit einen weltstädtisch-mondänen Gegenakzent setzen. Mit seinen guten Hotels eignet Spoleto sich auch als Standquartier, falls man mit den mehrmals erwähnten, an all diesen Orten herrschenden Abstellsorgen für den Wagen zu Rande kommt.

Auf der Via Flaminia nach Terni und Narni

Von Spoleto führt die Via Flaminia südwärts nach *Terni,* der bedeutenden Industriestadt an der Nera, die umfahren werden kann. Wer auf der SS 3 *bis* südwärts reist, erreicht auf kurzem steilem Quersträßchen die römischen Ruinen von *Carsulae* mit Theater und Sankt-Damians-Bogen. Man muß Terni jedoch nicht links liegen lassen, kann dort sogar in vorzüglichen Hotels nächtigen, um sich seine gotische Kirche San Francesco, San Pietro und San Salvatore mit einigen Fresken sowie die städtischen Museen anzuschauen. Sonntagsausflügler strömen mit Vorliebe zu der *Cascata delle Marmore* und zum lieblichen *Lago di Piediluco* östlich von Terni. Ergiebiger ist der Abstecher nach der abseits in stillem Talgrund stehenden Abtei *San Pietro in Valle,* deren romanische Kirche Apsiden des 8. Jahrhunderts, einen lombardisch stilreinen Glockenturm und wertvolle Fresken aufweist.

Die Via Flaminia erreicht 12 Kilometer südwestlich von Terni das südlichste Kunststädtchen Umbriens, *Narni.* Hat nicht Paul Heyse eine Italienische Novelle betitelt als «Das Mädchen von Narni»? Der römische Kaiser Nerva und Gattamelata, jener eiserne Condottieri in venezianischen Diensten, berühmt durch Donatellos Reiterstandbild, sind in Narni geboren worden, das umbrisch Nequinum hieß. Die Gegend südlich Spoletos wird gebirgig und einsam. Um in das Tal der Nera, lateinisch Nar, zu gelangen, überwindet die Via Flaminia einen rauhen, durch den neuen Scheiteltunnel gemilderten Paß. Steile Hügel, Felsen, Schluchten künden von der Nähe der Abbruzzen, der höchsten Gipfel des Apennins. Von der neuen Staatsstraße Nummer 3 erblickt man immer wieder Teilstücke der alten Via Flaminia, die oft dramatisch steil, mit engen Kurven, über Berg und Tal der Ewigen Stadt zustrebte: Kurz vor dem Krieg bin ich diese

Strecke bei Nacht gefahren, kaum mehr als einem Dutzend Wagen begegnend, fast ohne ein Licht oder Lebenszeichen zu erblicken. Atmosphärisch gehört Narni ganz zur angrenzenden Landschaft des Latiums. Die Lage der kleinen Stadt ist zauberhaft – incantevole sopra un colle a olivi, wie in einem italienischen Reiseführer steht. Durch die Porta Ternana gelangt man auf abschüssiger Gasse zum Hauptplatz mit dem Dom. Wie zu Spoleto ist dem romanischen Bau ein ebenmäßiger Portikus im Stil der Renaissance angefügt worden. Dem Duomo zur Seite führt ein Engpaß in die Via Garibaldi, die sich zu der langgestreckten Piazza dei Priori mit der Loggia gleichen Namens und dem Palazzo del Podestà mit kleiner, aber kostbarer Pinakothek verbreitert. Hier zeigen sich dem Kunstfreund Gemälde von Benozzo Gozzoli und Domenico Ghirlandaio. Um 1175 ist das romanische Kirchlein Santa Maria in Pénsole entstanden mit schön gemeißelten Pforten; recht bedeutend auch die Kirchen San Francesco und Sant'Agostino. Dem Geist des Imperium Romanum begegnet der Reisende bei dem Bahnhof Narni Scalo, wo ihm mit einem Male der gewaltige Rundbogen des Ponte d'Augusto an der Nera erscheint. Die wuchtige Ruine wirkt in dieser schluchtähnlichen Gegend wie ein Mahnmal des kaiserlichen Rom, dessen eherner Tritt die überfeinerte Kultur altitalischer Völker zermalmt und vernichtet hat. Wenige Kilometer südlich von Narni, bei *Otricoli,* verläuft die umbro-lazische Grenze: der Ortsname ist weltbekannt durch den großartigen Zeuskopf. Die Büste wurde bei Otricoli ausgegraben, ist aber im Vatikanischen Museum verwahrt; ein Abguß stand im Goethehaus am Frauenplan zu Weimar.

ZWISCHEN UMBRIEN UND LATIUM

Orvieto und sein Dom – Das Wunder von Bolsena – Tuscanias romanische Kirchen – Viterbo und Villa Lante – Etrusker, Römer und Orsini – Falerii, Civitacastellana, Veji

Orvieto und sein Dom

Von den Kunststädten Umbriens und der Toskana liegen nur zwei an der Autostrada del Sole, mitten im Kernland der Etrusker: Chiusi und *Orvieto*. Der steile Tuffsteinhügel von Orvieto, der jäh dem Talgrund der Paglia entsteigt, animierte das städtegewaltige Volk in besonderem Maße, sich darauf hinter zyklopischen Mauern anzusiedeln. Die Altertumskunde schwankte lange, ob es sich dabei um das etruskische Heiligtum Fanum Voltumnae oder um die mächtige Lukumonie Volsinii handelte. Dieser altitalische Ortsname findet sich jedoch so deutlich im Worte Bolsena wieder, daß Orvieto, entstanden aus Urbs vetus, «alte Stadt», wohl das Volsinii veteres der Tyrrhener war, während das rund zwanzig Kilometer südwestlich am See gelegene Bolsena einst Volsinii novi hieß. Wie fast überall am rechten Ufer des Tibers treten die römischen Reste dem Erbe der Rasenna gegenüber in den Hintergrund. Von allen mittelitalienischen Städten können sich höchstens Volterra, San Gimignano und Cortona mit der überwältigenden Lage Orvietos messen. Das von Türmen und Kirchengiebeln überragte Dächermeer, das den mächtigen Tafelberg bedeckt, wirkt von weitem düster, uralt, weltabgewandt und ruft im Betrachter längst entwöhnte Schauer wach. Unvergeßlich bleibt der Anblick der verdämmernden Stadt von den Schleifen der nach Montefiascone und Viterbo führenden Paßstraße Nummer 71, wenn man Orvieto gegen Abend verläßt. Doch selbst im Mittagsglast strahlender Sonnentage, wie Umbrien sie oft verschenkt, offenbart sich die glanzvolle Kathedralstadt dem Ankömmling nur zaghaft, als hätte ihr altes Gemäuer es sich in den Kopf gesetzt, ihn so lange hinzuhalten, bis ihn plötzlich der Anblick der Domfassade wie eine himmlische Botschaft, als Stein gewordener Orgelklang überfällt und betört.

Halbwegs zwischen Orvieto Scalo und der Oberstadt lädt ein Parkplatz zum Verweilen, doch die *etruskischen Kuppelgräber,* die von da über einen Fußpfad erreicht werden, sind leer. Auf dem Piazzale bei der Fortezza angelangt, ist es nicht weit zum Pozzo di San Patrizio und zu einer etruskischen Ruhestätte: Die Ruine dieses «Tempio del Belvedere» genannten Heiligtums läßt die drei Cellae erkennen, die wahrscheinlich im fünften vorchristlichen Jahrhundert erbaut wurden und Vitruv weitgehend vorwegnehmen. Die reichen Funde können im Museo Faina am Domplatz bewundert werden. Zweitausend Jahre jünger ist der Ziehbrunnen des heiligen Patricius; er wurde auf Befehl Clemens VII. aus dem Hause Medici durch Sangallo il Giovane in den Tuffstein gehauen, um die Stadt im Falle einer Belagerung mit Trinkwasser zu versorgen. Der 62 Meter tiefe Felsenschacht ist mit Treppen versehen, die es beherzten Besuchern gestatten, bis auf den feuchten Grund hinabzusteigen. Wie die meisten langgestreckten Hügelstädte der Toskana kann Orvieto von einem Ende zum andern auf einer gewundenen Hauptstraße durchquert werden, hier Corso Cavour genannt. Er mündet in die rechteckige Piazza della Repubblica – die Einfallsarmut im Benennen wichtiger Plätze und Straßen in Italien wirkt entwaffnend, ernüchternd, schreit zum Himmel –, Mittelpunkt der schweigenden Urbs und wahrscheinlich Forum in etrusko-römischen Zeiten. Palastfassaden, die Kirche *Sant'Andrea* mit zwölfeckigem Glockenturm romanischen Stils sowie das Rathaus aus dem 12. Jahrhundert umstehen das Geviert. Vorbei an der 42 Meter hohen Torre del Moro, einem Wahrzeichen der unvergleichlichen Silhouette der Stadt, gelangt man auf einen unregelmäßig geformten Markt, der den äußerst originellen und seltenen Namen «Piazza del Popolo» nicht so sehr trägt als vielmehr gottergeben duldet. Er wird beherrscht durch den romano-gotischen Palazzo del Popolo mit majestätischem Balkon. Westlich der beiden Plätze verliert sich der Spaziergänger, falls diese fossile Spezies unser motorisiertes Zeitalter glücklich überleben sollte, in die engen Winkel und Sackgäßchen des ältesten Stadtteils von Orvieto, wo diese noch Via dell'Olmo und Via del Paradiso heißen. Sind die letzten Häuser erreicht, dann schweift der Blick von hoher Warte über das umbrische Land. Die schönen alten Kirchen San Giovenale, San Domenico, Sant'Andrea und erst noch die barocken Gotteshäuser San Francesco und San Giovanni Evangelista werden überschattet von der strahlenden Gegenwart des *Doms*. Daneben ragt in wuchtiger Kahlheit der *Palazzo dei Papi,* mit Werken von Simone Martini, Arnolfo di Cambio und den Pisani im Museo dell'Opera del Duomo. Beinahe übersieht man ihn, wie auch die gegenüberliegenden Häuser, angesichts der Kathedrale, die auf gestuftem Unterbau wie ein ungeheurer Reliquienschrein unter freiem Himmel funkelt und schimmert. Das Dommuseum besitzt eine Altertumssammlung; bedeutender ist das Museo Faino, der Vorderseite des Doms gegenüber, heute verbunden mit dem angrenzenden Museo Civico. Die auf Privatbesitz gründende Antikensammlung von Orvieto entzückt jeden Liebhaber attischer Vasen, etruskischer Bucchero-Gefäße, Aschenurnen und Skulpturen, die hier

locker und frei aufgestellt sind. Ein Centro di Studi Etruschi besteht seit 1965 in Orvieto.
Von der Schwelle des Museo Faino erblickt man die Domfassade in der Pracht ockergelben Steins. Apotheose italischer Gotik, beginnt er im Abendschein wie von innen zu glühen. Offenbar ist der Wunderbau gereinigt worden. Dreißig Jahre lang habe ich Orvieto nur vom Tale aus gesehen und den erhabenen Dreiklang seiner Kathedrale neuerdings als eine Gnade empfunden und empfangen. Auch die Geschichte ihres Entstehens ist merkwürdig: Der Dom zu Orvieto wurde im Jahre 1290 begonnen, um die Reliquien des Wunders von Bolsena in würdigem Rahmen aufzunehmen. Dennoch bleibt er noch dem romano-gotischen Übergangsstil verpflichtet. Mit 105 Metern Länge und 33 Metern Breite ist er nicht allein einer der größten, sondern auch einer der reichsten Sakralbauten der Apenninenhalbinsel: 33 Baumeister, 152 Steinmetzen, 68 Maler und 90 musivische Künstler vollbrachten gemeinsam, mit der Hingabe einer glaubensmächtigen Zeit, das erstaunliche Werk. Die majestätische Vorderseite, ein monumentales Triptychon von unüberbietbarer Reinheit, geht auf den sienesischen Architekten Lorenzo Maitani zurück, übertrifft jedoch den überreichen Zierat der Kathedrale von Siena durch die vollendete Klarheit des Aufbaus. Bildhauer vom Range Andrea Pisanos und Orcagnas beteiligten sich an dem kostbaren Skulpturenschmuck. Weit und hell empfängt das dreischiffige Innere den Besucher, den kunstvoll ziselierte Kapitelle, Rundbogen aus weißem und schwarzem Stein sowie bunte Glasfenster für Augenblicke jede Erdenlast vergessen lassen.

257 Das vollkommene Ebenmaß der Domfassade von Orvieto, wie sie sich aus dem gegenüberliegenden Torweg dem Auge darbietet

In der querschiffartigen Cappella Nuova oder di San Brizio steht man überwältigt dem Hauptwerk Luca Signorellis gegenüber: dem Jüngsten Gericht und den farbenprächtigen Predigten und Taten des Antichrist. Es ist eine ungeheure Schöpfung menschlichen Geistes, ein ikonographisches Meisterstück von überbordender Einbildungskraft und Sinnlichkeit – unter dem Einfluß Dantes und seiner Göttlichen Komödie entstanden, deren Gesichte den Künstler aus Cortona befeuert haben.

Das Wunder von Bolsena

In der Cappella del Corporale am Dom zu Orvieto hat der einheimische Maler Ugolino di Prete Ilario das Wunder der Messe von *Bolsena* dargestellt; berühmter wurde das Wandgemälde Raffaels in den Stanzen des Vatikans. Die Legende erzählt, daß ein böhmischer Priester an der Transsubstantiation, der Fleischwerdung Christi in der Hostie, zweifelte; auf dem Weg nach Rom zelebrierte er in der Kirche Santa Cristina zu Bolsena die heilige Messe – und siehe da: das Abendmahlsbrot blutete plötzlich so heftig, daß die längst eingetrockneten Spuren heute noch auf dem Marmorboden der Cappella del Miracolo ehrfürchtigen Pilgern gezeigt werden. Papst Urban IV. erließ hierauf im Bischofspalast zu Orvieto anno post-mirabilis 1264 eine Bulle zur Verkündung des Fronleichnamsfestes, Corpus Christi, la Fête-Dieu.
Der Luftkurort Bolsena liegt am Nordufer ziemlich hoch über dem größten Kratersee der Apenninenhalbinsel. Wer den klei-

259 *Fensterrose und Arkade der romanischen Kirche San Pietro in Tuscania. Links, unter zwei Säulen, etruskische Skulptur*

nen Umweg auf der Reise von Orvieto nach Viterbo nicht scheut, wird belohnt durch den Anblick des hübschen Borgo medioevale und römischer Säulen im Kirchenschiff von Santa Cristina, die auf Wunsch Giovanni de' Medicis, des spätern Papstes Leo x., eine reiche Fassade im Stil toskanischer Renaissance erhielt. Vorzügliche Hotels und Restaurants findet der anspruchsvolle Reisende in dieser Gegend fast auf Schritt und Tritt: in und um Orvieto, am See zu Bolsena und in *Montefiascone*. Die vielgerühmte Rundfahrt um den See vermittelt ein von den Laghi di Trasimeno und Bracciano völlig verschiedenes Bild; hier ist der erloschene Krater noch deutlich erkennbar, das Ufer teilweise steil abfallend. Bei der Ortschaft *Grádoli*, 470 Meter über dem Seespiegel, haben die Farnese sich einen großartigen Palast erbauen lassen, der Vignola zugeschrieben wird. Von *Capodimonte* am Südufer verkehrt das Boot mit der *Isola Bisentina*, wo gleichfalls ein Palazzo Farnese steht. Wir haben Umbrien verlassen und befinden uns auf dem grundverschiedenen Boden Latiums: Wo man hinblickt, wird der Einfluß Roms spürbar. Vom lieblichen Uferorte *Marta* aus gelangt man auf kurzem Wege nach Tuscania, von dort auf guter Provinzialstraße weiter nach Tarquinia. Folgt man jedoch der Via Cassia von Bolsena südwärts, dann erreicht man über Montefiascone rasch Viterbo, Hauptort einer der an antiken Fundstätten reichsten Provinzen Italiens.

Tuscanias romanische Kirchen

Welch vulkanische Erde der Fuß hier betritt, hat das Erdbeben gezeigt, das kürzlich *Tuscania* heimsuchte – wenige Jahre nachdem seine Kirchen unter großem Aufwand instandgesetzt worden waren. Am Ende eines grasbewachsenen Platzes, wo einst die etruskische Akropolis stand, flankiert von mittelalterlichen

Tuscania im nördlichen Latium: Inneres der Chiesa di Santa Maria Maggiore, einer der schönsten romanischen Sakralbauten Italiens

Türmen und dem ehemaligen Bischofspalast, reckt sich die goldbraune Fassade von San Pietro dem Licht entgegen. Samt ihrer schönen umbrischen Fensterrose und drei romanischen Pforten, überhöht von einer zierlichen Rundbogenreihe, wurde sie im 13.Jahrhundert angebaut; das Innere verrät die Meisterhand lombardischer Meister des 11.Jahrhunderts. Noch älter ist die Krypta mit ihren schlanken Säulen aus römischen altchristlichen und romanischen Zeiten. Dem versunkenen Genius etruskischer Steinmetze wird hier in einzigartiger Weise gehuldigt, indem zwei ihrer rätselvollen Skulpturen in die obere Kirchen-

Etruskische Sarkophage in Tuscania mit Grabfiguren von eindringlicher Ausdruckskraft

front eingefügt wurden. Ein Seitenschiff ist als Lapidarium eingerichtet. Noch weiter von der Ortschaft Tuscania entfernt steht die ebenso ausgewogene Vorderseite von Santa Maria Maggiore, die gerade in ihrem verwitterten Zustand den Betrachter tief beeindruckt. Beide Gotteshäuser gehen ursprünglich auf das 8. Jahrhundert zurück, als das Land ein Spielball und Zankapfel zwischen Langobarden und Byzantinern war; dies mag die abgeschiedene Lage erklären, die ihre inbrünstige Andacht viel stärker hervorhebt, als wenn sie im Gassengewirr des Stadtinnern gesucht werden müßten.

Viterbo in Latium: Schwatz auf der Piazza della Rocca mit barocker, die Nähe Roms ankündigender Fontäne

Viterbo und Villa Lante

Die Provinzhauptstadt *Viterbo* ist eine der bedeutenden Kunststädte Italiens. Ihre Piazza San Pellegrino gilt als vollkommenste Platzanlage des 13. Jahrhunderts in Italien. Ob es der Gewerbefleiß und dichte Verkehr oder die Nähe Roms ist, was

264/265 *Vollendete Anmut italienischer Gotik am Palazzo dei Papi in Viterbo*

den Reisenden stört: Kaum jemand wird innerhalb ihrer vorzüglich erhaltenen Ringmauer sein Standquartier aufschlagen, obwohl Hotels verschiedener Größe vorhanden sind. Dem eiligen Fremden – und wer hätte es nicht eilig, von Viterbo nach Rom zu gelangen, das nur 80 Kilometer entfernt liegt – dürfte ein Halt auf der Piazza San Lorenzo genügen, von wo aus die Altstadt bequem durchstreift werden kann. Wer Zeit hat, wird sich auch das Antico convento *Santa Maria della Verità* an dem baumbestandenen, die Stadtmauer entlangführenden Viale Capocci nicht entgehen lassen: Lorenzo da Viterbo hat die Kirche ausgemalt; der gotische Kreuzgang überrascht durch eine etruskische Sammlung, das ehemalige Kloster durch eine Pinakothek.

Als seltenes Zeugnis gotischen Profanbaustils beherrscht der *Papstpalast* aus dem 13. Jahrhundert mit seiner auf schlanken Säulen ruhenden Loggia und monumentalem Treppenaufgang die Piazza San Lorenzo. Zyklopische Unterbauten deuten darauf hin, daß hier einst die etruskische Akropolis stand; der jetzige Anblick ehrwürdiger Häuser und der Kathedrale mit gotischem Campanile versetzt den Besucher ins Mittelalter – ein höfisch-repräsentatives Medioevo, über dem der Glanz des römischen Pontifikats, nicht die Askese toskanischer und umbrischer Hügelstädte liegt. An die Nähe Roms gemahnen auch die zahlreichen Fontänen. Wie in Verona gibt es zu Viterbo eine Piazza Erbe, aber auch eine Piazza di Fontana Grande, ja selbst eine Piazza della Morte. Romanische Kirchlein wie die alte Chiesetta San Silvestro, jetzt «Il Gesù», Santa Maria Nuova, San Marco und San Sisto müssen mit einem guten Stadtplan gesucht werden; *San Francesco* in Viterbo ist eine der wenigen gotischen Kirchen des Latiums. Feinschmecker und Kenner kommen ein paar Kilometer außerhalb der Mauern, in der Richtung nach *Orte,* künstlerisch und kulinarisch auf ihre Rechnung in *La Quercia:* Die Renaissance-Fassade der Kirche Ma-

donna della Quercia stammt von Andrea della Robbia, und im Ristorante Aquilanti dampfen die Fettuccine Stennerello nebst zartem Kalbsbraten auf dem Tisch.
Bloss zwei Kilometer von La Quercia berührt die N 204 den Ort *Bagnaia*. Der große Renaissancebaumeister Vignola hat hier eine päpstliche Sommerresidenz mit schönem Parterre geschaffen: die vielbesuchte *Villa Lante*. Deren geometrisch angelegter Zier- und Lustgarten mit balustradegeschmücktem Teich zeigt deutlich die Herkunft der berühmten Schloßgärten «à la française», wie man sie in Vaux-le-Vicomte, Versailles und Villandry bewundert: Le Nôtre hat sich an italienische Vorbilder gehalten; geboren wurde die Gartenbaukunst, freilich schon durch Römer und Sarazenen virtuos beherrscht, in Florenz und im Latium.

Etrusker, Römer und Orsini

Südlich von Viterbo erreicht man in einer Viertelstunde *Vetralla*, wo weiter nichts zu sehen ist – fast eine Wohltat im Übermaß bedeutender Kunstwerke und Bauten dieser Gegend –, von wo indessen eine der fesselndsten Nekropolen der Etrusker, zehn Kilometer westlich bei *Norchia*, besucht werden kann. In ungestörter Wildnis ruhen dort Felsengräber, wovon zwei dorische Giebel mit Säulen und Architrav archäologischen Seltenheitswert besitzen. Von Vetralla gelangt man über den Ort Cura auf gewundener Straße nach *Blera* und *Barbarano Romano*, beide mit etruskischen Totenstätten, *di tipo rupestre*. Das Kraterseelein von *Vico* ist vorwiegend wegen der herrschaftlichen Villa Farnese in *Caprarola*, einem weitern Meisterwerk Vignolas, besuchenswert. Wie weit zurück liegen die poetischen Villen von Fiesole und Careggi! Je tiefer wir ins Latium vordringen, um so mächtiger wird der Einfluß Roms, der Stadt der großen Päpste. Atmosphä-

risch hat dieses Gebiet mit Umbrien und Toskana kaum mehr etwas gemeinsam, aber es gehört auf das Innigste zum uralten Land der Etrusker, dem dieser Reiseführer in erster Linie gewidmet ist. *Sutri,* am Wege zum Lago di Bracciano, besitzt ein etrusko-römisches Amphitheater. *Férento,* nördlich der Stadt Viterbo an guter Provinzialstraße gelegen, erstaunt den Liebhaber antiker Stätten durch das vorzüglich erhaltene Stufenhalbrund mit prächtiger Arkade eines römischen Theaters.
Die Viterbo fächerförmig umgebenden touristischen Attraktionen wären schließlich noch zu ergänzen durch den Hinweis auf *Bomarzo,* das auf der N 204 über Bagnaia und zuletzt auf einem nach Norden abzweigenden Sträßchen erreicht werden kann –, falls man Lust verspürt, das Gruseln zu lernen. Der von Riesenskulpturen phantastischer und schreckenerregender Fabelwesen bevölkerte Park der *Villa Orsini* aus dem Cinquecento ist weder für das hochkultivierte Land der Rasenna repräsentativ, noch hat diese Ausgeburt einer überbordenden Einbildungskraft das geringste mit dem Lebensstil und der Kunst toskano-umbrischer Vergangenheit zu schaffen. Der energumenische Zaubergarten von Bomarzo wäre eher ein Thema für die Psychoanalyse, denn der aus altem Adelsgeschlecht stammende Pier Francesco Orsini, als Ästhet und Décadent dennoch ein echter «uomo del rinascimento», war verkrüppelt geboren gleich seinem sizilianischen Geistesverwandten, Fürst Pallagonia von Bagheria bei Palermo, dessen steinerne Mißgeburten und Ungeheuer Goethe zutiefst beunruhigten und beschäftigten.
Bomarzo liegt wenige Kilometer von der Stazione Attigliano der Autostrada del Sole entfernt; man kann von dort aus durch das

269 *Wein wird in Toskana, Umbrien und Latium in bedeutenden Mengen gekeltert: Piazza di Castello zu Bagnaia bei Viterbo*

untere Tibertal auf kürzestem Wege nach Rom gelangen, um den seltsamen Spuk bildhauerischer Abreagierung seelischer Zwangsvorstellungen im Angesicht der Urbs sacra aeterna loszuwerden. Aber ich darf hier nicht zu unverhüllt für den Besuch Roms werben – wer wird sich sonst die Zeit nehmen, den vielfältigen, nicht immer leicht zu findenden Schönheiten des nördlichen Latiums nachzugehen? Diese Gegend ist überreich an erregenden Ruinen, rätselhaften Nekropolen, mittelalterlichen Kunststädten, Villen und Gärten der Renaissance, Kirchen und Klöstern, Kunstschätzen und Museen, von den stolzen Adelsburgen wie dem Schloß der Odescalchi in *Bracciano* nicht zu reden. Kurze Hinweise müssen hier genügen, denn das gesamte Latium gehört ja eher zum Ausflugsbereich der Ewigen Stadt.

Falerii, Civita Castellana, Veji

Wer sich von Viterbo oder Sutri nach Caprarola begibt, hat nur sieben Kilometer, um bis Fábrica di Roma zu gelangen; die Provinzialstraße führt sodann ostwärts über ziemlich flaches Land nach Civita Castellana, das auch die Via Flaminia berührt. Es lohnt sich, langsam zu fahren, um den Feldweg nicht zu übersehen, der etwa auf halber Strecke nach *Falerii Novi* führt. Im Jahre 241 zerstörten die siegreichen Römer die etruskische Stadt Falerii Veteres und zwangen die überlebenden Bewohner, sich im ebenen Gelände westlich anzusiedeln. Von dieser neuern Stadt sind die Wehrmauern erhalten, wenn auch so stark überwachsen, daß sie nicht leicht ins Auge fallen. Tiefe Schwermut, unendliche Poesie lagert über der Trümmerstätte, wo neuerdings Ausgrabungen im Gange sind. Und innerhalb der Mauern, die man durch ein altes Stadttor betritt, steht noch die zerfallene Kirche Santa Maria di Fàlleri mit romanischer

Pforte. Das Federvieh eines Bauernhofes fristet in dem verlassenen Gemäuer ein unordentliches Dasein.

Civita Castellana überschaut von seinem hohen Felsen kühn die Schluchten des Rio Filetto und Rio Maggiore. Der Bau der ungeheuern Festung am höchsten Punkte der Stadt geht auf die Borgia und Papst Julius II. della Rovere zurück; er trägt die kraftvollen Züge der Meisterhand Sangallo des Älteren. Ein bauliches Juwel ist der *Dom* aus dem 13. Jahrhundert, dessen lichter Portikus mit schlanken ionischen Säulen ein wenig an die romanischen Kirchen im Trastevere gemahnt, jedoch ein seltenes Beispiel der Protorenaissance darstellt. Der Dom von Civita Castellana bildet ein kostbares Erbe der Cosmaten, einer Künstlerfamilie, die zahlreiche Sakralbauten und Mosaiken in Latium und Campanien geschaffen hat. Die Via Flaminia ist heute so vorzüglich ausgebaut, daß es kaum lohnt, für die Weiterreise nach Rom die Autobahn zu benützen; eher empfiehlt sich der geringe Umweg von Civita Castellana über *Nepi* zu der romanischen Basilika von *Castel Sant'Elia* und auf der Via Cassia nach dem Orte *Isola Farnese,* zwanzig Kilometer vor den Toren Roms. Auf diesem Hochplateau stand einst die mächtige etruskische Königsstadt *Veji,* in Italien Veio genannt: jeder Besucher der Villa Giulia in Rom steht gebannt vor den uralten Götterstatuen, die hier ausgegraben wurden, insbesondre angesichts des berühmten Apollo von Veji. Die einsame Gräber- und Spatenstätte in schroffem Hügelgelände dürfte nur Altertumsforscher fesseln, obgleich die Tomba Campana aus dem siebenten oder sechsten Jahrhundert vor Christi Geburt zwei gemeißelte Löwen und archaische Fresken enthält. Von dem Apollotempel sind Grundmauern erhalten, die dreifache Cella ist deutlich erkennbar. Merkwürdig der Ponte Sodo, eine von den Etruskern aus dem Felsen gehauene, 75 Meter lange Galerie für den Wasserabfluß.

Veji ist in die Weltgeschichte eingegangen. Während eines Jahrhunderts bot die bedeutende Stadt den Römern die Stirn, bis sie 396 durch Furius Camillus – hic nomen est omen – erobert und zerstört ward: Mit dem Fall dieser uralten «Pforte Etruriens» nahm der Untergang des Tyrrhenischen Reiches, der Verfall der Hochkultur der Rasenna, seinen Anfang. Man steht erschüttert auf diesen Ruinen. Es ist, als wäre damals ein Lächeln aus dem Antlitz der Alten Welt gewichen – einer Welt, die fortan unter dem ehernen Tritt gepanzerter Kohorten erzittern sollte und der humorlosen Ordnungsmacht der Cäsaren und ihrer Beamtenheere anheimfiel.

TYRRHENISCHE STÄDTE UND STRÄNDE

Riviera della Versilia – Die Marmorbrüche von Carrara – Livorno und die Riviera degli Etruschi – Auf den Spuren Mascagnis und Puccinis

Riviera della Versilia

Von Amtes wegen erstreckt sich die Toskana vom Apenninpaß La Cisa bis zum Monte Argentario, dessen Lagune die Stadt Orbetello birgt: Ihre nördlichste Siedlung heißt *Pontrémoli,* ein Flecken im obern Tal der Magra, zugleich Hauptort der Alta Lunigiana. Der Kriegshafen La Spezia samt seiner schönen Bucht mit den idyllischen Fischerdörfern Portovenere und Lerici hingegen gehören zur Landschaft Liguria. Das toskanische Litoral beginnt an der Marina di Carrara, deren flacher Sandstrand bis nach Forte dei Marmi und Viareggio reicht. Er bildet, beschattet durch den fast ununterbrochenen Pinienhain, eingefaßt von den schroffen Kuppen der Apuanischen Alpen, die Riviera della Versilia, «Versilia verdebionda», wie d'Annunzio sie voller Zärtlichkeit nennt. Von Mai bis Oktober fügt sich diesem gepflegten Sandufer entlang ein Badehäuschen an das andre, oft sogar in doppelter Reihe, durchsetzt mit Restaurants, Bars, kleinen Strandkasinos und Nachtklubs.

Zwischen dem Gestade und den zahllosen Hotels und Pensionen läuft schnurgerade die breite Asphaltstraße; aber das stört nur wenig, denn der Durchgangsverkehr spielt sich landeinwärts auf der Via Aurelia ab, und die neue Autostrada Genua–Livorno dürfte bei Erscheinen dieses Reisebuches fertiggestellt sein. Exklusive Hotels verfügen freilich über einen unterirdischen Gang zum Strand und dort wiederum über ihren eigenen «night», wie die Italiener, den Zusatz «club» in lateinischer Abkürzungssucht weglassend, zu sagen pflegen... *Viareggio* ist eine Stadt mit Fischerhafen, der als Kanal tief ins Land eindringt. Seine Seepromenade, wo ein hoher Hotelbau sich an den andern drängt, erinnert, besonders in der Vorsaison, an Nordseebäder, sofern man sich deren hohen Kai wegzudenken vermag. Im Sommer überfüllt und lärmig wie alle bekannten italienischen Strände, ist Viareggio mit seinen Fischrestaurants, Bars, Strandcafés und Kinos als Stand- und Ruhequartier auf einer Frühlings- oder Herbstfahrt in die Toskana durchaus zu empfehlen.

Marina di Carrara und *Marina di Massa* besitzen Hotels verschiedener Klassen sowie hübsche Pensionen, meist in der Pineta gelegen; landschaftlich reizvoller und als Kurort bedeutender sind *Marina di Pietrasanta* und der *Lido di Camaiore*. Die Perle der Versilia bleibt «Forte», wie die Italiener abkürzend sagen, neben Santa Margherita und Portofino der eleganteste Meerbadeort am tyrrhenischen Ufer. *Forte dei Marmi* besitzt kein Palace; wie seine tausend Villen verbergen sich Hotels und Pensionen im Schatten der Pinien und dichtbewachsenen Parks. So verfügt etwa das erste Haus, «Augustus» samt «Augustus Lido», über nahezu 100 Zimmer; sie verteilen sich jedoch auf mehrere Gebäude, und der Haupttrakt empfängt den Gast mit der Intimität eines aristokratischen Landsitzes. Obwohl längst von Gästen aus aller Welt und vielen Stammkunden aufgesucht, hat Forte sein besonderes Ambiente bewahrt als bevorzugter Sommerferienort der Römer Gesellschaft. Es bildet den Schauplatz zu Thomas Manns Novelle «Mario und der Zauberer». In Viareggio nehmen der bewohnte Strand und die Uferstraße vorerst ein Ende; beide setzen sich südlich der Arnomündung in Marina di Pisa

und Tirrenia fort als Riviera degli Etruschi, wie sie sich neuerdings ebenso klangvoll wie werbekräftig nennt.
Das Hinterland der toskanischen Küste bietet zwischen Carrara und Livorno mancherlei, was eine Reise allein indessen kaum rechtfertigen würde – falls Reisen, Sichlossagen von Umwelt und Alltag, überhaupt jemals der Rechtfertigung bedürften. Hat der Fremde hingegen schon einmal unter den breitgefächerten «pini a ombrelle» Quartier genommen, um dem ewigen Gesang der Wellen oder dem Harfen des Windes in den Wipfeln zu lauschen, sich dem Hauch von Salz und Jod hinzugeben und seine Tage in holdem Träumen am Strand zu vertun, dann wird er vielleicht doch ein bißchen neugierig auf die kleinen Städte zwischen dem Meeresufer und den Ausläufern des Apennins.

Die Marmorbrüche von Carrara

Carrara ist durch seinen weißen Marmor nicht nur weltbekannt, sondern auch reich geworden. Ein ausgezeichneter italienischer Führer bezeichnet das von Olivenhängen und Weinbergen umgebene Carrara als «città elegante e vivace». Der auf Meeresrauschen und Strandleben erpichte Fremde hingegen dürfte die bedeutenden Industriezentren Massa, Carrara und Sarzana eher meiden. Die Marmorbrüche, wohl die größten der Erde, waren schon im Altertum bekannt und hochgeschätzt; der Name Carrara erscheint aber erst im Zeitalter Ottos des Großen. Zwischen Genua, Pisa und andern mittelalterlichen Stadtrepubliken hin- und hergerissen, erstarkte die Stadt unter den Cybo Malaspina, denen sie auch den Palast der Accademia di Belle Arti verdankt. Der Dom von Carrara geht auf das 11. Jahrhundert zurück, wurde jedoch erst im Trecento mit weißem Marmor verkleidet. Die arkadengeschmückte Fassade ist ein ansehnliches Beispiel pisanischen Stils, während der Glockenturm ligurischen Einfluß aufweist. Für den Besuch der Marmorbrüche, die durch schwindelerregende Schluchten zu turmhohen Klippen emporstreben, ist es ratsam, sich einer geführten Besichtigung anzuschließen, da die Zufahrtstraßen teilweise beschwerlich sind.

Das Städtchen *Pietrasanta* ist der Geburtsort Giosuè Carduccis, des großen Lyrikers italienischer Zunge der zweiten Hälfte des 19. Jahrhunderts: Sein bescheidenes Vaterhaus ist heute Gedenkstätte. Reizvoll empfängt der Domplatz von Pietrasanta den Reisenden; Paläste, Kirchen und Fontänen beleben das ruhige Stadtbild. Dem Geschlecht der Cybo Malaspina begegnen wir wieder in der Industriestadt *Massa*. Deren Adelspalast dient ihr heute als Rathaus, Prefettura. Historisch bedeutsam überragt die Rocca, eine Festung der Renaissance, die ausgedehnte, betriebsame Stadt. Kunstliebhaber werden auch dem Flecken *Camaiore*, dessen Collegiata auf das 13. Jahrhundert zurückgeht, einen Ausflug widmen.

Auf Marina di Pisa wurde schon kurz hingewiesen. Man verläßt die Stadt mit dem schiefen Turm, indem man dem Lungarno flußabwärts folgt, worauf die Straße sich bis zu der Bocca d'Arno und der Marina dem Stromufer entlang hinzieht. Halbwegs zweigt der Weg nach *San Piero a Grado* ab, dem Seehafen von Pisa bis zur Zeit des Versandens. Nach der Legende wäre der Apostel Petrus, von Antiochia kommend, in Pisae an Land gegangen. San Piero a Grado enzückt jeden kunstsinnigen Besucher durch seine romanische Basilika mit Konchenchor, wie er sich so tief im Süden Hesperiens selten findet. Am Gegenufer breitet sich die Tenuta di San Rossore. Einst Besitz des italienischen Königshauses, stehen ihre Jagdgründe heute zur Verfügung des Staatspräsidenten; der prachtvolle Pinienbestand erstreckt sich bis zum Flusse Serchio. Dem Meer entlang führt die

Straße südwärts nach *Tirrenia*, einem Seebad mit breitem Sandstrand und dichter Pineta. Tirrenia hat sich erst in letzter Zeit zum Kurort entwickelt und besitzt deshalb nur neue Hotels mit jedem Komfort und schönem Golfplatz.

Livorno und die Riviera degli Etruschi

Schon *Marina di Pisa* gewährt einen Blick auf Livorno, den großen Hafen der toskanischen Küste, den man kurz nach Tirrenia in südlicher Richtung erreicht. Als Stadt von 175000 Einwohnern verfügt Livorno über mittlere und große Hotels fast aller Kategorien. Sie eignen sich als Etappe, falls man sich von hier aus nach Sardinien einschiffen will; die Autofähre freilich legt in Civitavecchia an. Als große Stadt am Meer verströmt Livorno einen gewissen Zauber dank der malerischen Fortezza Medicea und dem wehrhaft von den Mediceern angelegten alten Hafen. Abends wird der von Grünanlagen gesäumte Viale Italia zum Corso, wo im Sommer halb Livorno auf den Beinen ist und buntes Leben auf die Straße trägt. Besonders zu empfehlen ist ein Halt zum Mittagessen in einem der bekannten Restaurants. Man erkundigt sich auf der Straße beim erstbesten wohlbeleibten Livornesen nach dem «migliore ristorante della città» – er wird den Fremden schmunzelnd nach der «Parmigiana», vielleicht auch zur «Marina», zum «Giardino» oder «da Beppe» weisen. Ein Motel Agip erwartet den Automobilisten auf großer Fahrt, der nur eben bequem übernachten möchte, im Norden Livornos; ein gutes Hotel findet sich im Süden, am Strand von Antignano, an der Via Aurelia. Dort unten geht das flache Schwemmland der Arnomündung zu Ende. Die Straße verläuft in Windungen, die Bahn verkriecht sich in Tunnels unter den Ausläufern der Berge von Volterra, der *Montagna Metallífera.*

Livorno ist die Heimat Amedeo Modiglianis; die Hafenstadt verdankt einen großen Teil ihres Reichtums den vielen Juden, die sich dort angesiedelt haben. Als einstiger Welthafen bekam es sogar einen englischen Namen – Leghorn –, der auch in der Zoologie zum Begriff wurde: die Toskana war immer berühmt für ihr vorzügliches Geflügel. Das beliebteste Gericht der lebenslustigen Stadt ist allerdings der «cacciucco», eine Fischsuppe; Feinschmecker schätzen «triglie alla Livornese», einen würzig bereiteten Seefisch von rötlicher Farbe. Livorno besitzt seinen Dom und seine Gemäldesammlung; aber ihretwillen wird kaum ein Fremder in der Stadt haltmachen. Dagegen sei hier ein kleiner Rat eingeflochten: Nirgends kauft man so vorteilhaft ein wie in diesen lebhaften Handelsstädten mittlerer Größe. Via Grande, Via Ricásoli, Via Cairoli in Livorno weisen ausgezeichnete Geschäfte auf, wo der Fremde meist viel zuvorkommender bedient wird als in Rom, Florenz oder gar Venedig, wo man eher Zeit für ihn hat als in Millionenstädten wie Mailand, Neapel, Genua. Bedenken wegen der Provinz, wie sie dem Nordländer etwa im Matriarchat süditalienischer Sippen so fremd entgegentritt, sind hier fehl am Platze: Man findet in Livorno, Lucca, Pisa die neueste Mode, prachtvolle Stoffe, geschmackvolle Boutiques und Schuhgeschäfte, ohne die Preise weltbekannter Fremdenorte bezahlen zu müssen, sofern man etwas Glück und Spürsinn mitbringt. Und wenn anspruchsvolle Ausländer irgendwo noch einen begabten Schneider oder eine sorgfältige Schneiderin finden, dann ist es bestimmt in einer kleinen oder mittelgroßen Stadt gerade der Toskana, mit ihrem von den Etruskern ererbten Sinn für Form und Anmut, nicht zu reden von all den raffiniert erdachten, gewebten und zugeschnittenen Kleidungsstükken oder Schuhen für den Strand, für die Stadt im Sommer, für Reiten, Segeln, Jagd und Reise.

Auf den Spuren Mascagnis und Puccinis

Südlich von Livorno werden die Seebäder spärlich. Zu erwähnen bleibt hier nur noch *Castiglioncello* mit bewaldeten Buchten, Klippen und Sandstrand im Rahmen lieblicher Hügel. Dann geht die Riviera degli Etruschi über in das Litoral der Maremmen, dem samt ihrem Hinterland ein besonderer Abschnitt vorbehalten ist. Ein Reisewerk dieser Art kann nicht auf alle Gebiete des Lebens und der Kultur eingehen. Ein Hinweis jedoch darf in Italien, dem Lande der Opera buffa, der Opera seria, des Melodramma giocoso nicht fehlen; ein Wort über das Musik-Theater. Livorno ist der Geburtsort Pietro Mascagnis, des unerhört volkstümlichen Schöpfers der Cavalleria Rusticana; bei Viareggio zieht der kleine *Lago di Massaciuccoli* viele Musikfreunde in seinen Bann, weil an seinem Gestade Giacomo Puccini, ein Sohn der Stadt Lucca, seine berühmtesten Opern schrieb – ja der kleine Ort, wo die Villa des Meisters italienischen Verismos als Gedenkstätte steht, heißt heute *Torre del Lago Puccini*. Man mag über sein Werk denken wie man will: Die italienische Oper blüht, sie ist ein Ritus, ein Kult, der hierzulande im Winter das Leben jeder größeren Stadt mit Glanz erfüllt – und wie könnten Puccini und Mascagni etwas anderes sein als «maledetti Toscani», wie Malaparte, der selbst einer war, sie in seinem Buchtitel voll ingrimmiger Liebe nannte?

TOSKANISCHER ARCHIPEL

Elba: Insel des Eisens, Eiland des Feuers – Piombino, Populonia, Portoferraio – Isola del Giglio und Giannutri – Montecristo, Pianosa, Gorgona und Capraia

Elba: Insel des Eisens, Eiland des Feuers

Wo immer die Rede auf Inselferien kommt, trifft man begeisterte Liebhaber *Elbas*. Es sind meist gehetzte Weltstädter, viele Römer, ein berühmter Pariser Modeschöpfer, der sich auf Elba ein Buen retiro erbaute, das die herbe Landschaft empfindlich stört – lauter Menschen, die überfüllte Festlandstrände meiden und im Hochsommer ein paar Wochen und verlängerte Weekends in der Stille verbringen möchten, ohne weit zu reisen. Durch sie ist Elba fast über Nacht Mode geworden: Dank der launischen Gunst einiger Prominenter kam das eherne Eiland in aller Mund und genießt nun die wirtschaftlichen Vorteile des Insel-Booms. Man gönnt sie seinen Bewohnern gerne; denn die Eisenminen, die einst weitgehend den Reichtum des Etruskerreiches begründet hatten, vermöchten die Bevölkerung von annähernd 30000 Köpfen nicht zu ernähren. Wer die Toskana liebt, wird unwillkürlich neugierig auf den ihr vorgelagerten Archipel. Er muß sich damit abfinden, während der eher kurzen Badesaison auch auf Elba den üblichen internationalen Betrieb vorzufinden; im Frühjahr ist es oft noch kühl und unwirtlich, im Herbst schon recht einsam.

In der Totenstadt von Populonia, im Altertum eine bedeutende Lukumonie des Etruskerreiches

Fähren verkehren regelmäßig, im Sommer mehrmals am Tag, zwischen Piombino und Portoferraio. So kann der Besuch der Ruinenstätte des etruskischen Hafens Populonia mit einem Ausflug nach dem Eiland des Feuers verbunden werden. Schifft man seinen eigenen Wagen morgens mit ein, dann läßt sich die Inselrundfahrt mühelos an demselben Tag durchführen. In Portoferraio, dem Hauptort und wichtigsten Hafen der Insel, gibt es Mietwagen und Autobusse. Eilige Reisende benützen heute, wie im Golf von Neapel, das hartaufschlagende, lärmige Tragflügelboot. Ziemlich umständlich ist die Reise mit der Bahn bis zum

Einschiffhafen; zwar gibt es an der weltverlorenen Station Campiglia Marittima für jeden Schnellzug der Linie Genua–Pisa–Rom Anschluß nach Piombino, aber dort gilt es nochmals, nach Portovecchio umzusteigen.

Piombino, Populonia, Portoferraio

Piombino empfängt den Ankömmling mit einem selbst in der Toskana ungewohnten Ernst. Die herbe Kargheit der Gegend hat sich auf diesem Landvorsprung ins Düstere, ja Drohende verdichtet: Dem Schienenstrang entlang qualmen die Schlote ausgedehnter Hüttenwerke, verdecken rußige Mauern und Schlackenhügel die Aussicht. Die Geschichte Piombinos geht auf das Porto Falesia der Römer zurück, das im Mittelalter unter pisanische Oberhoheit geriet. So besitzt denn auch dieser gewerbefleißige Hafen ansehnliche Bauten, die meerbeherrschende Piazza Giovanni Bovio, von wo aus die Umrisse Elbas sich dem Auge darbieten, sowie die romanische Fontana dei Canali. Etwas mühsam ist der Ausflug von Piombino nach dem Etruskerhafen *Populonia*. Außer Grundmauern der einst mächtigen Stadt gibt es eine Nekropolis mit Pozzo- und Fossa-Gräbern zu sehen. Das etruskische Pupluna war schon in der Bronzezeit bevölkert und diente als Festlandhafen für das Eisenerz der Insel Elba, das hier verarbeitet wurde. Pupluna trieb eifrig Handel mit Hellas, Magna Græcia und dem Orient. Seit dem 8. vorchristlichen Jahrhundert führte die altitalische Eisenstraße von Populonia nach Süden, über den Tiber nach Capua, Poseidonia und Syba-

283 Burg von Populonia auf dem Landvorsprung von Piombino, dem Festlandhafen für die Insel Elba

ris am heutigen Golf von Taranto, das seinerseits durch Handel und Verschiffen des kostbaren Metalls nach Griechenland und Kleinasien reich wurde. Schwierigkeit bereitete vor allem der damals wasserreiche Tiber. Er konnte an einer einzigen Stelle durch Holzbrücken überquert werden: dort, wo der Strom sich in zwei Arme teilt, bei den Isole Teverine in Rom. So verdankt wahrscheinlich die Ewige Stadt ihr Entstehen dem äthalischen Roheisen.

«Insel des Feuers, Eiland des Eisens» – so nannten griechische Schiffer Aethalia-Ilva schon in vorhomerischer Zeit. Sie schmückten sie mit demselben Namen wie das ferne, dem Hephästos heilige Eiland in der nördlichen Ägäis, das später Limnos oder Lemnos getauft wurde, bekannt durch die Statue der Phidias zugeschriebenen Athena Lemnia.

Am Kai des Portovecchio in Piombino hat der Dampfer angelegt. Schneeweiß durchpflügt sein hoher Bug die tyrrhenischen Fluten. Nach kurzer Zeit entsteigt die Insel, die Ilva der Ligurer, schroff und steil, dunkel bewachsen, der tiefblauen See. Die Felsenküste der Bucht von *Portoferraio,* die man von der Reling fast mit Händen zu greifen meint, erscheint unwegsam, gebirgig, kaum bewohnt. Bei der Ankunft fehlt das beglückende Gefühl, in einen schützenden Hafen einzulaufen. Mächtige Festungen, trutzig aufeinandergetürmte Kastelle erwecken einen kriegerischen Eindruck: wahrlich ein kleines Reich nach dem Herzen Napoleon Bonapartes, der hier zehn Monate im Exil verbrachte. Der Fremdenverkehr auf der Insel stützt sich denn auch bewußt auf die Anziehungskraft des verbannten Franzosenkaisers, um dessen Aufenthalt in den Jahren 1814 bis 1815 sich das Gespinst romantischer Legenden windet. Bei Procchio zeigt man den Fremden eine lauschige Bucht, die von der reizenden Schwester des Korsen, Paolina Borghese, zum Baden benützt wurde; in Marciana Marina soll Maria Walewska eine Nacht verbracht haben. Villa San Martino oberhalb der Inselhauptstadt Portoferraio war die Sommerresidenz des Exkaisers der Franzosen; Fürst Demidoff, ein Schwager König Jérômes, errichtete um die Mitte des 19. Jahrhunderts den klassizistischen Palast in granito giallo, der als Gedenkstätte zugänglich ist; im Winter bewohnte der ehemalige «petit caporal» die Palazzina dei Mulini in Portoferraio. Die Inselhauptstadt hat ihren Reiz, obwohl gewaltige Befestigungswerke den Blick auf das heitere Getriebe des Hafens mit seinen Masten, Segeln und Fischerbooten immer wieder verdecken. Der hübsche Marktplatz kann nur durch ein schmales Tor betreten werden. Von hier aus steigt die Stadt sogleich steil zum Castello Mediceo empor. Selbst in dieser beträchtlichen Höhe ist der Blick auf das offene Meer nicht frei; er umfaßt wiederum bloß die lagunenhafte Bucht, die einen vollkommen geschützten Naturhafen bildet. Die Landzunge von Portoferraio ist so schmal, daß die dem Hafen gegenüber am offenen Meer sich breitende Spiaggia delle Ghiaie auf einem Spaziergang durch eine schattige Grünanlage leicht zu erreichen ist.

Die oft kostspieligen Sommersitze liegen über die Insel verstreut, befinden sich jedoch nicht einmal am Ufer, dessen sandige Buchten und Piniengehölze weitgehend freischweifenden Campingfreunden überlassen bleiben, und tatsächlich mögen diese die ideale Art, auf Elba Sommerurlaub zu verbringen, entdeckt haben. Gute Straßen führen kreuz und quer und rund um das bizarr gezeichnete Eiland, dessen höchster Berg, *Monte Capanne,* sich über 1000 Meter über Meer erhebt. Sein Gipfel ist durch eine Luftseilbahn mit Marciana verbunden. Diese Höhenzüge im Innern sind von alpiner Kargheit und Öde. Die Reste einer

286/287 Der herbe Reiz toskanischer Inseln: Porto Azzurro auf Elba

prachtvoll gelegenen römischen Villa zwischen San Giovanni und Schiopparello bilden die einzigen Zeugnisse von archäologischem Wert. Die Etrusker ließen wohl den Bergbau durch Sklaven ausüben, ohne sich selbst auf der Insel niederzulassen.

Westlich von Portoferraio runden sich die kleinen Golfe von *Biódola* und *Procchio* mit Klippen und Sandstrand. Aus der Pineta gucken hübsche Hotels. Von dem einsamen Fischerhafen *Marciana Marina,* mit malerischer Mole und baumbestandener Meerpromenade, windet die Straße sich nach *Poggio Terme* hinauf, einem Felsennest, wie es italienischer nicht erdacht werden könnte. Auf der gegenüberliegenden Bergeskuppe drängen die Häuser von *Marciana* sich dicht um ihre Kirche. Dasselbe Schauspiel wiederholt sich im Osten auf geringerer Höhe im Gewirr gewundener Gäßchen. Die schroffe Nordwestküste erinnert ein bißchen an die Kanaren, obgleich der Pflanzenwuchs auf dem toskanischen Eiland nirgends so üppig sprießt. Alles scheint hier karg und spärlich bemessen; um von einer Sandbucht zur andern, von *Cávoli* etwa nach *Marina di Campo* zu gelangen, muß stets ein kleiner Gebirgspaß überwunden werden, wie an der Riviera. Aber deren Blumenpracht, deren Boulingrins und Promenaden sucht man auf Elba vergebens, umsonst auch die Lichtflut Siziliens, Ischias oder Maltas. Näher verwandt bleibt Elba der ernstgestimmten Insel der Nuragen, Sardinien. Beide hinterlassen, außer vielleicht im Hochsommer, den melancholisch-düstern Eindruck einer dunkeln Schönen, die ihre Gunst nur dem schenkt, der sie wirklich liebt.

Größere Hotels stehen in Procchio und Marciana Marina an der Nordküste sowie in Marina di Campo in einer geschützten Bucht im Süden, wo sich auch der Flugplatz der Insel befindet, der während der Saison regelmäßig mit kleinen Maschinen angeflogen wird. Das einzige Haus internationaler Klasse ist das an der Bucht von *Porto Azzurro* hoch über dem Meer erbaute Euro-

tel mit 330 Betten, Tennis, Schwimmbad und Privataufzug zum Meer. Einladende Sandstreifen schmiegen sich halbmondförmig in die kaum bewohnten Buchten von Cavoli, *Cavo, Lacona* und *Punta Agnone,* alle an der Südküste gelegen. Den schönsten Strand besitzt Marina di Campo – für Erholungsuchende, die Sonne, See und Sand in eher einsamer Umgebung lieben.
Ilva, Æthalia, Elba: Abschiednehmend schaut man über die Reling nach der Dársena, dem innern Hafenkai von Portoferraio, zurück. Der weiße Dampfer, der nach Piombino ausfährt, heißt wahrhaftig «Æthalia». Kühn wendet er noch innerhalb der Rade, ehe er brausend ins blaue Meer sticht. Die Kastelle entschwinden dem Auge, die Steilküste bleibt zurück; rasch versinkt in den windgepeitschten Fluten der Tyrrhenis das seltsame Eiland, das Virgil im 10. Gesang der Äneis preist als «Insula, inexhaustis Chalibum generosa metallis».

Isola del Giglio und Giannutri

Von den kleinen Inseln des toskanischen Archipels hat vor allem *Giglio* Aussicht, im Fremdenverkehr eine gewisse Rolle zu spielen. Wie die Äolische, die Egadische Gruppe, wie Ustica und die Isole Trémiti in Süditalien ziehen diese meist steil aus den Fluten ragenden Granit- oder Kalksteinklippen Unterwasserfischer in ihren Bann, junge Leute mit etwas Abenteuerlust, die meist mit privaten Motorbooten in den wenigen zugänglichen Buchten anlegen. Ein Dampfer verkehrt täglich von *Porto Santo Stefano* bei Orbetello mit *Giglio Porto* am Ostrand des einsamen, nach Elba größten Eilandes der Toskana. Im Sommer braust auch schon ein Aliscafo, ein Tragflügelboot, in kürzester Zeit vom Festland herüber. Für das milde Klima der Lilieninsel spricht der schwere Wein, der seit Menschengedenken aus ihren süßen

Trauben gepreßt wird. Wie auf Sardinien, den Balearen und an der Costa Brava heißen hier die kleinen Sandbuchten Cala. Der einladende Badestrand *Campese* mit einem durch Michelin empfohlenen Hotel liegt an der Westküste; das kurvenreiche Sträßchen führt über *Giglio Castello* auf 357 Meter über Meer, von wo aus der höchste Aussichtspunkt, *Poggio della Pagana,* auf einem Saumpfad erreicht werden kann. Vermutlich lebten Etrusker auf der Isola del Giglio; im Jahre 1241 fand in ihren sonst so friedlichen Gewässern eine Seeschlacht zwischen den Flotten Kaiser Friedrichs II. und der guelfisch gesinnten Republik Genua statt.

Giannutri, das südlichste Inselchen des Arcipélago Toscano, ist Privatbesitz und keinem Fährverkehr angeschlossen. Es kann in Mietbooten von Giglio Porto aus besucht werden, sofern man den hiefür in Rom einzuholenden Permesso besitzt. Giannutri erhebt Anspruch auf die Ehre, die antike Artemisia zu sein, die von den Römern Dianium genannt wurde; aber auch Montecristo führt seinen Ursprung auf die keusche Gottheit der Jagd zurück. Resten eines Römerhafens begegnet der kühne Seefahrer unserer Tage in der *Cala dello Spalmatoio;* ansehnliche Ruinen einer Villa aus dem ersten Jahrhundert liegen in klassischer Landschaft über der *Cala Maestra.* Hier geht nicht nur die Inselgruppe, sondern die Toskana selbst zu Ende. Mit einemmal stehen wir im Bannkreise Roms, dem Mare Nostrum, der Lichtwelt des südlichen Mittelmeers zugewandt.

291 Mühsal und Petri Heil an den Küsten der Tyrrhenis: Fischer auf Elba

Montecristo, Pianosa, Gorgona und Capraia

Wie Giannutri im Süden, kann *Montecristo* nur mit dem Motorboot erreicht werden, was gleichfalls eines in Rom einzuholenden Erlaubnisscheins bedarf. Einsam und weltverloren entsteigt dieser gewaltige Granitblock den Fluten. Sein Gipfel erhebt sich bis zu 645 Metern über Meer. Beim einzigen Landeplatz, *Cala Maestra,* steht noch eine verlassene Villa des italienischen Königshauses. Ein Saumpfad führt zum Monastero di San Salvatore e San Mamiliano, einem von Benediktinern gegründeten, bis um die Mitte des 16. Jahrhunderts von Camaldolensern bewohnten Kloster. Durch Seeräuber zerstört, nahm sich die Legende der einst reichen Abtei an; das Volk glaubte dort unermeßliche Schätze vergraben, und davon leitet sich der weltbekannte Roman des ältern Alexandre Dumas ab: «Der Graf von Monte Christo».

Fast ebensogroß wie die Isola del Giglio liegt Capraia in der blauen Tyrrhenis; Pianosa und Gorgona dagegen zählen zu den kleinsten Eilanden des toskanischen Archipels. Sie können mit dem Dampfer auf einer Rundfahrt von Livorno aus besucht werden, die auch Elba einschließt. Auf allen drei Inseln befinden sich italienische Strafkolonien; der Besuch erfordert den unvermeidlichen Permesso, den das Innenministerium erteilt. Die vulkanische *Capraia* war Griechen und Römern bekannt. Zur Zeit der Barbarenstürme fanden hier Einsiedler Zuflucht, weshalb eine Landestelle *Porto dello Zenóbito* heißt. Die Inselorte Capraia und *Castello* besitzen einfache Hotels. Die Fortezza di San Giorgio empfängt den Schiffer äußerst pittoresk – oder vielmehr photogen, wie man heute, da jedermann knipst, sagen sollte. In einem halben Tag kann Capraia umsegelt werden; diese Passeggiata a mare wird als besonders reizvoll gerühmt, setzt aber eine ruhige See voraus, um genossen zu werden.

Auch *Pianosa,* die Flache, Ebene, deren höchste Erhebung 27 Meter beträgt, hat ihre Geschichte. Sie darf sich rühmen, daß auf ihrem weltabgeschiedenen Boden Marcus Iulius Agrippa, ein Neffe des Kaisers Augustus, in der Verbannung ermordet wurde, wozu die Colonia penale, die heute auf Pianosa vom italienischen Staat unterhalten wird, nicht schlecht paßt. Im Mittelalter gehörte die Insel der Seerepublik Pisa und fiel später an Genua. Für den Besuch Pianosas, falls er einen im Zivilleben nicht gerade als Fachmann des Strafvollzugs tätigen Fremden überhaupt ansprechen könnte, ist selbstverständlich gleichfalls eine amtliche Erlaubnis erforderlich. Das gilt auch für *Gorgona,* die ganz kleine Insel, die vermutlich die Etrusker Urgon nannten. Die Isola di Gorgona überrascht durch eine kleine Altertumssammlung. Im übrigen ist der Seefahrer dort allein mit Klippen, Salzflut und den unsterblichen Göttern der antiken Mittelmeerwelt.

DIE MAREMMEN

Massa Marittima, Kleinod der Maremmen – Ruinen und Strände der Maremma Grossetana – Die Lagune von Orbetello – Saturnia, Vulci, Gravisea – Totenstadt Tarquinia als Fest des süßen Lebens – Auf der Via Aurelia nach Rom – Die Nekropole von Cerveteri

In der seltsamen Bezeichnung «Maremmen» ist das Wort *mare* enthalten: *maremma* bedeutet im Italienischen ein versumpftes Küstengebiet. Der Landvorsprung von Piombino – in diesem Reiseführer als Festlandhafen für die Insel Elba im Abschnitt über den toskanischen Archipel beschrieben – scheidet die *Maremma Pisana* von der *Maremma Grossetana,* die sich im Süden bis in das Latium erstreckt. Wie fruchtbar und blühend diese Gegend im Altertum war, beweisen die reichen und mächtigen Etruskerstädte Populonia, Vetulonia, Rusellæ, Telamon, Cosa, Vulci, Tarquinia, Cære, Pyrgi-Leukothea. Nach dem Einfall der Barbaren und dem Untergang des römischen Reiches entvölkerte sich die flache, schwer zu verteidigende Landschaft. Das Mittelalter verschanzte sich wider Germanen, Byzantiner und Piraten auf den steilen Hügeln der Toskana, Umbriens und des Latiums – wie einst die frühen altitalischen Siedler es gehalten hatten. Dante erwähnt «la Maremma» dreimal im Inferno als verseuchte, verpestete Gegend; viel zitiert wird die herzbewegende Stelle im fünften Gesang des Purgatorio:

Ricórditi di me che son la Pia;
Siena mi fe', disfécemi Maremma.

Um eine andere Frau zu ehelichen, entledigte sich der Gatte der Patrizierin Pia dei Tolomei, indem er sie von einem Balkon seiner Besitzung in den Maremmen in den Abgrund stieß – was die Seele der Unglücklichen, wie man sieht, nicht etwa davon befreite, den Läuterungsberg emporzuklimmen, war sie doch ohne priesterliche Ölung von hinnen gegangen...

Massa Marittima, Kleinod der Maremmen

Die Strände südlich von Castiglioncello haben sich mehr im Sinne eines örtlichen und regionalen Fremdenverkehrs entwikkelt: *Marina di Cécina, San Vincenzo, Follónica* besitzen einfache Hotels; der letztgenannte Badeort, im geschützten *Golfo di Follonica* gelegen, darf sich eines gastronomischen Relais rühmen, das im «Michelin Italie» mit Stern ausgezeichnet steht. Der Name des Städtchens *Massa Maríttima,* 19 Kilometer landeinwärts von Follonica aus erreichbar, deutet darauf hin, daß die Maremma hier vom Meer überschwemmt war. Im 9. Jahrhundert machte Massa Marittima von sich reden, weil das Episkopat von Populonia nach dem 400 Meter hoch liegenden Flecken verlegt wurde; die Sarazenen, vor denen der Bischof sich in Sicherheit zu bringen hoffte, eroberten und zerstörten den wegen ertragreicher Erzvorkommen begehrten Ort im 10. Jahrhundert. Dessen ungeachtet blühte Massa Marittima im Hochmittelalter, nahm Anteil an den blutigen Fehden toskanischer Stadtrepubliken, geriet unter die Herrschaft Sienas, das die gewaltige Fortezza errichtete, und damit 1555 unter die Mediceer, das Großherzogtum Toskana. Das Stadtbild vor dem Hintergrund einsamer

toskanischer Hügel, unter dem meist tyrrhenisch heitern Himmel, entzückt jeden kunstsinnigen Besucher durch die Symbiose einer romanischen Altstadt mit der höher gelegenen Città Nuova, in deren immer noch mittelalterlichen Gassen der gotische Stil vorherrscht. Die schönsten Bauten stehen rund um die unregelmäßige Piazza Garibaldi. Auf hoher Treppe ragt der Dom über die Dächer. Wie in Arezzo verrät die majestätische Vorderseite pisanischen Einfluß, und auch hier beglückt der Baustein durch seine goldbraune Farbe. Der prächtige Glockenturm wurde kürzlich wieder aufgebaut. Ein Baptisterium mit mächtigem Taufbecken von der Meisterhand Giroldo da Luganos ist in das rechte Kirchenschiff eingebaut. Durch die Cappella delle Reliquie gelangt man zu dem Unterbau der Apsis, der wie eine Krypta aussieht, um ein weiteres Meisterwerk dieses erstaunlichen Gotteshauses zu bewundern, die Arca di San Cerbone, dem die Kathedrale von Massa Marittima geweiht ist und dessen Legende ein Steinmetz des 14. Jahrhunderts in acht Marmorreliefs verewigt hat: Der Gotenkönig Totila ließ den Heiligen wilden Bären vorwerfen; diese aber leckten ihm die Füße, und das hat der fromme Künstler mit der Reinheit seines gläubigen Herzens dargestellt.
Während der Bischofspalast neben dem Dom 1914 wiederaufgebaut wurde, bilden die beiden weltlichen Repräsentationsbauten des Platzes bemerkenswerte Beispiele romanischer Profanarchitektur. Der graue Travertin erhöht noch die Strenge dieser burgartigen Stadtpaläste einer kriegerischen Zeit. Von den weiteren Kirchen der im ursprünglichen Sinne malerischen Kleinstadt verdient Sant'Agostino, ein schmuckloses romano-gotisches Gotteshaus in der rechtwinklig angelegten Neustadt, erwähnt zu werden.
Auf dem Weg nach Siena, auf der Strasse 441 in nordöstlicher Richtung, lohnt sich der kleine Abstecher nach der majestäti-

schen Ruine der Zisterzienserabtei *San Galgano,* neben *Fossanova* im südlichen Latium die bedeutendste bauliche Schöpfung des großen burgundischen Ordens. Die Klosterkirche von San Gal gano, im 13. Jahrhundert von Mönchen errichtet, diente den Baumeistern des Domes von Siena als Vorbild.

Ruinen und Strände der Maremma Grossetana

Wer von Follonica südwärts strebt, hat die Wahl zwischen der Staatsstraße Nummer 1, der Via Aurelia, die sich hier vom Meer entfernt und durch das Hinterland nach Grosseto führt, und der schmaleren Strecke über Castiglione della Pescaia und Marina di Grosseto. Beide haben ihren Reiz, wenn sie auch völlig verschiedene Menschen ansprechen dürften. Von der SS 1 zweigt nach 20 Kilometern unbewohnter Strecke zwischen Follonica und Grosseto ein Sträßchen nach Süden ab, das über Stock und Stein und enge Kurven fünf Kilometer weit nach *Vetulonia* führt. Der bewohnte Ort überschaut das einstige Sumpfgebiet von heiterem Hügel auf 344 Metern Meereshöhe und birgt in seiner modernen Casa del Popolo ein kleines Museum etruskischer und gräko-römischer Funde. Hier stand im Altertum die Akropolis einer Lukumonie, die der etruskischen Dodekapolis angehörte. Unter römischer Herrschaft immer noch eine blühende Stadt, wurde sie zur Zeit der Völkerwanderung so sehr dem Erdboden gleichgemacht, daß sie in Vergessenheit geriet und man ihre Spuren bei Massa Marittima suchte, als die Etruskologie Mode

298/299 Massa Marittima im Hügelland der Maremmen: Piazza Garibaldi mit romanischem Dom und Campanile

wurde. Der italienische Archäologe Falchi entdeckte die bedeutende Nekropolis, die sich unterhalb der heutigen Ortschaft Vetulonia im Gelände verbirgt und auf staubfreier Straße erreicht werden kann. Der *Tumulo della Pietrera,* dessen elf Meter hohe Kuppel man durch einen tiefen Gang betritt, gemahnt den Besucher an die antiken Königsgräber von Mykene. Die wichtigen Fundstücke freilich sind im Museo Archeologico di Firenze zu sehen.

Fährt man von Follonica dem Meer entlang südwärts, dann zweigt kurz nach dem Orte Pian d'Alma ein Sträßchen nach rechts ab, das zu einer ganz andersartigen Überraschung hinführt: zu der zona aristocratica von *Punta Ala.* Auf dieser Landzunge von wilder Schönheit, die samt der prachtvollen Pineta del Tómbolo ein vorzügliches Jagdrevier bildet, stehen seit wenigen Jahren drei der felsigen Küste angepaßte Hotels, mehrere Villen und Bungalows. Im Castello des Monte Riva di Palma, von wo der Blick bis Korsika und Elba schweift, treffen sich verwöhnte Gäste zur Cocktailstunde. Punta Ala rühmt sich des mildesten Klimas der ganzen *Costa Maremmana* und wohl der vollkommensten Einrichtungen für den Unterwassersport. *Rocchette, Castiglione della Pescaia* und *Marina di Grosseto* verfügen über Strandhotels mittlerer und erster Klasse. Die Küstenstraße Nummer 322 vereinigt sich sodann in *Grosseto* mit der Via Aurelia. Grosseto, Hauptort der Maremmen, lohnt den kurzen Abstecher von der Staatsstraße wegen der gut erhaltenen Wehrmauern seiner Altstadt, die ihm den Namen «Piccola Lucca» eingebracht haben; das archäologische Museum in der Fortezza Medicea weist wertvolle Fundstücke auf. Sehr hübsch, ganz

301 Ruinen der Abtei von San Galgano in der südwestlichen Toskana, kostbares Erbstück der Zisterzienser

Bühne für eine italienische Oper, empfängt der Domplatz den Besucher.

Wer Grosseto auf der Straße Nummer 223 in der Richtung Siena verläßt, durchfährt bald den kleinen Thermalkurort *Roselle,* dessen heilkräftige Quellen schon im Altertum bekannt waren. Wenige Kilometer nordöstlich des Städtchens zweigt ein Feldweg zu den Ruinen des antiken *Rusellae* ab, die zuletzt bloß auf steinigem Fußpfad besucht werden können. Dionysius von Halikarnassos und Livius erwähnen Rusellae als Glied des etruskischen Zwölfstädtebundes; bei Plinius erscheint es als römische Colonia. Obwohl von den Barbaren zerstört, wurde die Stadt im fünften Jahrhundert Bischofssitz, entvölkerte sich jedoch später, als die Maremmen versumpften. Die teilweise stark von Grünzeug überwucherten zyklopischen Wehrmauern hinterlassen im Betrachter einen unauslöschlichen Eindruck; die vorhandenen Reste römischer Bauten verblassen daneben, wie fast überall, wo wir Spuren der Etrusker gegenüberstehen.

Fährt man von Grosseto nach Süden, dann verläuft die Via Aurelia hinter den Monti dell'Uccellina. Bei *Fonte Blanda* wird das Meer wieder sichtbar, und eine kleine Strecke weiter seewärts überschaut das Hotel Corte dei Butteri in seiner splendid isolation die felsige Küste. Das nach rechts abzweigende Sträßchen bringt den Liebhaber antiker Stätten zu dem Fischerdörfchen *Talamone,* dessen rotbraune Klippen von einem feudalen Kastell beherrscht werden. Das antike *Telamon* war ein bedeutender Hafen der Etrusker, dann der Römer, die hier im Jahre 225 vor Christo den entscheidenden Sieg über die Gallier erfochten. Im Hochmittelalter versuchte die Republik Siena, Talamone zu

302 Etruskische Nekropolis in Vetulonia. Eingang zur unterirdischen Grabstätte der Tomba Diavolino

einem Welthafen auszubauen, der Genua und Pisa den Wind aus den Segeln nehmen sollte: Dante ergießt im 13. Gesang des Purgatorio seinen Hohn über «quella gente vana che spera in Talamone»...

Die Lagune von Orbetello

Endlich führt nun die Via Aurelia für eine Strecke dem Meer entlang, während der *Monte Argentario* aus den Fluten steigt. Ehedem eine Insel mit über 600 Meter hohen Bergen, ist dieser «Silberberg» längst durch Dünenstreifen mit dem Festland verbunden. Von *Bocca d'Albegna* aus gelangt man über den *Tombolo della Giannella* rasch zu dem geschützten *Porto Santo Stéfano,* einem modernen Fischer- und Jachthafen, der sehr in voga ist und auch schon idyllisch gelegene Hotels mit jedem Komfort aufweist. Gegenüber, am Ostrand des Monte Argentario, breiten sich die Villen und kleinen Hotels von *Port'Ercole* aus, deren erstes, Il Pellicano, der obersten Kategorie angehört. Die Dünenstreifen Giannella und *Feniglia* bilden zwischen Argentario und den maremmischen Hügeln die *Laguna di Orbetello.* Das gleichnamige Städtchen bettet sich wiederum auf einer künstlichen Strandzunge – italienisch: tombolo – inmitten der Lagune, die für den Aalfang bekannt ist. Die Ursprünge der merkwürdigen Siedlung gehen in die graue Vorzeit zurück, und das Antiquarium Civico besitzt denn auch seltene Fundstücke, worunter eine archaische Sphinx etruskischen Ursprungs aus Tuffstein.
Auf dem Festland liegt, Port'Ercole gegenüber, die uralte Siedlung *Cosa,* die scheinbar irrtümlicherweise als Hafen der Etrusker betrachtet wurde, da die mächtige Stadt Vulci hier in vorgeschichtlichen Tagen eine maritime Basis besaß. Diese war jedoch schon im vierten vorchristlichen Jahrhundert verlassen. Die Stadt nannte sich später *Ansedonia.* Sie war einst letzter Zu-

fluchtsort der Arianer, im 11. Jahrhundert Stützpunkt der Sarazenen. Jetzt ist Ansedonia fast über Nacht zur Zuflucht begüterter Italiener, vorwiegend aus der Römer Gesellschaft, geworden, und das Baufieber zehrt an den Steilhängen der urwüchsigen Felsenküste fast so verheerend wie vor einem halben Jahrhundert noch die Malaria, diese gefürchtete Geißel der Maremmen und der Pontinischen Sümpfe. Zuhöchst auf der einstigen Akropolis der römischen Stadt ragen windumbraust die Reste der Ringmauer aus grauen Quadern in den Himmel, die eher an die frühgeschichtlichen Bergfesten von Messene im südlichen Peloponnes, Latò in Ostkreta oder an die uralten Wehrmauern von Volterra und Perugia gemahnen. Und wenn auch die im Volksmund *Tagliata etrusca* genannte Wasserverbauung am Hafen eine Glanzleistung lateinischer Ingenieure darstellt, so darf hier nochmals an die Tatsache erinnert werden, daß die alten Römer die Kunst des Bewässerns und Entsumpfens, den Bau von Straßen, Tempeln, Kanälen und Brücken ebenso von dem hochentwickelten Volk Etruriens übernommen haben wie Ämter, Festzüge, Zirkusspiele, Vogel- und Eingeweideschau der Auguren. Ja Ortega y Gasset spricht in seinem magistralen Essay «El ocaso de las revoluciones» den Römern jede technische Fähigkeit ab: Ihre Wunderbauten wurden von Sklaven errichtet.

Saturnia, Vulci, Gravisea

Sollte man die Maremmen in Grosseto oder Orbetello verlassen, um zum Lago di Bolsena und nach Orvieto zu fahren, dann berührt die Straße Nummer 74 ein Kleinod toskanischen Städtebaus: *Pitigliano*. Auf grünbewachsener Steilkuppe recken sich die rotbraunen Dächer des selten besuchten Fleckens zum Himmel empor. Die hochgemute Lage verrät von weitem die einstige

Etruskersiedlung, möglicherweise das antike *Caleta.* Die Orsini bauten sich da oben einen Palast. Sieben Kilometer weiter nördlich liegt das Dörfchen *Sovana,* einsam, mittelalterlich, verschlafen: Etruskischen Ursprungs, erlangte Sovana – nicht zu verwechseln mit dem nahen Städtchen Sorano – weltgeschichtlichen Ruhm als Geburtsort Gregors VII. Auf großer Kunstfahrt kreuz und quer durch die Toskana reicht die Zeit für solche kulturgeschichtlichen Kuriositäten und Spezialitäten kaum. Ich führe sie in gedrängter Form an, weil mancher Leser, der seinen Urlaub an der tyrrhenischen Küste verbringt, diese Stätten bequem in Halbtagsausflügen besuchen und auf sich wirken lassen kann. Zwischen Grosseto und Pitigliano zweigt vor Montemerano eine Provinzialstraße nach dem bescheidenen Badeort *Terme di Saturnia* ab. Wenige Kilometer nördlich auf der Straße nach *Triana* findet der Archäologe einen Saumpfad, der teilweise den Spuren der altrömischen Via Clodia folgt und noch deren Pflaster aufweist; nach dem stolz und abgeschieden thronenden Dorfe *Saturnia* fragt man sich am besten bei Einheimischen durch. Der Anblick ist ergreifend, weil die Antike in Saturnia die älteste Siedlung Esperias überhaupt erblickte. Von Ureinwohnern nach der altitalischen Gottheit benannt, die in den Saturnalien der Römer wiederkehrt, hieß der Ort in den Tagen der Rasenna Aurinia. Im modernen Schloß ist eine Antikensammlung zu sehen, sofern der Besitzer den Besuch gestattet; draußen weht ein Hauch uralt-versunkener Zeiten dem Betrachter entgegen aus den grobgehauenen Felsenkammern der Totenstadt – unheimlichen Zeugen namenloser, längst verschollener Volksstämme.

Zurück zur Via Aurelia: Bei Montalto di Castro erwartet den Liebhaber etruskischer Stätten das nahe landeinwärts gelegene *Vulci.* Die urwüchsige Schönheit der Gegend, die vor einem halben Jahrhundert noch malariaverseucht war, wird dem Flüßchen Fiora verdankt, das hier eine im besten Sinne romantische Schlucht bildet, deren Steilufer von Pappeln, Weiden und Eichen bestanden sind. Die «Abbadía» war lange eine Burg an der Grenze zwischen dem Großherzogtum Toskana und dem Kirchenstaat. Sie beherbergt heute in ihrem trutzigen Turm ein Antiquarium. Die bedeutenden Funde des etruskischen Vulci müssen freilich im Louvre, im British Museum und in Florenz gesucht werden, dessen Altertumssammlung die herrliche Vase aus der *Tomba François,* genannt nach ihrem Entdecker, Alessandro François, besitzt. Die kostbaren Fresken dieses reichen Kuppelgrabes wiederum sind im Museo Torlonia in Rom zu bewundern. Das antike *Velcha* oder *Volcii* gehörte dem etruskischen Städtebund an und wurde 280 vor unserer Zeitrechnung römisch. In neuerer Zeit war nicht einmal mehr der Ort bekannt, wo es gestanden hatte; aber im Jahre 1828 versank ein pflügender Ochse plötzlich in einer unsichtbaren Grube, die Bruchstücke antiker Tongefäße zutagefördern sollte. Die auf sechstausend geschätzten Gräber waren meist längst ihrer köstlichen Vasen, Bronzen und Goldschmiedearbeiten beraubt: Sie finden sich in den Museen und Privatsammlungen der ganzen Welt. Ein unterirdisches Labyrinth von Gängen und Kammern bildet die Coccumella, die D.H. Lawrence in seinem früher erwähnten Reisebuch «Etruscan Places» mit eindringlicher Anschaulichkeit beschreibt. Die Nekropolis von Vulci war damals schwer zugänglich; der Besuch erfordert auch heute einen Führer. Von dem hochgewölbten *Ponte dell'Abbadia* sagt der englische Dichter: «Natürlich wurde die Brücke in römischen und mediävalen Tagen wiederhergestellt. Doch ursprünglich ist sie etruskisch, zeigt sie einen wunderbaren etruskischen Schwung.» Tiefe Schwermut liegt heute über dieser Landschaft. Vulci befremdet uns als vielleicht einziges Beispiel einer Binnenstadt der

Rasenna, die nicht auf einem Hügel stand. Blickt man von dem Eselsrücken der kühnen Brücke zu dem dunkel rauschenden Fluß hinunter, dann wird man in der Einsicht bestärkt, daß die Alten über technische Hilfsmittel verfügt haben müssen, wovon die Nachtwelt nicht einmal eine Skizze, einen Plan oder eine Abbildung besitzt. Edelrassen vom Schlage der alten Kreter, Hetiter, Etrusker nahmen diese Seite des Daseins, Arbeit und Technik, ganz einfach nicht ernst. Sie wurde vorwiegend Sklaven überlassen; auf uns gekommen sind nur die Erzeugnisse verfeinerten Genusses, hochgezüchteter Lebensart – jene Luxuskultur, die Menschen gerade unserer Zeit so erregend anspricht und betört.

Ziemlich nahe bei Vulci liegt landeinwärts Tuscania, nahe auch der Bolsener See; wer auf die Via Aurelia zurückkehrt, die diesem Schlußabschnitt Richtschnur und roter Faden sein mag, erreicht in heroischer Hügellandschaft alsbald das Wegkreuz von Tarquinia und Nuovo Gravisea. Der *Lido di Tarquinia* ist heute ein beliebter Badeort; *Porto Clementino* jedoch liegt an der Stelle des antiken *Gravisea,* des Hafens der mächtigen und wahrscheinlich ältesten Lukumonie Etruriens, Tarquinii. Schaut man vom goldgelben Sandstrand dieses eigenartigen Küstenstrichs über die tiefblaue Tyrrhenis, denn empfindet man ähnliches wie im Landesinnern auf der Grenze zwischen Umbrien und Latium: Weit hinter uns liegt die stolze, die herbe, die ritterliche Toskana. Weichere Winde wehen hier, da leuchtet der Tag in tiefern Farben – wie dort der mächtige Atem Roms, kündet das nahe Großgriechenland sich unübersehbar an. Tat-

309 *Vulci im nördlichen Latium: Ponte etrusco und Kastell, ein Ort, wo der Geist des alten Etrurien noch lebt*

sächlich haben Hellenen im Herzland der Etrusker gelebt: Die aufsehenerregende Ausgrabung eines griechischen, Apoll und Hera geweihten Heiligtums in Porto Clementino beweist durch Inschriften, daß um 480 vor Christi Geburt Sostratos, bei Herodot als größten Handelsherrn des Mittelmeeres gepriesen, diesen Tempel gestiftet hat. Die Etrusker gewährten demnach ihren Handelspartnern Gastrecht und können keinesfalls jene fremdenfeindlichen Menschenfresser gewesen sein, wie sie die lateinischen Geschichtsschreiber später darstellten.

Totenstadt Tarquinia als Fest des Süßen Lebens

Den farbigsten Abglanz etruskischer Lebenskunst schenkt die Totenstadt von *Tarquinia*. Weil ein Wandgemälde einen halbnackten Mann mit verhülltem Kopfe zeigt, der sich keulebewehrt gegen Bluthunde zu verteidigen sucht, wurde dem ganzen Volk und seiner Kultur Grausamkeit angedichtet. Dabei handelt es sich vielleicht um ein Gottesurteil, wie sie im christlichen Mittelalter in anderer Form gang und gäbe waren, oder um eine kultische Szene, deren religiösen Sinn wir nicht verstehen. Dann gibt es freilich noch den *orco* in dem nach ihm benannten Grab, einen Dämon der Unterwelt ohne Zweifel, mit Zügen von ostasiatischer Schaurigkeit, die auch den steinernen Ungeheuern von Bomarzo zu Gesicht ständen.

Sonst begibt sich der Besucher der Nekropolis von Tarquinia in eine Welt von solcher Daseinsfreude, Genußsucht und Schönheit, wie man ihr nur im alten Ägypten und Kreta begegnet. Die Szenen von Jagd und edlen Wettkämpfen, von Bootsfahrten und Fischfang, Gastmählern mit Flötenspielern und Tänzerinnen, exotischen Tieren und wucherndem Ornament – sie spiegeln den élan vital einer reifen, von Weisheit durchtränkten, vorurteilslosen Hochkultur, deren verblichener Abglanz das schale Verbraucherzeitalter des 20. Jahrhunderts auf bedenkliche Weise in Frage stellt. Rätsel über Rätsel gibt nicht nur die leidige Frage nach Herkunft und Sprache der Etrusker auf, sondern auch fast jedes Bild aus ihrem wundervoll künstlichen, mit allen Lüsten vertrauten Alltag. Kein Besucher wird kalten Blutes vor der aufreizenden Darstellung erotischer Spiele in der *Tomba dei Tori* stehenbleiben, die D. H. Lawrence in seinem Buche gleichfalls, wenn auch britisch schamvoll, erwähnt. Die Gepflogenheit etruskischer Maler, männliche Körper stets rostrot, weibliche Nacktheit jedoch weiß wiederzugeben, erhöht noch die Kühnheit der kleinen Bilder, deren ethisch-religiöser Hintergrund sich nicht so leicht offenbart. Die Mitte der Zeichnung links nimmt ein am Boden kniender Jüngling ein, der seinen Rücken durch Aufstützen beider Ellenbogen völlig waagrecht hält. Nur scharfe Augen vermögen in der heute elektrisch beleuchteten Grabkammer, in deren moderige Tiefe eine steile Treppe hinabführt, die halb verwischten Umrisse einer jungen Frau zu erkennen, die ihre geöffneten Schenkel so vom Boden abhebt, daß ihr Schoß sich dem Mund des Knienden darbietet; dessen flacher Rücken wiederum dient einer zweiten Gespielin als Lager, die sich in ebenso entfesselter Stellung, die klaffenden Knie mit den Händen hoch haltend, einem aufrecht stehenden Jüngling hingibt: der lüsterne Ausdruck ihres feinen Antlitzes unter minoisch spitzem Kopfputz oder hoher Haartracht ist meisterhaft wiedergegeben. Ein weißer Stier mit menschenähnlichem Gesicht, uraltes dionysisches Symbol, lagert gleichmütig daneben und kehrt dem erregenden Treiben der nackten Paare gleichmütig den Rücken. Auf der rechten Seite der bemalten Grabkammerwand jedoch stürzt ein ebensolcher Stier voller Wut auf zwei braunrote, phallische Männer zu, die sich, hintereinander stehend, pervers vereinigen: Die symbolhafte Drohung galt bestimmt nicht der Unnatur, sondern jedem Geschlechtsakt, der die Zeugung umging, wie denn selbst der alttestamentale Onan von Jahwe mit dem Tode bestraft ward. Die alten Völker waren dauernd vom Aussterben bedroht und ängstlich auf zahlreiche Nachkommen bedacht. Geburtenregelung, eine Forderung unseres übervölkerten Zeitalters, erschien ihnen, auf welche Weise sie immer stattfinden mochte, als Vergehen wider den heiligsten Trieb der Natur, die Erhaltung der Gattung, und noch Benvenuto Cellini wäre im Paris des 16. Jahrhunderts um ein Haar eingekerkert worden, weil eine Geliebte ihn vor Gericht beschuldigte, er habe ihr auf widernatürliche Weise beigewohnt. Die Totenstadt von Tarquinii hat Forscher und Liebhaber altitalischer Kunst in ihren Bann gezogen. Aldous Huxley beschwört sie in einem Kapitel seines bedeutenden Romans «Those Barren Leaves», D. H. Lawrence ausführlich in dem wiederholt erwähnten Werk «Etruscan Places». Die wundervolle Gelöstheit dieser Glieder, die heitere Gelassenheit der Tafelnden, die hinreißende Anmut im Opfern, Tanzen, Musizieren – sie lassen den Betrachter für eine Weile Lebenslast und Erdenschwere einer Zeit vergessen, die solcher Gnade immer rettungsloser verlustig geht.

Von dem ausgedehnten Höhenrücken der Gräberstätte schweift der Blick, noch trunken von der unterirdisch-unirdischen Schönheit der Fresken, hinüber zu dem düstern Hügel, wo einst die Akropolis der Hauptstadt des etrurischen Bundes stand. Sie soll im 13. oder 12. vorchristlichen Jahrhundert gegründet worden sein durch Tarconte, den Sohn des Kleinasiaten Tyrrhenos. Die ältesten Funde gehen auf die Villanova-Kultur zurück. Bis im Jahre 510 vor Christi Geburt waren Tarquinier römische Könige. Um 300 unterlag der mächtige Stadtstaat der Übermacht Roms. Zur Zeit der Völkerwanderung wurde er auf einen Hügel

Tarquinia: Etruskische Wandmalerei in den Gewölben der Tomba degli Auguri

im Süden versetzt; diese mittelalterliche Stadt hieß nun *Corneto* und gehörte seit dem Cinquecento zum Kirchenstaat. Sie nahm 1872 den Namen Corneto-Tarquinia an und wird erst seit 1922 amtlich wiederum unter ihrer antiken Bezeichnung aufgeführt. Tarquinia, das stolz und von Türmen überragt die südliche Maremma überschaut gleich einer Hügelstadt der Toskana, besitzt heute ein modernes Hotel, das es zum empfehlenswerten Standquartier macht. Etwas außerhalb der Altstadt fesselt die Kirche Santa Maria di Castello durch ihre romanischen Bauformen. San Giovanni Battista und San Pancrazio verdienen einen Besuch; Mittelpunkt und künstlerischen Höhepunkt zugleich bildet indessen der Palazzo Vitelleschi mit seinem prachtvollen Hof des Quattrocento. In seinen signorilen Gemächern und Sälen ist das *Museo Nazionale Tarquiniese* untergebracht, eine bedeutende Sammlung aniker Kunst, worauf man einige Zeit verwenden müßte. Reichgemeißelte Sarkophage, griechische Krater, etruskische Amphoren, Grabfiguren von packender Lebensnähe, die etwa in dem berühmten Obesus die Karikatur streift. Die unvergleichlichen Wandgemälde der *Tomba del Triclinio* aus dem fünften vorchristlichen Jahrhundert, wundervoll im Aufbau der Zeichnung, zart in den Farben, durchtränkt von der Heiterkeit festlicher Gelage, nebst weitern Fresken aus der Nekropolis von Tarquinia, können hier im Tageslicht bewundert werden. Ziemlich hoch an dunkler Wand des Saales VI die schwebend leichte Terrakottagruppe zweier Flügelpferde, eine etruskische Skulptur hellenistischen Stils voll nerviger Feinheit, edler Rasse, höchster Eleganz. Sie stammt jedenfalls vom Giebel des Tempels Ara della Regina, dessen Grundmauern auf dem Hügel des antiken Tarquinii zu erkennen sind.

Auf der Via Aurelia nach Rom

Südlich von Tarquinia nähert die Via Aurelia sich wieder dem Meer, dessen Ufer sie bis Civitavecchia und Santa Marinella folgt. Im Altertum war *Centumcellae* schon der Hafen der Stadt Rom; unter Kaiser Trajan wurde er gewaltig ausgebaut, da die Anlagen des Claudius an der Tibermündung versandeten. Im Mittelalter hieß die Stadt Civitas Vetula, unter der Herrschaft des Kirchenstaates sind die antiken Hafendämme erneuert worden. Als französischer Konsul weilte Stendhal während seines letzten Lebensjahrzehnts in *Civitavecchia;* genauer gesagt, mied er die langweilige Provinzstadt so oft es ging, um sich nach seinem geliebten Rom zu begeben, in dessen literarischen Salons der Verfasser der «Chartreuse de Parme» brillierte. Die Hafenfestung von Civitavecchia, durch Bramante und Sangallo begonnen, nennt sich Forte Michelangelo, weil dieser sie 1557 vollendete. Sie beherrscht das mächtige Hafenbecken und besitzt als Wahrzeichen der betriebsamen und gewerbefleißigen Stadt ihren Reiz. Im Süden von Civitavecchia liegt die *Repubblica dei Ragazzi,* die italienische «Boy's Town». Landeinwärts verdienen die Ruinen der *Terme Taurine* am *Monte della Tolfa* als Beispiel einer ausgedehnten Bäderanlage aus römischen Tagen besucht zu werden. Die Via Aurelia führt weiter nach dem hübschen Seebad *Santa Marinella* mit Hotels und Fischrestaurants, wo die Römer mit Vorliebe «zuppa di pesce» essen gehen. *Santa Severa,* ebenfalls mit Strandhotel, ist das *Pyrgi* der Antike, mit altem Schloß am Ufer. Pyrgi war einer der Meerhäfen des etruskischen Cære; das Heiligtum von Leukothea, dessen Grundmauern ausgegraben wurden, wird bei Aristoteles erwähnt. Der Besucher findet sie im Bezirk der *Scavi di Pyrgi,* wo unschätzbare Goldinschriften in punischer und etruskischer Sprache gefunden wurden. Wie der Name Pyrgi, klingen auch die weiter südlich liegenden Ortsbezeichnungen *Ladíspoli* und *Palídoro* rein griechisch; diese Häfen trieben regen Handel mit hellenischen Schiffern und den reichen Städten der Magna Græcia. Die vornehme, von einer herrlichen Pineta beschattete Villensiedlung Fregene, 35 Kilometer westlich der Ewigen Stadt gelegen, war schon ein beliebter Lustort der alten Römer.

Die Poesie des Unheimlichen durchwebt die gewaltigen Totenstädte der Etrusker: die Mauern von Cerveteri

Die Nekropolis von Cerveteri

Cerveteri bietet sich dem Auge von der Via Aurelia als letzte Etruskerstadt nördlich von Rom auf stolzem Hügel dar. Im achten vorchristlichen Jahrhundert gegründet, stieg *Caere* in den Rang einer ersten Seemacht innerhalb des tyrrhenischen Städtebundes empor, die im Verein mit Karthago die griechischen Kolonien besiegte, von Rom jedoch später dem Verfall anheimgegeben wurde. Im Gegensatz zum Gräberfeld von Tarquinia, dessen Schatzkammern unsichtbar unter Tag verborgen sind,

Die Tomba dell'Alcova in Cerveteri

bietet die Nekropolis auf der Banditaccia, einem Hügel, der lange Räubern als Unterschlupf diente, schon bei der Ankunft einen starken Eindruck. Umstanden von Zypressen, dem ureigensten Baum Etruriens, reihen sich mehrere mächtige Kuppelgräber aneinander. Nur 50 Kilometer vor den Toren der Päpstestadt begegnet der Reisende hier dem unsterblichen Genius der Rasenna in einer Gräberstraße von erhabener Größe. Einzigartig die *tomba bella* oder *tomba dei rilievi,* die mit Stuckreliefs in Farben ausgeschmückt ist: Waffen und Hausgeräte sind darin wirklichkeitsnah nachgebildet. Mitsamt den überreichen Grabbeigaben, die in Cære gefunden wurden, und die im Louvre, British Museum und in der Villa Giulia zu sehen sind, hat dieses seltsame Bestattungsgewölbe die Kenntnis der Archäologie vom Alltag des untergegangenen Volkes beträchtlich erweitert. Außerhalb der *zona monumentale* gelangt man zu dem «Grab des Alkovens», dessen Inneres einem Schlafgemach der Verstorbenen nachgebildet ist. Wieder im Freien, schweift der Blick über die Hügel des Latiums, ins Unendliche sich verlierend und soviel öder und eintöniger als die Landschaft Umbriens und der Toskana: Das Schicksal, das die Römer der etruskischen Hochkultur bereitet hatten, fügten ein Jahrtausend später die Barbaren aus dem Norden der heiligen Erde des Latiums zu; wie die Maremmen wurde die Campagna Romana verwüstet, vernachlässigt, entvölkert. Die Machtkämpfe des Kirchenstaats versetzten der halb verlassenen, einst so blühenden Gegend den Todesstoß. Sie hat sich nicht mehr davon erholt; die Umgebung Roms zeigt auch heute noch kaum ein einprägsames Antlitz. Aber die Urbs sacra æterna – kaum faßbares Wunder – hat alle Stürme überstanden. Seit die Rasenna in vorgeschichtlicher Zeit ihre hölzernen Brücken über die beiden Arme des geteilten Tibers schlugen, um das kostbare Eisenerz von Æthalia auf sicherem Landweg nach Großgriechenland zu schaffen, hat Rom seine Größe bewahrt. Es ist ein anderer Geist, ein völlig verschiedenes Geschichtsbewußtsein, was von den Sieben Hügeln am Tiber hier heraufweht. Das Rad Klios läßt sich nicht zurückdrehen: Auch wir haben uns für den Tag und die Stunde zu entscheiden, in der Gegenwart zu leiden und zu wirken. Doch ab und zu, wenn das Gedenken an den Goldglanz, die Grazie etruskischen Erbes den Sinn bewegt, dürfen wir einen Augenblick dankbar sein, daß ein gütiges Geschick und die aufopfernde Arbeit der Archäologen uns eine Spur von dem unschätzbaren Gut des geheimnisumwitterten Volkes zu eigen gab.

AI FERRI, ALLA DIAVOLA ODER AL CACCIATORE?

Köstliches aus Küche und Keller – Was gibt es Gutes in Umbrien?

Italiens gelbfette, leidenschaftgewürzte, humoristisch garnierte, aber doch schmachtend idealische Küche...
HEINRICH HEINE

Köstliches aus Küche und Keller

Die Geschichte der Kochkunst pflegt in der Literatur ausserhalb Frankreichs als quantité négligeable behandelt zu werden. Obwohl das Bürgertum des 19. Jahrhunderts viel reicher speiste als wir, verbannte es die Essenskultur samt allen andern Körperfunktionen zu den Tabus. So enthält die sonst so umfassende «Kultur der Renaissance in Italien» von Jacob Burckhardt keinen Abschnitt über die Küche, obgleich diese am Hofe der Medici nicht allein geschätzt und wie alle Bereiche irdischen Daseins verfeinert, bereichert, hochgezüchtet, sondern recht eigentlich geschaffen wurde: Die italienische Küche entstand im Florenz des Rinascimento; aber die Arnometropole ist kaum als Hochburg der Gastronomie anzusprechen. Toskanische Kochkunst war nie berühmt wie die Mailänder und Neapolitaner oder gar die Bologneser Küche. Und doch ißt man in der Toskana so schmackhaft, leicht und gesund, wie sonst kaum irgendwo in Europa.

Nach Florentiner Art wird vor allem zartes Ochsenfleisch, die *bistecca alla fiorentina,* in Öl gebraten und maßvoll mit Knoblauch und Pfeffer gewürzt. Auch *costata alla griglia,* Kalbslendenstück, und «paillard» – es gibt in Italien für das dünngeschnittene Schnitzel keinen andern als diesen französischen Ausdruck – *paillard di vitello* oder *di manzo* wird, im Gegensatz zum Mailänder Kotelett, in der Toskana stets unpaniert in Öl geröstet. Der kräftige Geruch heißen Olivenöls kennzeichnet denn auch schon auf der Straße, vor dem Betreten des Restaurants, echt toskanische Küche. Aber der kulinarische Ruf der Gegend stammt aus dem Hühnerhof: *polli toscani* sind in ganz Italien ein Begriff. Schätzt die schwere römische Küche vor allem panierte, mit Ei und Mehl angereicherte *petti di pollo,* so hat man in der Toskana die Wahl zwischen dem leckern, am Spieß gebratenen Hähnchen *allo spiedo,* dem würzig-trockenen *pollo ai ferri* oder der Spezialität der Gegend, die außerhalb der Toskana fast unbekannt ist, aber überaus schmackhaft und knusprig mundet: *pollo alla diávola.* Der Teufel hat beim Zubereiten dieses Gerichts insofern die Hand im Spiel, als das ausgeweidete Geflügel nicht auf einen Rost gelegt, sondern zusammengepreßt zwischen zwei scherenartige Eisengitter auf das Feuer gesetzt wird, wie die Verdammten in der Hölle romanischer Kirchenportale. Außen stets leicht angebrannt, knackend und goldbraun, fast fettlos und hocharomatisch bringt es der Kellner auf den Teller, der im Süden leider nicht immer genügend vorgewärmt wird. Das ist nicht alles. Toskanisches Geflügel – während der Jagdzeit erstreckt sich die Auswahl auch auf Truthahn, tacchino, und Fasan: Hähnchen werden schließlich nach Jägerart, als *pollo al cacciatore,* bereitet – in der Pfanne gebraten und in schmackhafter Sauce samt Tomaten und Pilzen aufgetragen. Schwämme schmecken, in Öl bereitet, ganz ausgezeichnet und finden sich als *funghi trifolati* auf den meisten Speisekarten. Sie werden wie ein Gemüse allein oder zum Hauptgericht gereicht. Berühmt sind die grünen Bohnen der Toskana, *fagiolini al burro;* doch verdienen ja alle Gemüse und Früchte des gesegneten Landes höchstes Lob.

Die italienische Nationalspeise, *pasta sciutta,* dampft selbstverständlich auch in der Toskana, in Umbrien und Latium täglich auf dem Tisch der Einheimischen und wird von vielen Fremden geschätzt; wirkliche Besonderheiten wie die weltbekannten *fettuccine* bei Alfredo in Rom, *spaghetti alla napoletana* oder Bologner *lasagne verdi al forno* kennt die Toskana kaum, wie denn auch die vielgeliebte *pizza* nicht hier bestellt werden sollte. Risotto ist seltsamerweise gar nicht sehr geschätzt, obgleich Norditalien doch hervorragende Reissorten hervorbringt und ausführt.
Wie im Abschnitt über Pisa angedeutet, gibt es zwei von grundverschiedenen Erzeugnissen bestimmte toskanische Küchen: die auf Fleisch und Geflügel beruhende Kochkunst des Binnenlandes und den unermeßlichen Segen fangfrischer Fische und Meeresfrüchte an der tyrrhenischen Küste. Es wäre ein bedauernswerter Irrtum, zu wähnen, Fisch schmecke an der See und rund um die Apenninenhalbinsel herum überall gleich. Gerade in der Fischküche bewährt sich die toskanische Tugend, mit Öl sparsam umzugehen, in besonderem Maße; denn das gaumenschmeichelnde Seegetier pflegt ja an sich schon sehr fett in das Netz zu gehen. Auf die würzigste Fischsuppe erhebt jeder Hafen Anspruch; *fritto misto* schmeckt nirgends so gut wie in den kleinen Restaurants am Strand zwischen Marina di Carrara und Fiumicino – um im geographischen Rahmen dieses Reiseführers zu bleiben.
Bei diesen paar regionalen Gerichten muß es in diesem Abschnitt sein Bewenden haben. Die Italiener sind den Tafelfreuden zugetan wie kein Volk der Erde, es sei denn die ihnen in mancher Hinsicht ähnlichen Lebenskünstler Osteuropas, die Magyaren. Niemand labt sich mit so ansteckendem Genuß an Speise und Trank wie die Nachfahren der Etrusker und Römer, wobei es immer noch vorwiegend Männer sind, *buongustai,* die man in italienischen Restaurants mit Kennermiene tafeln sieht, wäh-

rend die Frauen zu Hause die Bambini hüten. In manchen Belangen bleiben die Italiener unübertreffliche Meister und überbieten darin selbst das klassische Land der Gastronomie: Die besten Apéritifs und Cocktails auf dem Kontinent trinkt man in Italien. Nirgends wird Salat so liebevoll zubereitet wie auf der Apenninenhalbinsel. Vom Kaffee gar nicht zu reden: Wer sich auf einer Reise in den Süden an den Duft, das Aroma eines echten *espresso,* einer *crema caffè,* eines *ristretto* gewöhnt hat, dem mag es leicht ergehen wie den Gefährten des Odysseus, die von der Lotusfrucht kosteten und nie wieder heimzukehren wünschten...

Ölbaum und Weinstock sind die ureigensten Pflanzen der Mittelmeerwelt. Der Saft der Rebe wird in Esperia in ungeahnten Mengen gekeltert. Gewöhnlicher Chianti schmeckt erdhaft und schwer; es gibt jedoch Spitzengewächse, die an französische Weine herankommen. Chianti paßt aber gerade zu der natürlichen, unverfälschten Küche der kargen Gegend, auf deren Hügeln er wächst. Doch zum Fisch kann man diesen dunkelroten, fast violett im Glase funkelnden Wein nicht trinken. Die weißen Sorten Umbriens und Latiums schmecken entweder etwas zu süß, wie der berühmte Orvieto abboccato, oder zu schwer, zu stoffreich, wie der vielbesungene Wein von Montefiascone, Est-est-est, und der urwüchsig-herbe, grundehrliche Frascati. Der paßt indessen vorzüglich zu der nahrhaften römischen Küche; an einen Chablis oder weißen Südburgunder darf man dabei so wenig denken wie an feinen Tokajer, Rhein- oder Moselwein.

Was gibt es Gutes in Umbrien?

Nicht allzuviel, um es geradeheraus zu sagen. Niemand wird die heilige Erde Umbriens zum Ziel einer kulinarischen Reise erküren. Seefisch fällt in dieser Binnenlandschaft weg, ihre Küche ist ländlich rechtschaffen und unterscheidet sich merklich von der toskanischen Kochkunst. Kaum ist der Tiber überschritten, werden die Gerichte urwüchsig, nahrhaft und schwer. Besonderen Ruf genießt die *porchetta,* das am Spieß geröstete Spanferkel Umbriens; während der Reisezeit der Fremden steht es nicht auf der Speisekarte, und diese haben wenig Grund, dieser fetten, überwürzten Landesspezialität nachzutrauern. Wer zu Ostern nach Assisi pilgert, sei auf die *torta di pasqua,* eine Art von Käsekuchen, hingewiesen. Ihm hält die *torta sul testo* die Waage, ein platt gebackenes Brot, das zu Schinken, Gemüse und Salat verzehrt wird. Umbrische Trüffel, das muß man der asketischen Heimat San Francescos lassen, erfreuen sich gastronomischen Ansehens; die *bistecca* wird hier oft in einer gehaltvollen Sauce mit Pilzen und Speckstückchen aufgetischt. Im Herbst gibt es Wild: Rebhuhn, Fasan und Hasen. Die Seen von Trasimeno und Piediluco liefern Hecht, Aal, Königskarpfen, Forellen, Blaufelchen und Krebse. Ebenso konsistent wie das berühmte *panforte di Siena* sind die umbrischen Pfefferkuchen, *panpepati.* Vin' santo vom Monte Ingino bei Gubbio und Viparo aus Terni sind keine Weine, sondern kräftige Liköre, die sich wie die weitverbreitete Strega di Benevento als digestivo nach einem nahrhaften umbrischen Mahl eignen, wenn nicht geradezu aufdrängen.

Liebhaber charakteristischer Regionalküche seien auf die wenigen, im roten Michelin-Führer «Italie» mit dem begehrten, schwierig zu erlangenden Blümchen für gute Küche versehenen Restaurants, les bonnes tables, hingewiesen: Die originelle Taverna dell'Arco-da Bino im Zentrum von Assisi, Rosetta im gleichnamigen Hotel zu Perugia, die Ristoranti Morino nahe dem Dom von Orvieto und «Umbria» in Todi.

Ich bin mir bewußt, mit dem Aufzählen einiger Ausnahmen von der Regel Florenz und Montecatini Terme gegenüber nicht gerecht zu werden; sie besitzen, wie etwa San Gimignano im Albergo La Cisterna, vorzügliche Restaurants. Sabatini und Buca Lapi zählen jedoch eher zu den Sehenswürdigkeiten der Arnostadt, die von Fremden bevorzugt werden, deren Neugier sich auf alles stürzt, was gut und teuer ist. Mit besonderer Liebe wird indessen in der unscheinbaren Familien-Trattoria Sostanza im Borgo Ognisanti gekocht, gesotten und gebraten. Daß eine Stadt, die wie Rom und Venedig von den anspruchsvollsten Reisenden aus aller Welt, vor allem aus Nordamerika, auf ihrer Europatour besucht zu werden pflegt, einige der schönsten Hotels der Halbinsel besitzt, versteht sich von selbst. Hoffentlich streikt nicht gerade das Personal, was vorkommt. Die überlieferungsreiche Gastlichkeit, die wohltuende Ruhe, das unnachahmliche Ambiente dieser Häuser bilden zu normalen Zeiten ein Stück Florentiner Kultur. Villa Medici und Baglioni verfügen über Dachgärten mit zauberischer Aussicht auf die abendliche Stadt im Sommer. Am Lungarno gibt es, wie im Venedig Hemingways, eine Harry's Bar, wo – neben der eleganten Donatello Bar im Excelsior – die besten Drinks gemixt und angloamerikanisch eingegebene light luncheons, feine Snacks, serviert werden. Wenige Touristen können es sich leisten, im kostspieligen Grand Hôtel, Savoy oder Astoria, abzusteigen; wer jedoch auf das patrizisch-plutokratische Florenz neugierig ist, sei mit diesem Wink auf die Möglichkeiten hingewiesen, einen Blick darauf zu erhaschen. Zum Schluß sei die alte Erfahrung zum besten gegeben, daß im berühmtesten Restaurant der Chef einmal einen schlechten Tag haben mag und man anderseits mit etwas Glück, wenig Geld und guten Worten im bescheidensten Speiselokal gelegentlich mit einem liebevoll bereiteten Volksgericht verwöhnt werden kann, das man zeit seines Lebens nicht vergessen wird.

Zeittafel

Vorgeschichte

2. Jahrtausend	Bronzezeit. Libysch-iberische Urvölker; indogermanische Wanderung von Norden: Italiker, aus deren latinischer Sprachgruppe die Römer hervorgehen werden.
Ende des 2. Jahrtausends	Eisenzeit. Einwanderung von Illyriern aus dem Osten
8.–3. Jahrhundert	Etrusker [Tyrrhenoi, Rasenna, Tusci]: Seefahrt und Handel im ganzen Mittelmeer; Hochkultur des etruskischen Zwölfstädtebundes
753	Sagenhafte Gründung Roms durch Romulus, Raub der Sabinerinnen, Freitod der Lucretia
616–510	Königtum der Tarquinier: Etrusker als Lehrmeister der Römer
474	Vernichtender Seesieg der Syrakusaner über die etruskische Flotte bei Cumae
Um 400	Rückzug der Etrusker aus der Po-Ebene [Félsina, Spina] vor den Galliern
396	Eroberung von Veji durch die Römer
4. und 3. Jahrhundert	Aufstieg Roms – Verfall des Etruskerreiches, das, mit seinen frühern Feinden, den Umbrern, verbündet, umsonst dagegen kämpft
295	Schlacht von Sentinum [Sassoferrato bei Fabriano]: Endgültiger Sieg der Römer über Etrusker, Samniten und Gallier
264–146	Punische Kriege

217	Sieg Hannibals über die Römer am Trasimenischen See
135–61	Römische Bürgerkriege: Marius und Sulla
60	Cäsar: Ende der Republik, Triumvirat

Nach Christi Geburt

30 vor – 476 nach Christo	Imperium Romanum: Übernahme und Verbreitung hellenistischer Kultur vom Euphrat bis zum Hadrianischen Wall in Schottland, Iberien, Nordafrika
408	Einbruch der Westgoten unter Alarich
476–553	Ostgotenherrschaft in Italien: Odoaker, Theoderich der Große
535–1071	Exarchat Ravenna: Italien byzantinische Provinz
568–774	Die Langobarden gründen die Herzogtümer zu Spoletium und Tuscia. Grafschaft Lucca
774	Kaiser Karl der Große besucht dreimal Florenz und macht die Herzogtümer zu fränkischen Markgrafschaften
891	Herzog Guido von Spoleto zum Kaiser gekrönt
10.–13. Jahrhundert	Heiliges Römisches Reich Deutscher Nation: Otto I., Staufenkaiser
1115	Tod der Markgräfin Mathilde von Tuscien. Lucca, Florenz und Siena unabhängige Stadtrepubliken regiert durch Signorien
13.–14. Jahrhundert	Guelfen und Ghibellinen: Blutige Fehden zwischen Kaiser und Papst. Universitäten Florenz und Perugia. Dante, Petrarca, Boccaccio
15. Jahrhundert	Humanismus, Musenhöfe und blühende Künste, Rinascimento Fiorentino
16. Jahrhundert	Franzosen und Spanier in Italien. Sacco di Roma. Großherzogtum Toskana

1389–1464	Cosimo il Vecchio, Pater Patriæ
1449–1492	Lorenzo il Magnifico
1471–1503	Piero II.
1494	Karl VIII. von Frankreich in Florenz
1498	Tod Savonarolas auf dem Scheiterhaufen
1492–1519	Lorenzo II. Herzog von Urbino
1519–1574	Cosimo I. Herzog von Florenz [1537], dann Großherzog von Toskana [1569]
1541–1587	Francesco I. Granduca di Toscana
1737	Tod des letzten Sprosses der Medici, Großherzog Gian Gastone. Franz von Lothringen, Gemahl der österreichischen Kaiserin Maria Theresia, Herzog von Toskana
1769–1790	Großherzog Pietro Leopoldo
1799–1814	Napoleonische Wirren. «Königreich Etrurien»
1859	Abdankung des letzten Großherzogs Leopold II.
1860	Anschluß der Toskana an das Vereinigte Königreich Italien
1865–1871	Florenz italienische Hauptstadt
1943–1945	Schwere Kriegsschäden; alle Brücken der Stadt Florenz, außer dem Ponte Vecchio, zerstört
1967	L'Alluvione: Das Hochwasser des Arno verwüstet ganze Stadtteile und vernichtet unersetzliche Kunstwerke und Sammlungen in Florenz

Zum Verständnis fremdsprachiger Ausdrücke und Zitate

Acheloos — Flußgott der griechischen Sage, siegreich im Kampf mit Herakles um Deianeira

Al terzo cerchio, della piova, eterna, maladetta, fredda e greve	Im dritten Kreise, strömenden Regens, ewig, verflucht, frostig und schwer [Dante]
Azienda autonoma	Selbständige Vertretung, Verwaltung
Brigata spendereccia [Dante]	Verschwendergesellschaft
Bruna ti miro dall' aerea loggia	Goldbraun erblick' ich dich aus luftiger Laube [d'Annunzio]
Campagna nuda, povera, grigia... [Seite 200]	Landschaft, so nackt, arm, grau, traurig, verschlossen, ohne Glanz, ohne Buntheit, ohne Düfte und heidnische Blumengewinde, aber so innig vertraut, so nah jedem feinen Empfinden, den Gedanken der Einsamen [Papini]
Camposanto	Friedhof
Certaldo, come voi forse avete potuto udire, è un castel di Val d'Elsa	Certaldo, wie ihr vielleicht gehört habt, ist eine Burg im Tal der Elsa [Boccaccio]
Ceterum censeo Carthaginem esse delendam	Übrigens finde ich, Karthago müsse zerstört werden [Cato]
Chiare fresche e dolci acque [Seite 49]	Klares, frisches und süßes Wasser, worin die schönen Glieder taucht, die allein als Frau mir erscheint [Petrarca]
Chi ti muove, o omo [Seite 112]	Wer bewegt dich, oh Mensch, dein eigenes Heim in der Stadt zu verlassen samt Verwandten und Freunden, um aufs Land zu gehen über Berg und Tal, wenn nicht die natürliche Schönheit der Welt?
Cinquecento	16. Jahrhundert

Città dell'arborato cerchio	Von baumbestandenem Wall umgebene Stadt [d'Annunzio]
Con trenta ville e dodici castelli [Seite 164]	Mit dreißig Villen und zwölf Burgen rund um ein Städtchen, in dessen Mitte ein Brunnen steht
Corriera	Autobus
Degna di ornare la porta del paradiso	Würdig, die Pforte des Paradieses zu schmücken [Michelangelo]
Deh bella donna che a raggi d'amore ti scaldi	Ach schöne Frau, die an Strahlen der Liebe dich wärmst [Dante]
Dentro della cerchia antica	Innerhalb der alten Mauern [Dante]
Douceur de vivre	Annehmlichkeit [Süße] des Lebens, «dolce vita»
Dugento [due cento]	13. Jahrhundert, die Jahre 1200 bis 1299
Eremo	Einsiedelei
ENTE [Ente Nazionale per il Turismo]	Institut, Organisation
Firenze la Gentile	Das Edle Florenz [stehende Redensart, wie Serenissima, Eterna, Superba für Venedig, Rom, Genua]
Génie latin	Titel eines Werkes von Anatole France, zur Redensart geworden
Les grands-pères ont toujours tort	Großväter haben immer unrecht
Hic vinum bonum est	Hier ist der Wein gut
Insula, inexhaustis Chalibum generosa metallis	Insel, unerschöpflich an Stahl, reich an Erzen [Virgil]

Ipogeo, Hypogäum	Unterirdisches Heiligtum, Grab
I pratelli dattorno [Seite 105]	Die umliegenden Wiesen, und mit wundervollen Gärten, und mit Brunnen frischesten Wassers, und mit Reihen köstlichster Reben [Boccaccio]
Ithyphallische Silenen	Flurgötter mit aufgerichtetem Glied in der griechischen Sage
Kat exochēn [griechisch]	im wahren Sinne des Worts
La bocca sollevò dal fiero pasto	Den Mund hob er von dem grausigen Mahl [Dante]
L'aerea loggia che t'alzò Benedetto da Maiano	Die luftige Laube, die Benedetto da Maiano dir errichtete [d'Annunzio]
Laudato si mi signore con tucte le tue creature	Gelobt sei mein Herr samt allen deinen Geschöpfen [San Francesco]
Les peuples heureux n'ont pas d'histoire	Glückliche Völker haben keine Geschichte
Lukumonien	Etruskerstädte, die Sitz von Lukumonen, Adligen, waren
Nata da un pensiero d'amore e da un sogno di bellezza	Einem Gedanken der Liebe und einem Traum der Schönheit entsprungen [Giovanni Pascoli]
Non v'arrestate; ma studiate il passo mentre che l'Occidente non s'annera	Nicht haltet ein; sondern achtet des Schritts, ehe der Westen sich verdunkle [Dante]
O figlio bianco e biondo [Seite 242]	O weiß-und-blonder Sohn, Sohn fröhlichen Antlitzes, Sohn, warum hat die Welt dich, Sohn, so tief verachtet? [Iacopone da Todi]

Ottocento	19. Jahrhundert
Pozzo	Ziehbrunnen
Prato dei miracoli	Wiesenplan der Wunder
Primavera Fiorentina	Florentinischer Frühling
Pullman	In Italien: Autobus [und komfortabler Eisenbahnwagen]
Quattrocento	15. Jahrhundert
Questo Lung'Arno [Seite 134]	Diese Uferstraße am Arno ist ein Anblick von solcher Schönheit, so weit, so prächtig, so fröhlich, so lachend, daß man sich in ihn verliebt [Leopardi]
Quella gente vana che spera in Talamone	Diese eitlen Leute, die auf Talamone hoffen [Dante]
San Gimignano dalle Belle Torri	San Gimignano mit den schönen Türmen
Salve, Umbria verde [Seite 246]	Heil dir, grüne Umbria, und du reiner Quell des Gottes Clitumnus [Carducci]
Scusi, per favore!	Entschuldigen Sie bitte!
Seicento	17. Jahrhundert
Sempre diritto!	Immer geradeaus!
Settecento	18. Jahrhundert
Su l'etrusche tue mura, erma Volterra	Auf deinen etruskischen Mauern, Herme Volterra [d'Annunzio]
Tanti santi, troppi santi	Soviele Heilige, zuviele Heilige!
Telos	Theatervorhang
The sun is set; the swallows are asleep	Die Sonne sank; die Schwalben schlummern [Shelley]
Torre pendente	Schiefer [«überhängender»] Turm

Traggetto Appenninico	Wegstrecke [parcours] über den Apennin
Tramontana	Nordwind aus den Bergen, Bise
Trecento	14. Jahrhundert
Trionfo della Morte	Sieg des Todes
Uomo universale	Umfassender Geist als Ideal des Renaissancemenschen
Vermeil	Massivsilber, schwer vergoldet

Aus Küche und Keller

Ai ferri	Auf dem Grill [Eisen] gebraten
Agnello all' arrabbiata	Gesottenes Berglamm aus Umbrien
Arista alla fiorentina	Im Ofen geschmortes Schweinsfilet
Baccalà alla livornese	Stockfisch mit Tomaten und Kartoffeln
Bistecca alla fiorentina	Beefsteak nach Florentiner Art
Cardi alla perugina	Stengelgemüse in Teig gebacken
Fegatini di maiale	Schweinsleber am Spieß gebraten
Finocchioni	Mit Fenchel gewürzte Salami
Fiascone	Große strohumflochtene Flasche
Gnocchi di mais	Maisklößchen in Tomatensauce
Manzo [lesso]	Ochsenfleisch [gesotten]
Mazzafegati	Gewürzte Schweinsleberwurst aus Umbrien
Minestrone di fagioli	Bohnensuppe mit Tomaten und Sellerie
Palombacce allo spiedo	Am Spieß gebratene Wildtauben
Pappardelle alla lepre	Eierteigflocken mit Hasenragout

Pasta sciutta	Teigwaren
Petti di pollo	Hühnerbrust
Pinoccata	Umbrisches Gebäck mit Eiern und Pinienkernen
Pomodori	Tomaten
Salumi di Norcia	Berühmte Wurstwaren aus Norcia
Scaloppine di vitello	Kalbsschnitzel
Sedani di Trevi in umido	Weißer Sellerie in Tomatensauce
Spaghetti ad aglio ed olio	In Knoblauch und Öl gesottene Spaghetti
Spaghetti ai tartufi neri	Spaghetti mit schwarzen Trüffeln
Tortellini e bocconcini	Nudeln und Teigwarenklößchen
Tortino di carciofi	Gebackene Artischokken mit Ei
Zuppa di datteri alla viareggiana	Suppe aus Dattelmuscheln, lekkeren Meeresfrüchten, mit Öl, Tomaten, Pfeffer und Knoblauch, in den Fischrestaurants von Viareggio

Literatur

Reiseführer

Baedekers Autoführer, Mittel- und Unteritalien, Stuttgart 1969
Guida d'Italia del Touring Club Italiano, Milano:
Firenze e dintorni, 1964
Lazio, 1964
Toscana, 1859
Umbria, 1966
Les Guides Rouges Michelin, Paris: Italie, 1971
Les Guides Verts Michelin, Paris: Italie, 1967

Temple Fielding, Fieldings' Travel Guide to Europe, New York 1970
Umbriens Burgen und Schlösser, Firenze 1969
Umbrien, Kleiner Reiseführer, Spoleto 1969

Allgemeine Darstellungen

Jacob Burckhardt, Die Kultur der Renaissance in Italien, Berlin 1929
Titus Burckhardt, Siena, Stadt der Jungfrau, Stätten des Geistes, Olten und Lausanne 1958
Egon Friedell, Kulturgeschichte der Neuzeit, London 1947
Hans Kühner, Latium, Land im Schatten Roms, Köln 1967
Niccolò Machiavelli, Il Principe, Torino 1933

Zur Vorgeschichte

Maximilian Ahrem, Das Weib in der antiken Kunst, Jena 1924
Egon Friedell, Kulturgeschichte des Altertums, Zürich 1936
Jacques Heurgon, Die Etrusker, Stuttgart 1971
Aldous Huxley, Those Barren Leaves, London 1947
D. H. Lawrence, Etruscan Places, London 1932
Leben in Italien, Offizielle Zeitschrift des ENIT, Rom, Sonderausgabe über die Etrusker, Nummer 27, 1963
Hans Mühlestein, Die Kunst der Etrusker, Berlin 1929

Architektur und Kunst

Assisi, Bildband, Terni o.J.
Assisi, Illustrierter Kunstführer, Milano o.J.
Michael Ayrton, Giovanni Pisano, Bildhauer, Frankfurt/Main 1970
Paul Brandt, Sehen und Erkennen, Leipzig 1911
Wolfgang Braunfels, Der Dom von Florenz, Olten, Lausanne und Freiburg 1964

Leben des Benvenuto Cellini, florentinischen Goldschmieds und Bildhauers, von ihm selbst geschrieben, übersetzt von Goethe, Stuttgart und Berlin, 1922
Firenze, Arte nei secoli, Bildband, Firenze o.J.
Quirico Rughi, Gubbio, Guida, Perugia 1968
Giorgio Vasari, Lebensbeschreibungen der ausgezeichnetsten Maler, Bildhauer und Architekten der Renaissance, hrsg. von Ernst Jaffé, Berlin o.J.
Visioni di Siena, Novara 1959

Zur Literaturgeschichte

Gabriele d'Annunzio, Il Fiore delle Laudi, Verona o.J.
— Forse che sì, forse che no, Milano 1910
— Trionfo della Morte, Milano 1940
Tom Antongini, Vita segreta di Gabriele d'Annunzio, Milano 1938
Pietro Aretino, I Ragionamenti, Milano 1919
Giovanni Boccaccio, Il Decamerone, Firenze 1938
Lord Byron, The Poems and Plays, London 1932
Giosuè Carducci, Poesie, Bologna 1906
Dante, La Divina Commedia, Firenze 1928
Goethe, Italienische Reise, Stuttgart und Berlin 1922
Heinrich Heine, Reisebilder, Leipzig o.J.
Giacomo Leopardi, Opere, Firenze 1933
André Maurois, Byron, Paris 1933
— Ariel ou la vie de Shelley, Paris 1923
The Oxford Book of Italian Verse, Oxford 1934
Giovanni Papini, Un Uomo finito, Firenze 1935
Francesco de Sanctis, Storia della Letteratura Italiana a cura di Benedetto Croce, Bari 1925

Bildernachweis

Fratelli Alinari, Florenz 313, 316, 317
Gaetano Barone, Florenz 88/89, 129, 131, 166/167, 192/193, 210/211, 222/223
J. Allan Cash, London 227
Ciganovic-Anthony, Starnberg am See 244/245
Walter Dräyer, Zürich 33, 35
Franz Ebner, Olten 107, 119, 120, 171, 173, 186, 204, 205, 257, 281, 283, 286/287, 291, 298/299, 302
J. Jeiter-Bavaria, Gauting 125
Pepi Merisio, Bergamo 54, 60, 74/75, 81, 117, 140/141, 146/147, 149, 150, 176/177, 185, 201, 249, 259, 261, 262, 263, 264/265, 269, 301, 309
Foto Rossi, Gubbio 235
Pressefoto Schulda-Müller, Wien 10/11
Werner Stuhler, Hergensweiler bei Lindau 84, 215
Lothar Wojzich, Olten 57

Register

Kursiv gesetzte Zahlen weisen auf Bilder

Orte und Landschaften